URTE PAULUS

DAS KLEINE BUCH VOM BOGENSPORT

Lehrbuch für Anfänger und Hobbyschützen

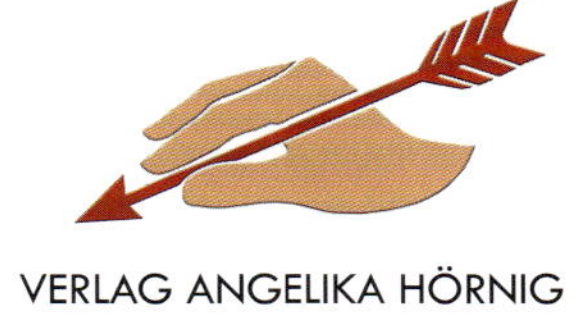

VERLAG ANGELIKA HÖRNIG

Urte Paulus

Das kleine Buch vom Bogensport

Lehrbuch für Anfänger und Hobbyschützen

Texte und Fotos soweit nicht namentlich erwähnt:
Dipl. Biol. Urte Paulus
Layout: Angelika Alles-Hörnig
Coverfoto: Dr. Hannes Paulus

ISBN 978-3-938921-79-1

Verlag Angelika Hörnig
Lina-Staab-Weg 4
67071 Ludwigshafen
www.bogenschiessen.de

Um eine flüssigere Lesbarkeit zu gewährleisten, wurde im Buch auf die Unterscheidung von weiblichen und männlichen Formen verzichtet, d.h. alle Aussagen in diesem Dokument sind als geschlechtsneutral zu verstehen.

Widmung

Meinem Schüler, Coach-Kollege und Freund

Dr. Kornelius Hentschel, Wien

VORWORT

Das Buch ist für alle, die den Bogensport für sich entdecken wollen.

Kernstück ist die Vorstellung einer sehr effizienten und leicht erlernbaren Schießtechnik, ohne Spezialisierung auf nur eine Bogenart.

Der Inhalt des Buches beruht auf meiner jahrelangen persönlichen Erfahrung als Schützin, Trainerin und (internationale) Trainerausbilderin. Mit diesem Wissen möchte ich den Anfängern den langen Weg von Versuch und Irrtum ersparen.
Es lohnt sich auf jeden Fall, das Bogenschießen bei einem gut ausgebildeten Trainer zu lernen. Wer dazu jedoch keine Möglichkeit hat, bekommt mit diesem Buch wertvolle Hilfestellung beim Einstieg.

Für Bogenschützen, die bereits erfahrenener sind und sich verbessern möchten, bietet das Buch wichtige Trainingstipps für einzelne Technikelemente des Schussablaufs, und praktische Selbsthilfe im Kapitel *Was tun, wenn...?*

Wer dann als fortgeschrittener Schütze tiefer in die Materie eintauchen möchte, dem empfehle ich das „DAS GROSSE BUCH VOM BOGENSPORT" mit noch mehr Übungen zum Festigen des Schussablaufes und Themen wie Mentaltraining, Wettkampfkunde und vieles mehr.

Das Geheimnis eines zufriedenen und in weiterer Folge auch erfolgreichen Schützen ist letztendlich das Spaßhaben beim Bogenschießen und die Freude am Training.

Viel Spaß beim Lesen, Erkunden und Ausprobieren!

Urte Paulus im Mai 2023

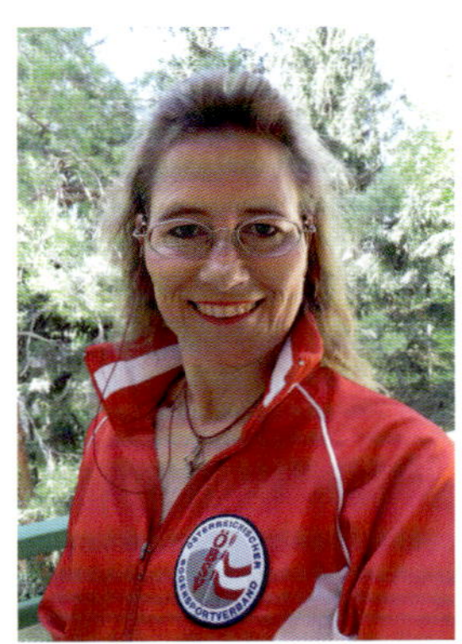

DANKE!

An dieser Stelle möchte ich mich ganz herzlich und zutiefst bei all jenen bedanken, die mir in meiner Entwicklung zum Schützen, Trainer und Trainerausbilder geholfen haben.
Hierzu gehören Schützen- und Coach-Kollegen aus der ganzen Welt sowie meine engste Familie, allen voran mein lieber Mann Hannes.

Urte Paulus

INHALT

1 SICHERHEIT

Das Wichtigste zuerst: Sicherheit für alle 9

Materialcheckliste und Verhaltensregeln 14

2 TECHNIK

Kriterien einer guten Technik 20

Der Schussablauf / Die Phasen des Schussablaufes 21

Technikelemente des Schussablaufs 24

1 *Fuß-Positionierung* 29

Pfeil einlegen 30

Zugfinger u. Bogengriff einrichten 31

Stand einrichten 37

Kopf drehen 39

2 *Heben von Bogen- und Zug-Arm* 40

Rundumkontrolle 43

3 *Zug-Druck-Rotationsphase* 44

Ankern 46

Vollauszug 50

4 *Zielen 52*

Spannungserhöhung 54

5 *Lösen der Sehne* 56

Nachhalten 58

Analysieren des Schusses 59

Atmung, Rhythmus 60

Zieltechniken 62

3 TRAININGSLEHRE

Grundlagen des Techniktrainings 68

Der erste Kontakt – Anfängertraining 69

Übungen für die einzelnen Technikelemente 70

Schusssimulationsübungen 92

Technikanalyse, Trefferbildanalyse: Was tun, wenn... ?

Der Pfeil zu weit oben, ...zu weit unten, ...zu weit links, ...zu weit rechts trifft? 96

Aufwärmen 112

3D- und Feldschießen 122

Schießen in unebenem Gelände 127

Der Stand im Gelände 129

Auf dem Parcours: Sicherheit und Verhalten 136

Entfernungen schätzen 139

Junge Bogenschützen trainieren 142

Bogensportspiele 144

4 WETTKÄMPFE

.... 151

5 AUSRÜSTUNG

Die Anfängerausrüstung 157

Die Ausrüstung des Hobbyschützen 160

Überblick über die Bogentypen 164

Ausrüstung selbst herstellen 166

6 ANHANG

Geschichte des Bogensports 172

Fachausdrücke/ Glossar 174

Die Autorin 182

Webseiten und Links 184

Fachliteratur 186

1

SICHERHEIT

Allgemeine Sicherheitsregeln

Für den/die Schützen

Für Nichtbeteiligte

Beim Pfeile holen und Pfeile ziehen

Materialcheck

Verhaltensweisen

BOGENSCHIESSEN - EIN SPORT FÜR ALLE

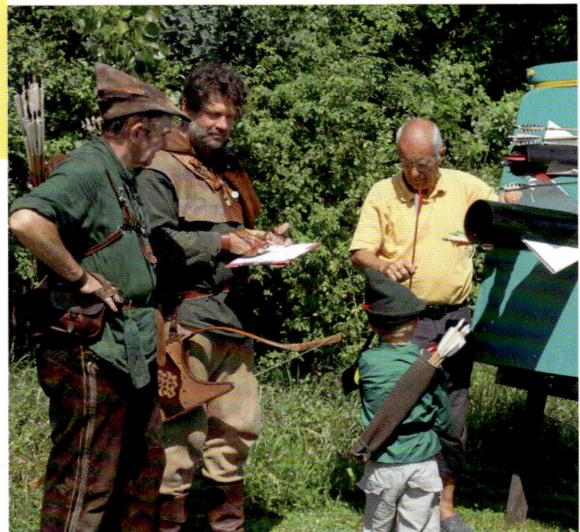

Bogenschießen ist für jedes Alter geeignet.

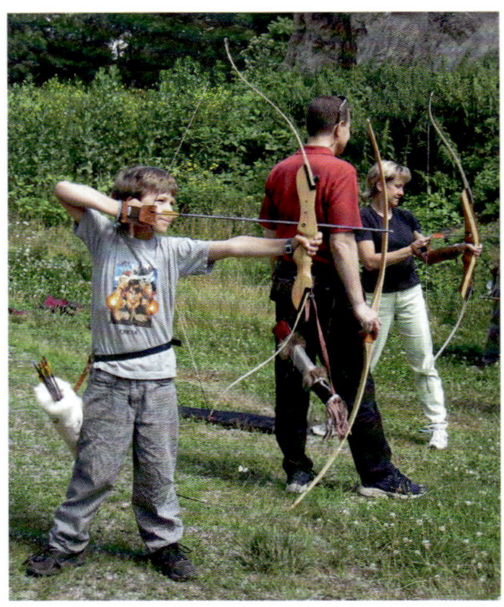

Viele Kinder beginnen mit dem Bogenschießen, weil ihre Eltern den Sport ausüben und umgekehrt.

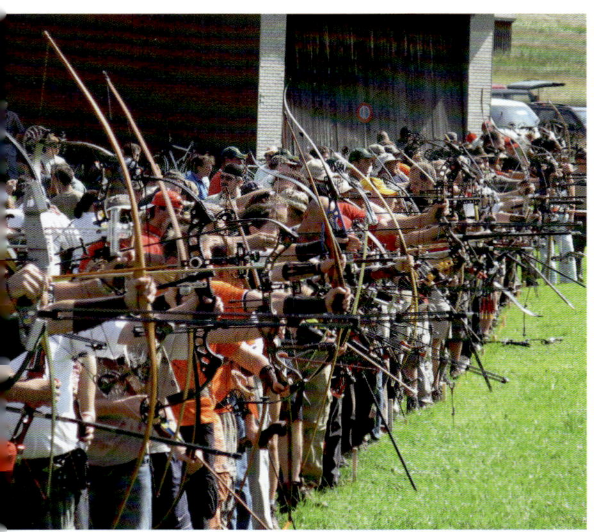

Die „Bogensportfamilie“ vereint alle Bogenklassen, Leistungsstufen jedes Geschlecht und Alter sowie alle Kulturen.

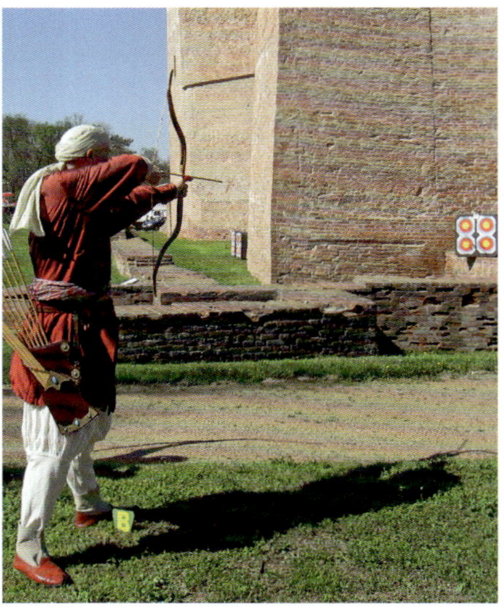

Traditionen weiter leben zu lassen, kann eine lohnende Motivation für den Bogensport sein.

DAS WICHTIGSTE ZUERST: SICHERHEIT

Bogenschießen zählt zu den verletzungsarmen Sportarten, sofern die spezifischen Sicherheitsregeln beachtet werden. Die Nichteinhaltung der Sicherheitsregeln kann jedoch schwere Schäden beim Schützen selbst, bei anderen Personen, Material und Umwelt verursachen.

ALLGEMEINE SICHERHEITSREGELN BEIM BOGENSPORT

- Jeder Bogen, auch ein Anfängerbogen, hat genug Kraft, um tödlich zu sein oder zumindest schwere Verletzungen zu verursachen.
- Der Umgang mit Pfeil und Bogen sollte im Verein /bzw. durch einen Trainer erlernt werden.
- Anfänger sollten nur im Beisein von Fortgeschrittenen oder Trainern üben.
- Jeder Schütze ist für seinen Schuss selbst verantwortlich.
- Hoch- und Weitschüsse nur unter Anleitung machen, da sie zu gefährlich sind.
- Regelmäßig Material-Check durchführen.

SICHERHEIT FÜR DEN SCHÜTZEN

- Aufwärmen vor jedem Training.
- Zuggewicht des Bogens sollte an die momentanen Fähigkeiten des Schützen angepasst sein.
- Die Ausrüstung sollte an den Schützen individuell angepasst sein.
- Eine „gesunde", effiziente, kraftsparende und leicht wiederholbare Schusstechnik sollte angewendet werden.
- Eng anliegende, elastische Kleidung tragen.
- Lange Haare stets zusammenbinden.
- Keine Krawatten, lange Halsketten, keinen Schmuck zum Bogenschießen tragen.
- Ohrringe an der Zug-Seite beim Seiten-Anker ausziehen.
- Bogen stets seitlich (in Schussebene) heben, mit dem Oberkörper bzw. die Schulterlinie so parallel wie möglich in Schussebene ausrichten.
- Tragen von passendem Arm- und Fingerschutz.
- Auf die Verwendung eines Metallnockpunktfixators sollte aus Sicherheitsgründen gänzlich verzichtet werden.
- Federkiele durch Umwicklung oder Anbringung eines Klebtropfens ungefährlich machen.
- Achtung vor beschädigten Karbonpfeilen. Karbonsplitter dringen leicht in die Haut und sind nur sehr schwer wieder herauszubekommen.
- Fällt der Bogen, ein Pfeil oder ein anderer Ausrüstungsgegenstand vor die Schusslinie zu Boden, darf er erst aufgehoben werden, wenn alle Schützen fertig geschossen haben bzw. das Schießen von allen unterbrochen wurde.
- In seltenen Fällen können Pfeile vom Ziel zurückprallen!

SICHERHEIT FÜR ANDERE SCHÜTZEN

- Alle Schützen stehen mit der Körpermitte über derselben Linie (Schießlinie).
- Genügend Abstand zum Nachbarschützen
- Pfeil wird erst eingelegt, wenn alle Schützen auf oder hinter der Schießlinie stehen bzw. ein sicherer Stand am Pflock eingenommen wurde.
- Pfeil zeigt bis zum Einlegen und Aufziehen immer in Richtung Boden (so gut es geht in der Schussebene) oder Ziel.
- Der Bogen wird beim Einlegen des Pfeils senkrecht gehalten.
- Bogen nur an der Schießlinie aufziehen (mit oder ohne Pfeil)
- Der Bogenrücken zeigt stets in Richtung Ziel.
- Signale absprechen: Zum Beginn des Schießens, zum sofortigen Abbruch, zum Beenden einer Passe, zum Holen der Pfeile.
- Schützen, die beim Aufziehen des Bogens sind, nicht durch Berühren oder Ansprechen erschrecken oder stören.
- Den Bogen so abstellen, dass andere Schützen nicht darüber stolpern.

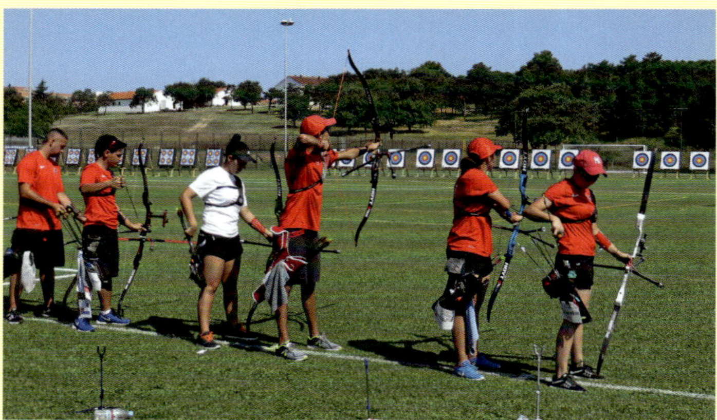

Das mittige Stehen aller Schützen über der Schusslinie ist wichtig, damit sie sich bei Pfeilnockenbruch nicht gegenseitig gefährden.

SICHERER TRAININGSORT IM VEREIN

Einen sicheren Ort für das Bogenschießen (und schießen lernen) bietet dir ein Verein. Einen Verein in der Nähe kannst du nach PLZ-Bereich hier suchen:
www.bogenschiessen.de/vereine
Viele Bogensport- oder Schützenvereine bieten auch Anfängerkurse an. Weitere Kursanbieter siehe Linkliste im Anhang.

SICHERHEIT FÜR NICHTBETEILIGTE

- Ein Pfeilfang hinter den Scheiben ist wichtig, wenn das Gebiet dahinter zu kurz ist. Pfeile, die an der oberen Kante der Scheibe oder an einem 3D-Tier abprallen und aufsteigen, können noch viele Meter (bis zu 100–200 m oder noch mehr) weiter fliegen.
- Blockieren von seitlichen Zugängen der Anlage, damit nicht aus Versehen ein unwissender Passant in die Schussbahn gerät.
- Laut WA dürfen sich keine Personen in einem Sektor von 90° vor dem Schützen aufhalten. Da Pfeile bei Nockbruch im rechten Winkel wegfliegen können (auf die Seite, wo der Pfeil aufliegt), ist aber nur ein Sektor von 180° wirklich sicher.
- Auszug des Bogens darf nicht über Schulterhöhe geschehen, d.h. die Sehne darf nur in Verlängerung der Flugparabel (Anfangs-Steigewinkel) vorgespannt und gezogen werden.
- Schießübungen, die mit geschlossenen Augen gemacht werden, nur aus kurzer Entfernung (5 m) zum Ziel machen.

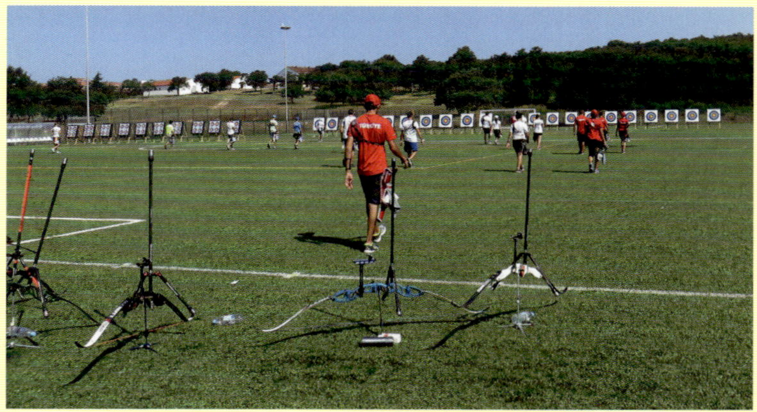

ZUSAMMEN SCHIESSEN – ZUSAMMEN PFEILE HOLEN

Erst nach einem abgesprochenen Signal und nachdem alle Schützen an der Schießlinie das Schießen eingestellt haben, wird gemeinsam nach vorne zur Scheibe gegangen.

SICHERHEIT BEIM PFEILEHOLEN

- Warten, bis alle an der Schießlinie das Schießen eingestellt und den Bogen abgestellt haben.
- Achtung! Die Nocken der Pfeile in der Scheibe befinden sich oft in Augen- oder Halshöhe.
- Immer seitlich an das Ziel herantreten. Stolpern kann zum Sturz in die Pfeilnocken führen.
- Beim Gang zur Scheibe Blick auf den Boden richten (hier liegen die zu kurz geschossenen Pfeile). Nicht vor der Scheibe bücken, solange noch Pfeile stecken!

SICHERHEIT BEIM PFEILEZIEHEN

- Darauf achten, dass niemand hinter den Nocken steht (d.h. Blick ist im Moment des Ziehens Richtung Schießlinie bzw. Pflock).
- Beim Ziehen der Pfeile liegt zum Abstützen eine Hand flach auf der Scheibe rund um den Schaft. Die zweite Hand fasst den Schaft (Daumen zur Scheibe) so weit wie möglich vorne und zieht dann nach hinten.
- Nach dem Ziehen gleich kontrollieren, ob Spitze, Nocke, Federn und Schaft fest und unversehrt geblieben sind. Pfeile, die neben der Scheibe gelandet sind, besonders genau kontrollieren.
- Kaputte Holzpfeile umgekehrt in den Köcher oder in ein gesondertes Köcherabteil geben.
- Beim Pfeilesuchen hinter der Scheibe bleibt ein Schütze vor der Scheibe, oder es werden die anderen Schützen darauf aufmerksam gemacht.
- Anzahl der Pfeile bei jedem Holen kontrollieren. Vorsicht vor „Doppelgängern", die gleich aussehen, jedoch verschiedene Länge und anderen Spinewert zum eigenen Pfeil haben. Wird mit einem zu kurzen Pfeil geschossen, besteht die Gefahr, dass man sich in die Hand schießt. Ist der Pfeil viel zu weich, kann er beim Abschuss brechen und ebenfalls Hand, Arm oder Gesicht verletzen. Jeder Pfeil sollte mit dem Namen oder den Initialen des Besitzers versehen sein.
- Es empfiehlt sich, vor allem Karbonpfeile mit einem Pfeilzieher aus der Scheibe zu entfernen.

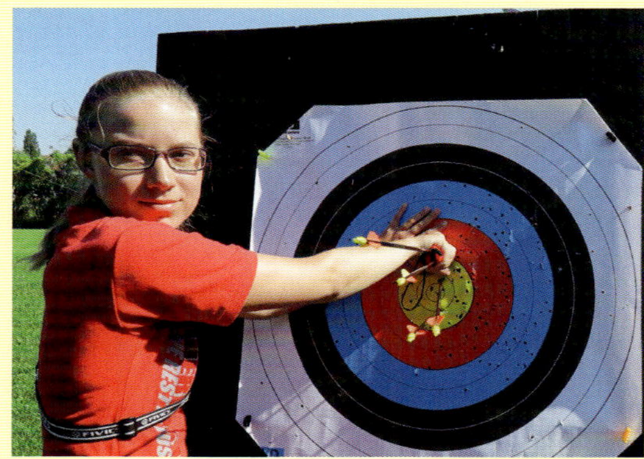

Beim Ziehen der Pfeile aus der Scheibe ist es wichtig, dass der Blick rückwärts gerichtet ist, damit niemand aus Versehen durch die Pfeilnocke verletzt wird.

SICHERHEIT FÜR DAS MATERIAL

- Spannen des Bogens ausschließlich mit Spannschnur oder fester Spannvorrichtung.
- Darauf achten, dass Pfeilnocke und Mittelwicklung gut zueinander passen, d.h. dass die Nocke weder zu fest noch zu locker sitzt.
- Sehne vor Verschmutzung schützen und regelmäßig wachsen.
- Keine Trockenschüsse/Leerschüsse machen, d.h. den Bogen nicht ohne Pfeil aufziehen und lösen.
- Standsichere Scheiben/Dämpfer und Scheibenständer benutzen.
- Schießrichtung ist immer gerade auf die Scheibe, d.h. nicht überkreuzt schießen.
- Pfeile, die im Holzrahmen, Wurzeln, Bäumen stecken, am besten mit vier Händen ziehen.
- Bögen niemals mit dem Boden in Berührung kommen lassen.

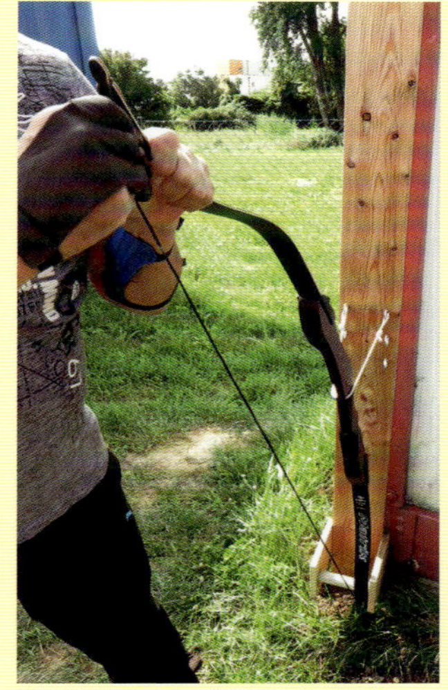

Aufspannen des Bogens mit einer festen Spannvorrichtung.

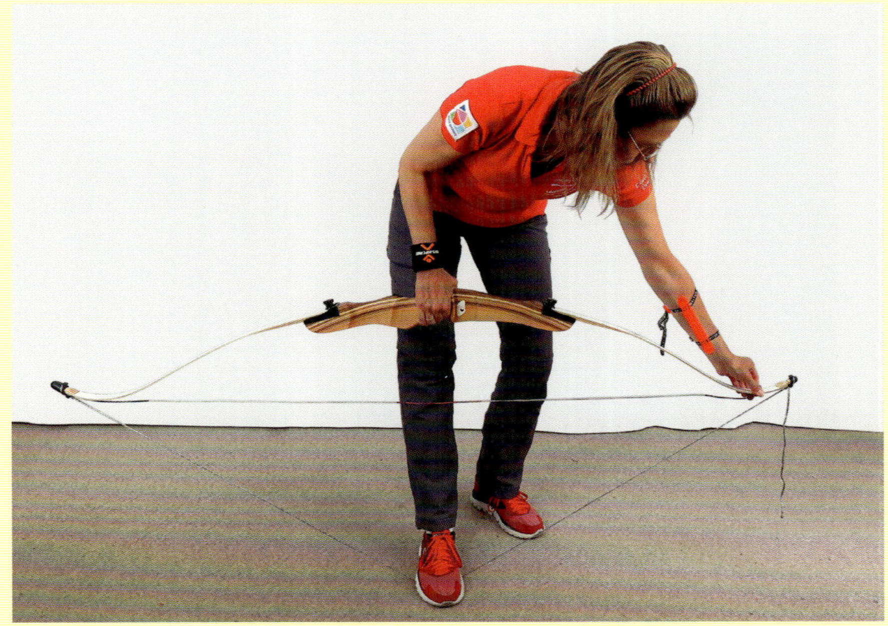

Aufspannen des Bogens mit einer Spannschnur.

MATERIALCHECKLISTE

Sie kann dem entsprechenden Bogentyp angepasst, abgehakt und durch permanentes Anwenden zur Routine werden.

VOR DEM AUFSPANNEN DES BOGENS

O Bogen ohne Beschädigungen (Wurfarme und Mittelstück).
O Oberer und unterer Wurfarm an der richtigen Stelle.
O Beide Wurfarme sitzen fest in den Taschen.
O Feststellschrauben sind angezogen.
O Ganze Sehne ok.
O Pfeilauflage und Pfeilanlage ok.

NACH DEM AUFSPANNEN DES BOGENS

O Sehnenöhrchen liegen oben und unten in der Bogennocke.
O Sehne liegt oben und unten mittig im Sehnenbett.
O Aufspannhöhe passt.
O Nockpunktfixator fixiert.
O Nockpunktüberhöhung passt.
O Pfeile: Schaft, Nocke, Feder, Spitze ok und fest.
O Sonstige Ausrüstung ok.

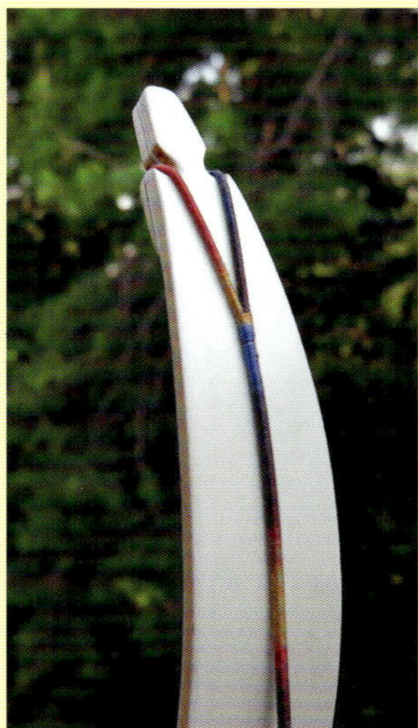

Nach dem Aufspannen sofort kontrollieren, ob die Sehne sicher in den Bogennocken und mittig in den Sehnenbetten der Wurfarme liegt.

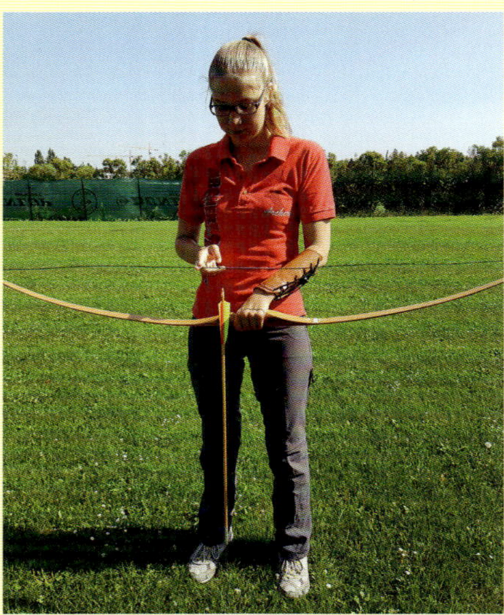

Test, um festzustellen, ob die Pfeilnocke gut zur Sehne passt.

Beim Ausüben des Bogensports gelten die allgemeingültigen Verhaltensregeln, allen voran Respekt, Toleranz und Rücksichtnahme den anderen Schützen gegenüber. Darüber hinaus gibt es noch besondere Regeln.

DIE WICHTIGSTEN VERHALTENSREGELN IM BOGENSPORT

- An der Schusslinie sollte nach Möglichkeit Ruhe herrschen.
- Nie in die Richtung von Menschen aufziehen, auch wenn kein Pfeil eingelegt ist. Das gilt auch für Übungen mit dem Fitnessband.
- Kommentare zum eigenen Trefferbild und zu dem anderer Schützen sollten völlig unterlassen werden.
- Keine Bogenklasse ist besser als die andere. Jede hat ihre Daseinsberechtigung, ihre eigene Herausforderung an den Schützen und ihre eigene Schönheit.
- Unter gar keinen Umständen darf das Material (Bogen, Köcher, Pfeile usw.) eines anderen Schützen berührt oder ungefragt ausprobiert werden.

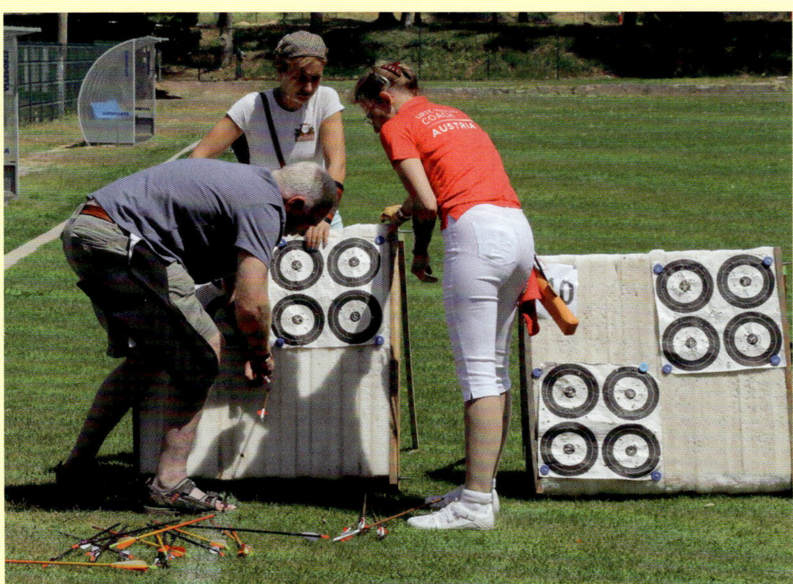

Gegenseitige Hilfe während des Trainings ist wichtig und macht Freude.

2

TECHNIK

Kriterien einer guten Technik

Der Schussablauf

Die Phasen des Schussablaufs

Technikelemente des Schussablaufs

Atmung und Rhytmus

Zieltechniken

KRITERIEN EINER GUTEN TECHNIK

Es gibt keine falsche Technik im Bogensport.

Es gibt nur mehr oder weniger geeignete, vor allem im Hinblick auf Gesundheit, Erlernbarkeit, Gleichmäßigkeit und konstant gutes Trefferbild.

So gibt es zum einen sehr effiziente Techniken, die leicht zu erlernen, leicht zu wiederholen und kraftsparend sind, da in den Kraftlinien operiert wird.
Zum anderen gibt es sehr ungesunde Techniken, z.B. wenn die Schultern hoch sind, im Hohlkreuz gestanden wird, die Knie verdreht oder Gelenke durchgestreckt sind.

Jeder Schussablauf kann zum Erfolg führen, wenn er immer wieder gleich – in Teilhandlungen, Intensität, Richtung, Flüssigkeit, Rhythmus, Atmung, Gefühl und Timing - ausgeführt wird, denn diese Wiederholbarkeit ist die Ursache für ein konstantes Trefferbild.
Daher sollte die Schusstechnik so einfach wie möglich gestaltet werden, damit sie leicht reproduziert und im Unterbewusstsein leichter gespeichert werden kann.

Dies ermöglicht auch, dass die Bewegungen nach einer gewissen Anzahl an Schüssen vorwiegend autonom ablaufen und somit der Fokus auf die wichtigen Dinge im Schussablauf gelegt werden kann.

Der im Folgenden beschriebene STANDARD-SCHUSSABLAUF ist ein gut begründeter Vorschlag einer günstigen Bogenschieß-Technik. Aufgrund seiner Eigenschaften ist er für traditionelle wie auch Visier-Schützen (Olympic Recurve, Compound) und für Anfänger genauso wie für Weltklasse-schützen zu empfehlen.

Er kann, am Besten mit Hilfe eines Trainers, durch kleine Änderungen in den Teilelementen individuell angepasst werden. Somit bietet er eine Basis für langjährigen Erfolg und Spaß im Bogensport.

VON SCHUSSABLAUF ZU SCHUSSABLAUF

→ Kein Schussablauf kann zu 100 % identisch sein.
→ Es ist gut zu wissen, wann man *was* und *wie* man es tut.
→ Er sollte stets konstant sein.
→ Er wird vor allem gefühlt.
→ Aus Erfahrung und Übung wird Intuition.
→ Jeder Schuss ist eine neue Herausforderung.
→ Stets das Bogenzuggewicht beherrschen.
→ Investition in einen Trainer beim Erlernen spart Zeit, Nerven und im Endeffekt auch Geld.

DER SCHUSSABLAUF

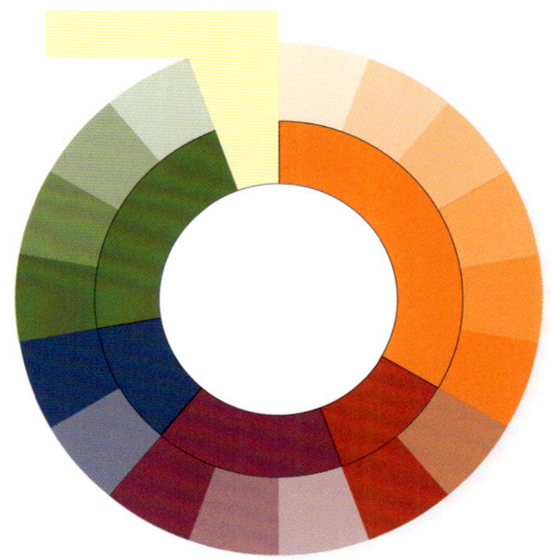

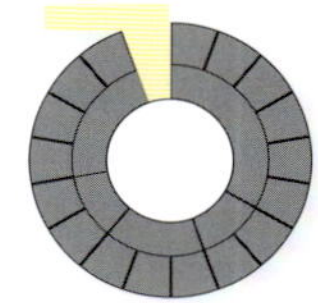

Der Schussablauf kann in 6 Phasen unterteilt werden, wobei der eigentliche Schussablauf mit der unteren Vorbereitungsphase beginnt:

0 VORSCHUSSPHASE
1 UNTERE VORBEREITUNGSPHASE
2 OBERE VORBEREITUNGSPHASE
3 ENERGIE-LADE-PHASE
4 AUSFÜHRUNGSPHASE
5 ABSCHLUSSPHASE

Jede Phase beinhaltet mehrere Schusstechnikelemente, die ab Seite 24 unter Technikelemente des Schussablaufes näher erklärt werden.

Nur die erste, die Vorschussphase, zählt nicht zum eigentlichen Schussablauf, da sie, vor allem in Abhängigkeit von Umweltfaktoren, Material oder Turniermodus, sehr verschieden ablaufen kann. Sie wird hier näher beschrieben, während die weiteren Phasen nur kurz definiert werden.

VORSCHUSSPHASE

Die Vorschussphase ist die letzte Vorbereitung für den Schuss und hat in hohem Maße etwas mit Taktik zu tun. In ihr wird zum einen die Kleidung und Ausrüstung kontrolliert sowie zurecht gemacht.

Zum anderen wird die Umwelt eingeschätzt (inklusive der Visualisierung der Flugbahn). Aufgrund der vielen verschiedenen Ausgangsbedingungen (z.B. steiler Schuss im Gelände, das Tragen von verschiedener, dem Wetter angepasster Kleidung, Beginn einer Passe oder zwischen zwei Schüssen einer Passe usw.), kann die Vorschussphase von Schuss zu Schuss zum Teil stark variieren.

Jedes Ziel, jeder Schuss sollte daher als neue Herausforderung gesehen und als solche analysiert werden. Dabei kann, wie beim eigentlichen Schussablauf, mit Hilfe einer auswendig gelernten Checkliste gearbeitet werden.

Die Phasen des Schussablaufs

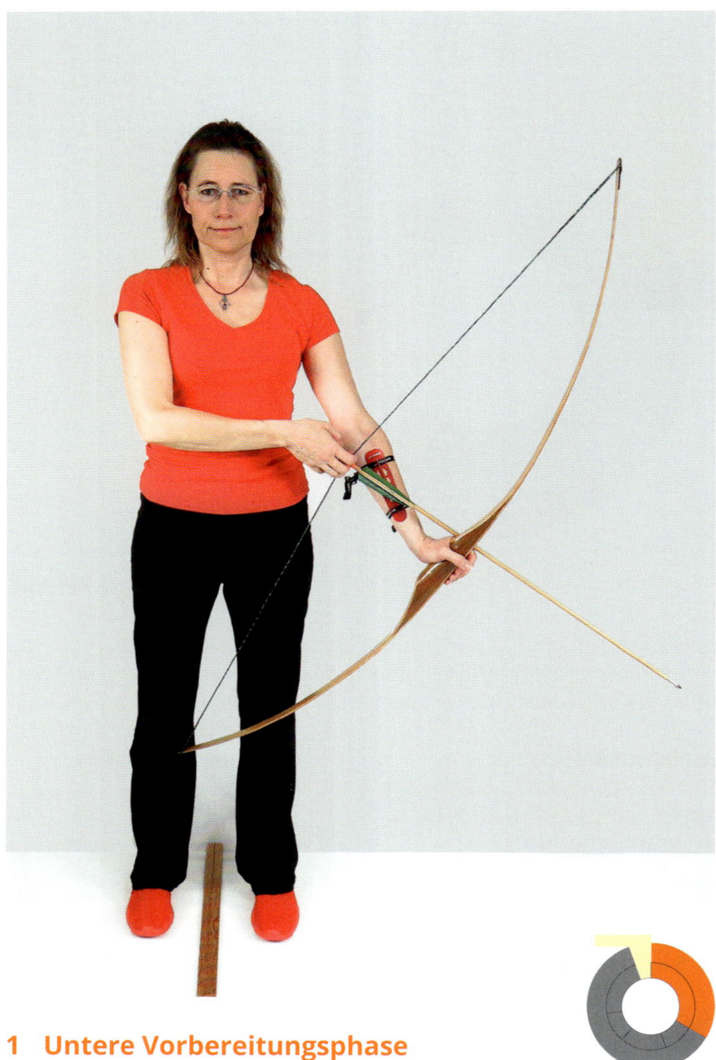

1 Untere Vorbereitungsphase

Diese umfangreichste Phase dient dazu, eine gute Basis für den Schuss herzustellen.
Sie beginnt mit dem Anfangsritual, geht über die Positionierung der Füße, das Pfeileinlegen, das Einrichten der Zug-Finger an der Sehne und Bogen-Hand am Griff, die Einrichtung bzw. Kontrolle des Standes und endet mit dem Drehen des Kopfes in Richtung Ziel.
Hier wird viel mit der engen visuellen, aber auch taktilen und kinästhetischen Kontrolle gearbeitet.

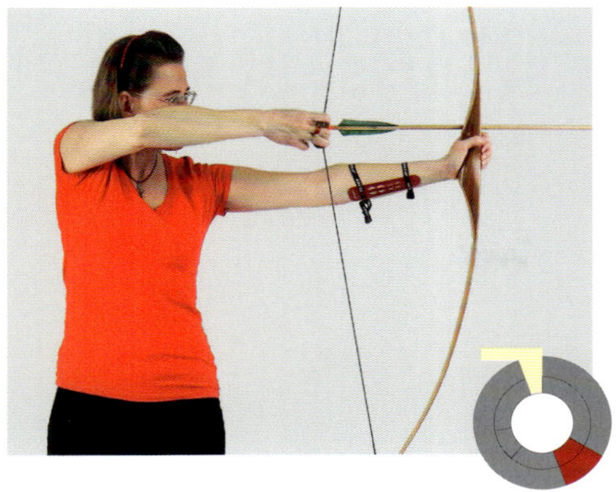

2 Obere Vorbereitungsphase

Die obere Vorbereitungsphase beinhaltet das Heben von Bogen- und Zug-Arm, die Rundumkontrolle (detailliert fokussiert bei Anfängern und eher unbewusst gefühlt bei Fortgeschrittenen) und, falls noch nicht geschehen, das wichtige Setzen der Bogenarm-Schulter.

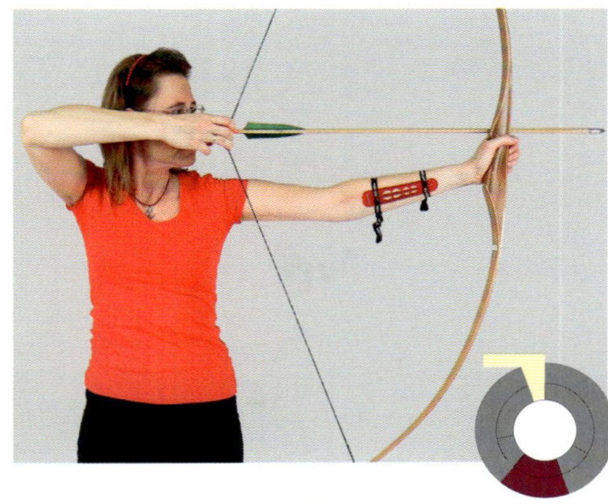

3 Energie-Lade-Phase

In der Energie-Lade-Phase wird durch Kraftaufwand Energie im Bogen bzw. den Wurfarmen gespeichert. Eingeleitet wird sie durch die große Zug-Druck-Rotationsphase und geht nahtlos über in die Einnahme der Ankerzonen und den Vollauszug.

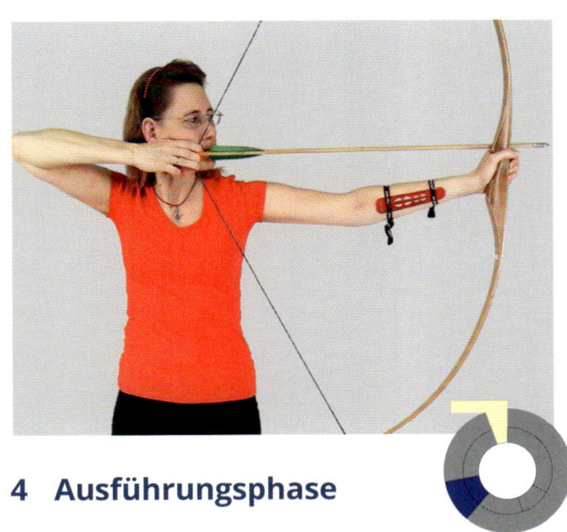

4 Ausführungsphase

Die Ausführungsphase wird durch das Zielen und die Spannungserhöhung bestimmt.
Die Momente kurz vor und während des passiven Lösens der Sehne sind sehr entscheidend für den Ausgang des Schusses bzw. das Trefferbild. Das Ende der Ausführungsphase gehört bereits zur Abschlussphase.

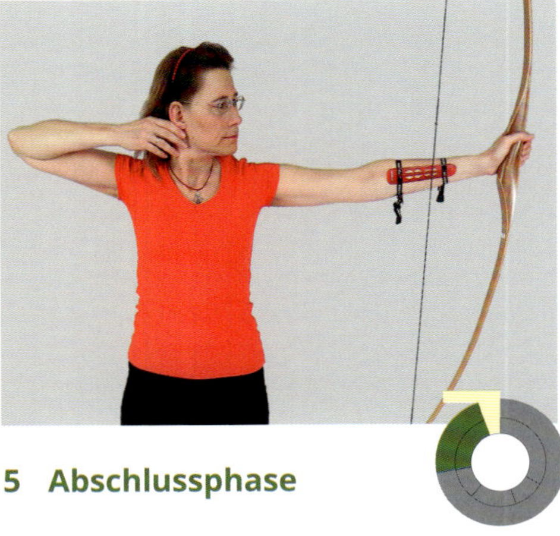

5 Abschlussphase

Die meisten Technikelemente in der Abschlussphase sind Reaktionen auf vorangegangene Phasen (v.a. auf die Intensität und Richtung der Kräftevektoren in der Zug-Druck-Rotationsphase sowie Spannungserhöhung) bzw. deren Weiterführung. Zu dieser Phase gehören schon der Moment des passiven Lösens der Sehne, das Nachhalten und die Analyse des Schusses.

TECHNIKELEMENTE DES SCHUSSABLAUFS

Grundlagen

Der Schussablauf beim Bogenschießen ist eine sehr komplexe Handlung. Daher gehört Bogenschießen zu den technischen Sportarten, die ein hohes Maß an Koordinationsfähigkeit erfordern.
Um das Erlernen einer so vielschichtigen Bewegung zu erleichtern, wird auch der Schussablauf, ähnlich einer ***Tanzchoreographie***, die in mehrere Schrittfolgen gegliedert wird, in mehrere Technikelemente unterteilt (siehe Tabelle). Diese sind im Schussablauf meist zeitlich versetzt, so dass es leichter fällt, den Fokus auf ein einzelnes Element, gleich dem Durchgehen einer Checkliste, zu richten.
Durch Zusammenführen der einzeln erlernten Teilelemente und ständiges Wiederholen sieht der Schussablauf von außen immer flüssiger und leichter aus und fühlt sich bald auch so für den Schützen an.

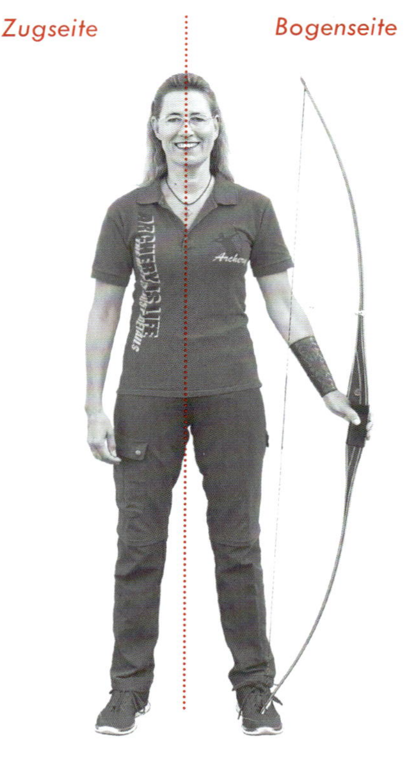

Die Erfahrung zeigt, dass meist nur bei mehrmaligem Üben pro Woche (mindestens 2 mal, besser 3 und mehr) ein positiver Trainingseffekt d.h. eine Entwicklung festzustellen ist, wobei in den einzelnen Einheiten aus Zeitmangel auch 30 – 50 Schuss oder Schusssimulationen mit Hilfsgerät bei Hobbyschützen ausreichen.

Wichtig für das Training ist, dass der Schütze nicht nur im Detail weiß, was er will (Art und Weise der Bewegungsausführung) und sich darauf konzentriert, sondern auch genau weiß, d.h. zum Teil sieht und vor allem spürt(!), was er macht (Bewegungsgefühl). Hier ist die Selbstbeobachtung (direkt, mit Hilfe eines Spiegels oder einer Videoaufzeichnung) enorm von Vorteil.

Bei der Beschreibung der Technik wird der Körper prinzipiell in zwei Hälften geteilt und zwar in eine ***Bogenseite*** und in eine ***Zugseite*** (rechts und links der Nasenspitze bzw. des Bauchnabels).
So gibt es z.B. eine **Bogen-Hand**, einen **Bogen-Arm** (nicht zu verwechseln mit dem z.B. unteren Wurfarm des Bogens), eine **Bogen-Schulter**, die **Bogen-Finger**, ein **Bogen-Fuß**, und so weiter.

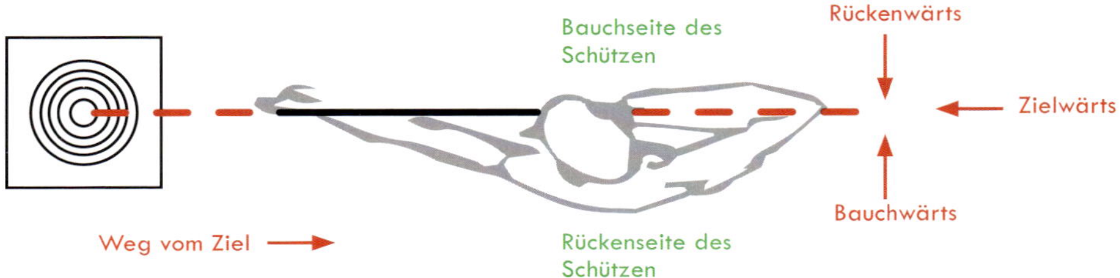

Für die Richtungsbeschreibung von Bewegung werden u.a. die Ausdrücke „bauchwärts" (= „brustwärts"), „rückenwärts", „weg vom Ziel", „zielwärts" verwendet, sowie die Begriffe „offen", „geschlossen" und „parallel" (siehe Abbildung unten).

FUSSPOSITIONIERUNG, HÜFT- UND SCHULTERAUSRICHTUNG IM VERHÄLTNIS ZUM ZIEL

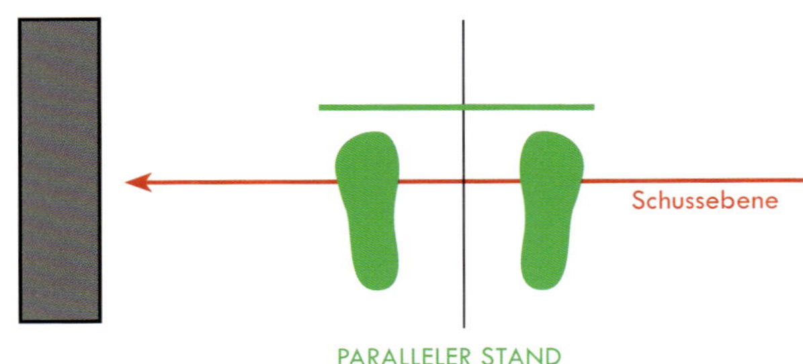

PARALLELER STAND

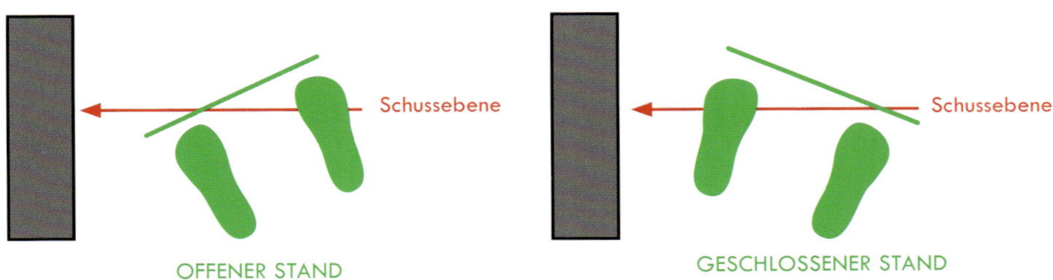

OFFENER STAND

GESCHLOSSENER STAND

Standardschussablauf in tabellarischer Form mit Begründungen

ALLGEMEINE HINWEISE	BEGRÜNDUNG
Standardschussablauf gilt für den sogenannten Nullschuss, d.h. das Ziel ist ungefähr auf Schulterhöhe in naher Entfernung.	Für bergauf, bergab und sehr weite Schüsse gibt es leichte Abweichungen vom Standardschussablauf, v.a. beim Stand und in der Hebe-Phase.
So wenige Muskeln wie möglich anspannen. Keine unnötigen, zusätzlichen Bewegungen durchführen.	Ermöglicht Konsistenz in der Ausführung.
Ungewollte Spannungen in Körper und Geist (z.B. negative oder ablenkende Gedanken) vermeiden.	Kräftesparend.
Vor allem als Anfänger volle Konzentration auf jedes einzelne Teilelement des Schussablaufes legen.	Konstanz.
Sich stets genügend Zeit nehmen, um in sich "hineinzufühlen" und bestimmte Details der Teilelemente bewusst wahrzunehmen.	Erleichtert die Kontrolle über den Schussablauf. Das Gefühl ist der wichtigste Analysefaktor, besonders nach der Vorbereitungsphase.
Teilelemente haben bestimmte Reihenfolge, die nicht verändert werden kann.	Ein Teilelement ist mehr oder weniger die Vorbereitung für das nächste.
Jedes(!) Teilelement ist wichtig.	Jedes Teilelement baut aufeinander auf.
BEWEGUNGSGEFÜHL Auslöser für den nächsten Schritt im Schussablauf sollte immer das Gefühl sein. Stimmt dieses nicht mit dem Soll-Zustand überein, unbedingt abbrechen/absetzen und den Schussablauf von neuem aufbauen.	Die Bewegungsempfindungen (Kinästhetik) liefern, wenn trainiert, die notwendige Rückmeldung über den Ist-Zustand der Bewegungsausführung.
Minimum an Bewegung (auch mental!).	Kraftsparend.
Kontrolle des Kopfes (still halten, keine Mimik).	Hilft auch den Rest des Körpers stabil zu halten.
Schussablauf sollte - so gut es geht - immer gleich ablaufen.	Gutes Gefühl; Sicherheit und Selbstvertrauen. Minimale Abweichungen wirken sich auf die Zug-Druck-Rotationsphase, das Ankern, das lockere Lösen und daher auch auf den Pfeilflug bzw. das Trefferbild aus.
Routine ist notwendig: Das heißt viele Male den Schussablauf konzentriert üben.	Automatisierung des Schussablaufs, auch unter Stress; damit sich keine ungewollten Bewegungsabläufe einschleichen und festsetzen.
Regelmäßige Kontrolle der Schusstechnik im Training ist wichtig.	Da sich ungewollte Bewegungsabläufe einschleichen können.

Der Standardschussablauf kann in folgende Technikelemente zerlegt werden:

	PHASE	TECHNIKELEMENT
0	VORSCHUSSPHASE	Umweltanalyse
1	UNTERE VORBEREITUNGSPHASE	1. Anfangsritual (nur für Wettkampfschützen*)
		2. Fuß-Positionierung
		3. Pfeil einlegen
		4. Hände einrichten
		5. Stand einrichten
		6. Kopfdrehen
2	OBERE VORBEREITUNGSPHASE	7. Heben von Bogen- und Zug-Arm
		8. Rundum-Kontrolle
3	ENERGIE-LADE-PHASE	9. Zug-Druck-Rotationsphase
		10. Ankern
		11. Vollauszug
4	AUSFÜHRUNGSPHASE	12. Zielen
		13. Spannungserhöhung
5	ABSCHLUSSPHASE	14. Lösen der Sehne
		15. Nachhalten
		16. Analysieren
		17. Schlussritual (nur für Wettkampfschützen*)

* nachzulesen in „DAS GROSSE BUCH VOM BOGENSPORT“

ACHTUNG! Trotz "Standard" immer Individualität beachten! Jeder Schütze ist verschieden(!) in Körperbau, Fähig- und Fertigkeiten.

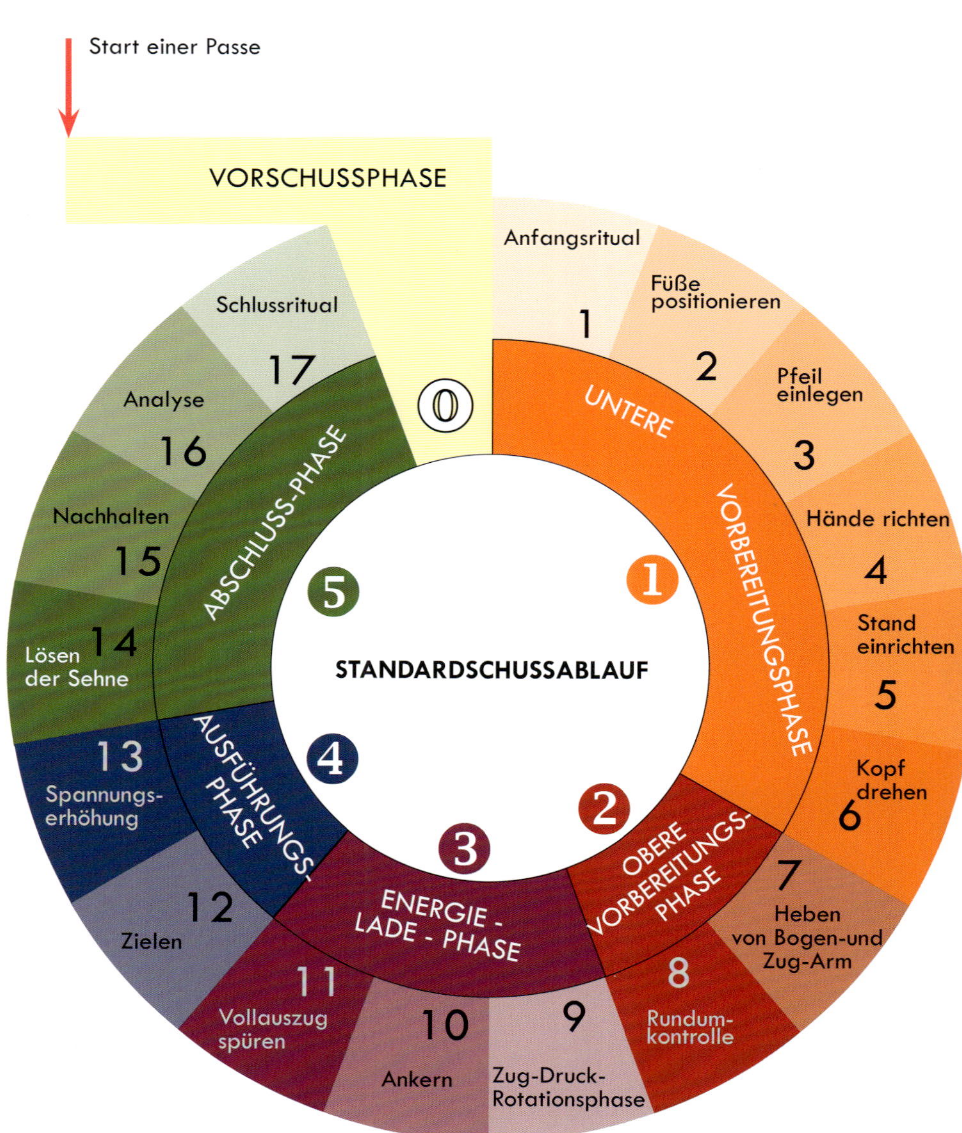

Genaue Beschreibung der einzelnen Schritte in den Phasen nachzulesen in „DAS GROSSE BUCH VOM BOGENSPORT“

Fuß-Positionierung PARALLELER STAND

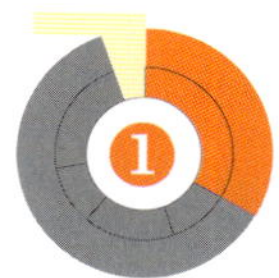

TECHNIKBESCHREIBUNG UND AUSFÜHRUNG	BEGRÜNDUNG
Voller Fokus auf das Einnehmen der gewünschten Fußpositionen.	Damit sie immer gleich sind. Sie bilden zusammen mit dem stabilen Stand das Fundament eines jeden Schusses. Die Fußpositionierung gehört in jeden(!) Schussablauf. Während einer Passe wird sie stets zu Beginn des Schusses kontrolliert.
Noch keine Einnahme des vollständigen Standes.	Da es beim Pfeil-aus-dem-Köcher-Ziehen und dem Pfeileinlegen, sowie der Einrichtung der Hände an Sehne und Griff zwangsläufig zu Veränderungen der Körperausrichtung kommt.
PARALLELER STAND, d.h. die Verbindungslinie zwischen beiden großen Zehen verläuft parallel zur Schussrichtung. Achtung im englischen Sprachgebrauch! = „Square" (engl. *Quadrat*).	Leicht zu wiederholen und zu überprüfen. Einfacher in gute Schulterlinie (Zug-Kraft-Linie) zu kommen. Lösen passiert in der gleichen Ebene. Keine Drehspannungen im Körper (mit der Tendenz „zurückzudrehen").
Ungefähr schulterbreit bei Männern, hüftbreit bei Frauen. Oder individuell („Wohlfühlstand").	Natürliche Haltung, leicht zu wiederholen; erhöht Stabilität; erleichtert, den Schwerpunkt in der Mitte zu halten; wenige unnötige Spannung in den Beinen.
Ferse und alle Zehen haben Kontakt zum Boden („satter Sohlenstand")	Gewährleistet später den stabilen Stand; leicht wiederholbar.
Druckverteilung auf beiden Füßen gleich groß (50/50).	Stabil.

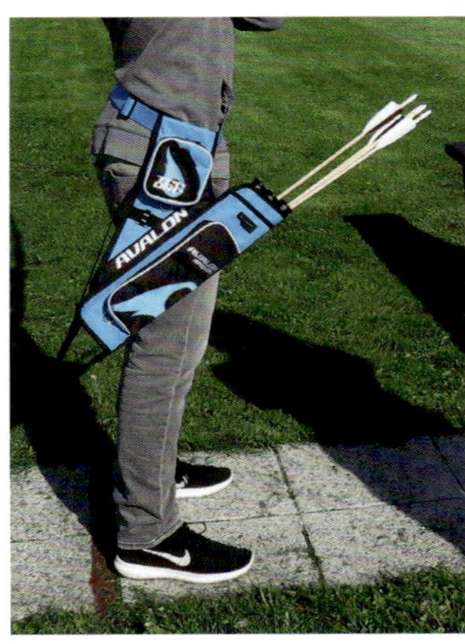

PARALLELER STAND:
Die Füße stehen so, dass in der Schussebene eine Verbindungslinie zwischen beiden großen Zehen verläuft.

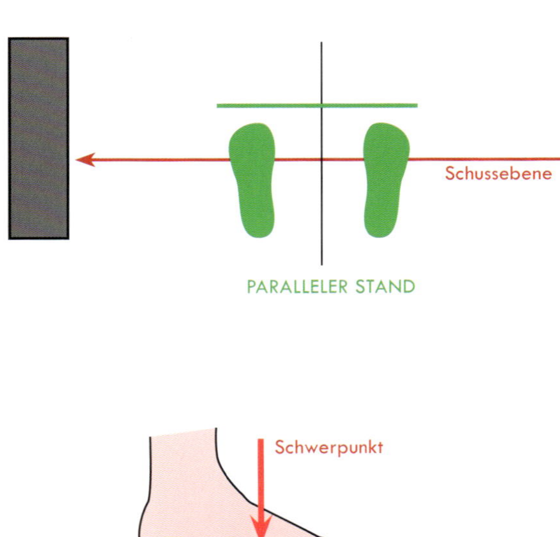

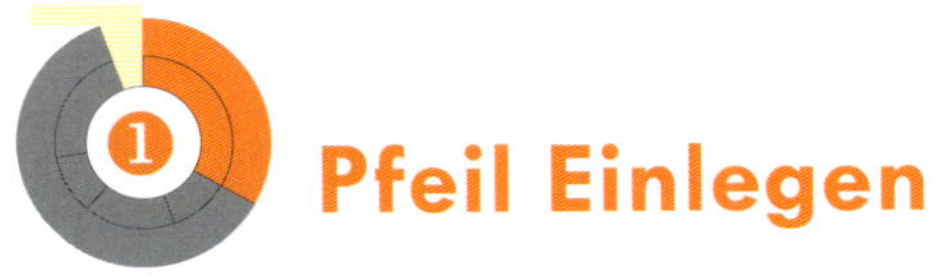

Pfeil Einlegen

ACHTUNG! Wie auch immer der Pfeil eingelegt wird, es dürfen nie andere Schützen/Zuschauer gefährdet werden.

TECHNIKBESCHREIBUNG UND AUSFÜHRUNG	BEGRÜNDUNG
Sollte immer - wie jedes Technikelement - genau gleich sein.	Damit immer der gleiche mentale Zustand erreicht bzw. beibehalten wird.
Bogen mit gestrecktem (aber nicht durchgestrecktem), entspanntem Arm halten.	Kraftsparend.
Daumen und Zeigefinger nehmen Pfeil nach Möglichkeit am Übergang Nocke/Schaft aus dem Köcher.	Gute Kontrolle über den Pfeil. Ermöglicht ein schnelles und sicheres Einnocken. Federn werden nicht beschädigt.
Die Spitze zeigt nur noch zum Boden (+/– in Schussebene) oder Richtung Ziel.	Aus Sicherheitsgründen.
Der Pfeil wird entweder über den Bogen gehoben oder entlang des Bogen-Arms (gemeint ist Arm, der den Bogen hält) auf die Pfeilauflage (Shelf, Hand) geführt.	Sicherheit für andere Schützen. Den Pfeil zwischen Sehne und Bogen durchzufädeln, ist zwar auch eine Methode, bewirkt jedoch oft, dass die Pfeilspitze die Bogeninnenseite berührt und verletzt.
Liegt der Pfeil auf der Auflage, wird er mit Zug-Daumen und Zug-Zeigefinger gedreht, bis die Leitfeder in Position liegt; dann zurückgezogen, bis die Nocke sicht-/fühl-/hörbar einrastet. **FOKUS ist zu 100% beim Einnocken.**	Verhindert das Risiko eines Trockenschusses. Versichert, dass der Pfeil stets an der gewünschten Position an der Sehne liegt.
Leitfeder schaut meist weg vom Bogen. (Abhängig von der Pfeilauflage, Spinewert des Pfeils, Bogentyp.)	Federn werden weniger beschädigt.
Pfeil wird unterhalb des Nockpunktfixators eingelegt/eingenockt.	Schwerkraft hält Pfeil; Konstanz in Pfeilposition und Abschusswinkel.
Beim Schießen über Hand Handschuh tragen und Federkiele unter Wicklung /Klebeband / Klebtropfen versorgen.	Verringert die Verletzungsgefahr durch Federkiele, die über den Handrücken reiben oder sich in die Hand bohren können.
Bogen-Finger halten nie den Pfeil.	Pfeilauflage (dünne Plastikauflage mit fragilem Häkchen) wird nicht beschädigt. Nocke wird nicht aus Versehen (durch Reibungskraft) von der Sehne gezogen. Verringert das Risiko eines Trockenschusses.

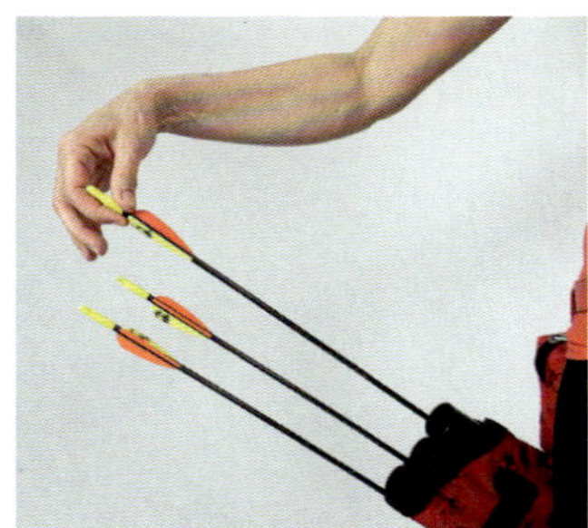

Der Pfeil wird mit zwei Fingern am Übergang Nocke und Schaft gehalten.

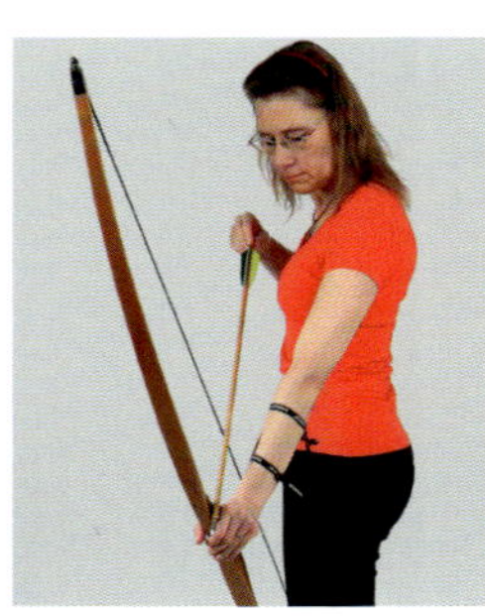

Der Pfeil wird auf der Pfeilauflage nach vorne geschoben.

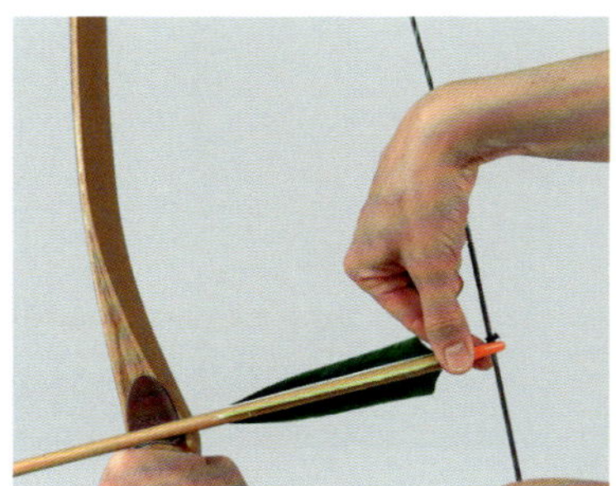

Die Zug-Hand bildet ein Fenster, sodass das Einnocken auch gut visuell kontrolliert werden kann.

Zug-Finger und Bogengriff einrichten

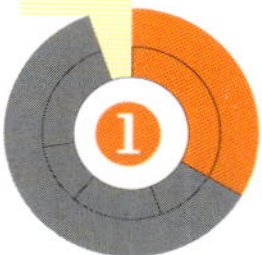

ALLGEMEINES ZUM EINRICHTEN DER HÄNDE UND FINGER

TECHNIKBESCHREIBUNG UND AUSFÜHRUNG	BEGRÜNDUNG
Griff des Bogens und die Platzierung der Zug-Finger an der Sehne werden möglichst schon in der unteren Vorbereitungsphase eingerichtet.	In dieser Phase ist genügend Zeit, um sich ganz darauf zu konzentrieren. Macht spätere Korrekturbewegungen unnötig.
Die Augen beobachten die Handlungen!! Das heißt Kopf und Blick werden zur Zug-Hand bzw. Bogen-Hand gesenkt.	Höchste Aufmerksamkeit für die Handlungen, damit sie immer gleich ablaufen und Hände/Finger genau so positioniert werden, wie es gewünscht wird. Wichtig, weil Hände bzw. Zug-Finger die einzigen Verbindungen vom Schützen zum Bogen und Sehne sind. Entscheidend für die Ausführung der Zug-Druck-Rotationsphase, das Ankern, die Spannungserhöhung und somit für das Freikommen der Sehne und den Pfeilflug.
Zug-Arm ist locker, Zug-/Bogen-Finger bewegen sich nach Einrichten nicht mehr.	Kraftsparend; kontrolliert.

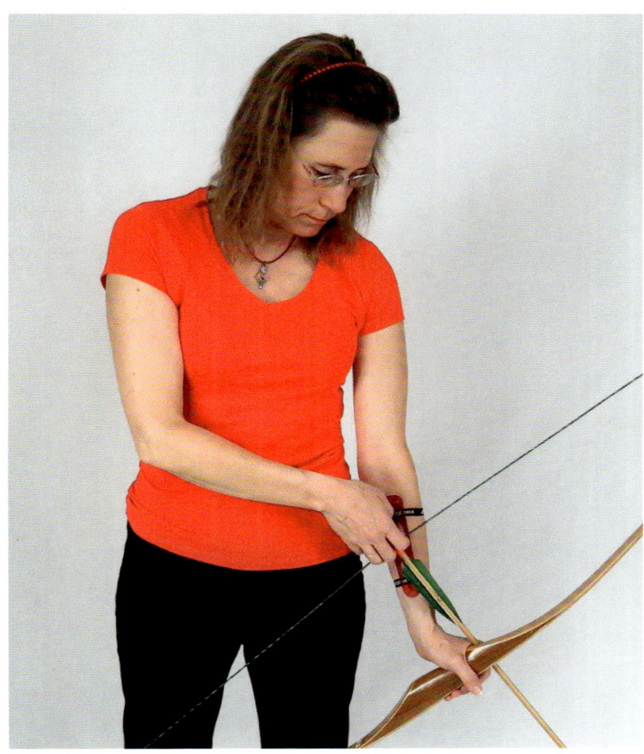

Volle Konzentration – auch beim Einrichten der Hände.

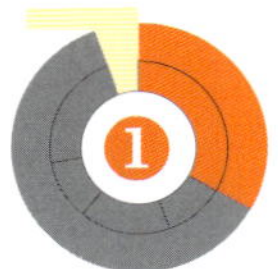

Zug-Finger einrichten

TECHNIKBESCHREIBUNG UND AUSFÜHRUNG	BEGRÜNDUNG
DREI ZUG-FINGER: Zeige-, Mittel- und Ringfinger ziehen die Sehne.	Kraftsparend, es können höhere Zuggewichte gezogen werden.
MEDITERRANER GRIFF : Zeigefinger oberhalb, Mittel- und Ringfinger unterhalb des Pfeils	VORTEILE: Sehnenwinkel liegt näher an der Pfeilnocke. Günstiger bei weiteren Entfernungen.
VARIATION UNTERGRIFF: 3 Finger (Zeige-, Mittel- und Ringfinger) direkt unter dem Pfeil, = Navajo- oder Apachengriff.	VORTEIL: Pfeil liegt näher beim Auge. UNGÜNSTIG bei weiteren Entfernungen (persönlicher Nullpunkt auf kürzerer Entfernung); Abschussgeräusch lauter.
TIEFER HAKEN (oder „Erstes-Fingergelenk-Haken"): Alle drei Zug-Finger halten die Sehne im ersten, vorderen Fingergelenk.	Leicht zu wiederholen; ermöglicht, dass das Zug-Handgelenk locker bleibt. Zug-Finger diktieren die Richtung des Lösens. Im Moment des Lösens werden sie aufgeschnellt* und somit die Sehne störungsärmer freigegeben. *(Ein Vorgang zu schnell für das menschliche Auge.)
GÜNSTIGE VARIATION: Sehne liegt beim Mittelfinger 1–2 mm hinter dem Gelenk und beim Zeige- und Ringfinger etwas 1–2 mm vor dem Gelenk.	Gelenkschonend.
Den *TIEFEN HAKEN* bis zum Moment des Lösens mit ***allen drei*** Fingern beibehalten.	Wenn der Ringfinger den *TIEFEN HAKEN* aufgibt, besteht die große Gefahr, dass die Fingerkuppe ungünstigen Druck auf die Sehne ausübt und diese dadurch abgelenkt wird. Der Finger kann im Moment des Lösens nicht entspannt werden und verlässt später als die anderen Finger die Sehne.
HAKEN verbleibt nach dem Einrichten bis zum Lösen der Sehne statisch, d.h. keine weitere Kontraktion mehr.	Nimmt die Kontraktion der Fingerbeugemuskeln in der Zug-Druck-Rotationsphase oder bei der Spannungserhöhung zu, können die Zug-Finger im Moment des Lösens wegen der Spannungen in den Fingern und im Handgelenk weniger schnell bis gar nicht entspannt werden. Werden die Fingerbeuger in der Zug-Druck-Rotationsphase kontrahiert, ist die Wahrscheinlichkeit groß, dass der Pfeil von der Auflage schwenkt.

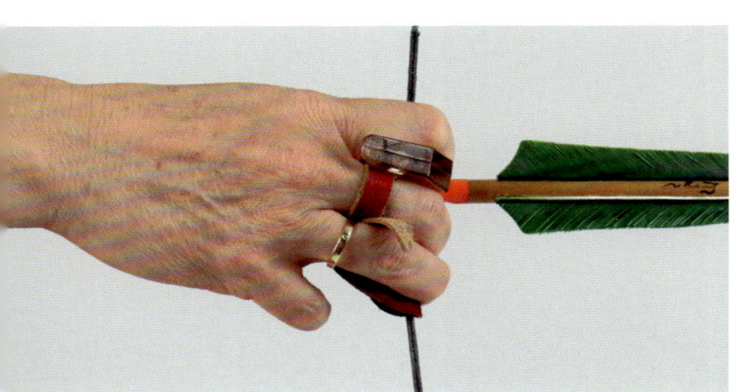

Die Sehne liegt in den ersten Fingergelenken der drei Zug-Finger.
Die Grundgelenke der Finger und das Handgelenk sind gestreckt und entspannt.
Die Zug-Finger setzen im 90°-Winkel zur Sehne an.

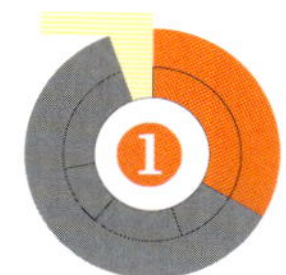

TECHNIKBESCHREIBUNG UND AUSFÜHRUNG	BEGRÜNDUNG
ZUG-FINGER Ansetzen der *Zug-Finger* mit kleiner Vorspannung, d.h. auf leichten Zug.	Erleichtert das korrekte Setzen; leicht zu wiederholen. Stabilisiert den „tiefen Haken“ und in weiterer Folge die Griff-Einrichtung. Beibehaltung der Kontrolle über kinästhetischen Sinn.
Die Fingergrundglieder der Zug-Hand und der Handrücken sind gestreckt (abhängig von der Beweglichkeit bzw. Elastizität der Fingergelenke und der Kraft, die auf die Finger wirkt, aber nie weniger als 180°), d.h. sie bilden eine mehr oder weniger gerade Linie, sodass die Rückseite der Hand flach erscheint.	Natürliche Haltung, wenn der Zug vom Ellenbogen/ der Schulter geführt wird. Wenn Zug auf die Zug-Finger kommt, bleiben Zeige- und Mittelfinger auseinander und für den Pfeil besteht somit genügend Platz.
ZUG-HANDGELENK *Zug-Handgelenk* locker und entspannt.	Schnelleres Lösen der Sehne wird möglich. Weniger Risiko, den Bizeps mehr als nur minimal zum Ziehen einzusetzen; erleichtert die Bewegung aus der Schulter heraus.
ZUG-DAUMEN und **ZUG-KLEINER-FINGER** *Zug-Daumen* und *Zug-Kleiner-Finger sind* entspannt.	Angespannter Zug-Daumen und Zug-Kleiner-Finger machen ein Entspannen der „Sehnen“-Finger im Moment des Lösens praktisch unmöglich.

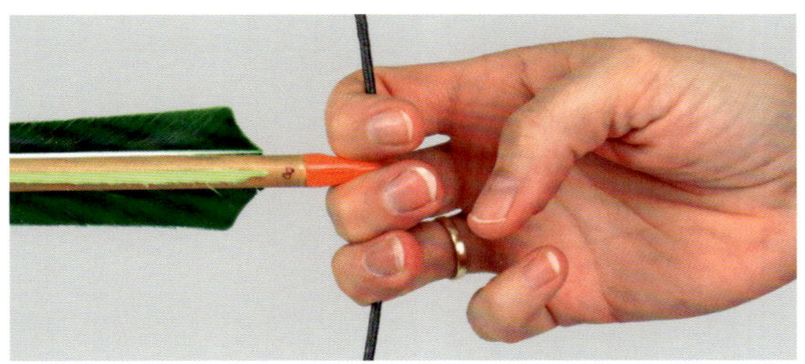

TIEFER HAKEN: Wird mit allen drei Zug-Fingern gebildet. Daumen und kleiner Finger sind entspannt.

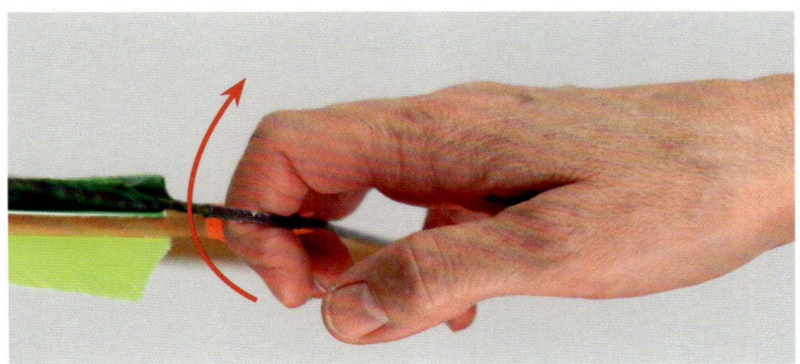

Der TIEFE HAKEN von oben gesehen. Dadurch dass der Haken statisch gehalten wird, der Zug aus der Schulter, dem Oberarm, bzw. dem Ellenbogen kommt und das Zug-Handgelenk entspannt ist, wird der Pfeil durch die Kraftrichtung an den Bogen gedrückt.

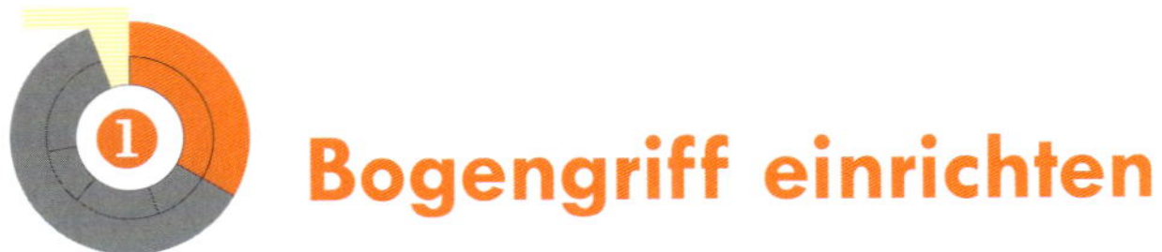

Bogengriff einrichten

TECHNIKBESCHREIBUNG UND AUSFÜHRUNG	BEGRÜNDUNG
Die Bogen-Finger (Zeige-, Mittel-, Ring-, kleiner Finger) bilden mit dem Daumen beim Greifen ein V und schließen sich anschließend sanft.	Leicht zu wiederholen. Korrektes Einpassen des Druckpunktes und spannungsfreies Greifen möglich. Verhindert ein zu festes Packen des Griffes.
Hand wird mittig auf den Griff platziert, d.h. Druckpunkt der Hand drückt in die geometrische Mitte des Griffs.	Verringert ungewollte Drehbewegungen beim Lösen. Stabilere Verbindung zwischen Bogen-Arm und -Schulter. Bogen-Hand kann nicht mehr nach rechts oder links ausweichen.
FINGERSCHLINGE (nur bei ausgeprägtem Pistolengriff) Mit der Benutzung einer *Fingerschlinge* schon sehr früh beginnen, d.h. auch Anfänger, sobald sie die Grundkenntnisse und Basis-Fertigkeiten der Schusstechnik erlernt haben.	Reduziert die Gefahr von Drehmoment-Auswirkungen zum Zeitpunkt des Lösens, die während der Vorbereitungs- und Ausführungsphase aufgebaut wurden. VORTEIL: Wenn schon Anfänger die Fingerschlinge benützen, gewöhnen sie sich das „Schnappen" des Bogens nicht an.
Fingerschlinge wird schon in der Vorschussphase z.B. auch als Anfangsritual angelegt; an Daumen und Zeigefinger.	Fokus auf die Länge und das Anlegen, damit sie richtig sitzt und den Bogen wirklich fangen kann. Daumen und Zeigefinger liegen nahe beieinander: Bessere Kontrolle und Halt.
Bei angelegter Fingerschlinge sollte eine Lücke zwischen Hand und Bogen ca. 1,5 – 3 cm (abhängig vom Griff) entstehen. Die große Schwimmhaut der Bogen-Hand und Griff überlappen sich ca. 1 cm, wenn Griff und Bogen-Hand locker auseinandergezogen werden.	Eng genug, dass der Bogen nicht herausrutscht, weit genug, dass er nicht von der Hand beeinflusst wird. Bei zu viel Spiel kann der Bogen durchfallen. Die Angst davor lässt den Bogen „schnappen".
DRUCKPUNKT: Verlängerung der Speiche im mittleren Bereich vom Daumenballen.	Wichtig für die Balance nach vorne. Drehpunkt. Stabilität.
Immer konstant!	Richtungsweisend für den Bogen in der horizontalen wie auch vertikalen Ebene. Das bedeutet, jede Änderung hat Einfluss auf die Pfeilrichtung.

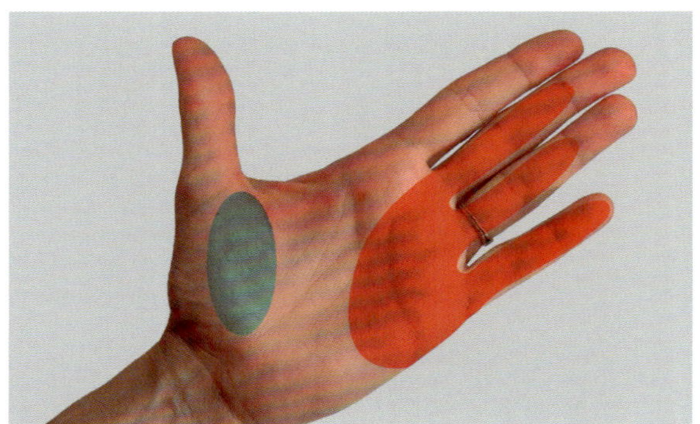

GRÜN: ungefährer Druckpunkt in der Verlängerung der Speiche.
ROT: wird vom Bogen NICHT berührt.

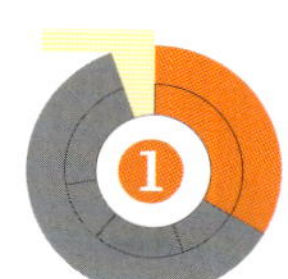

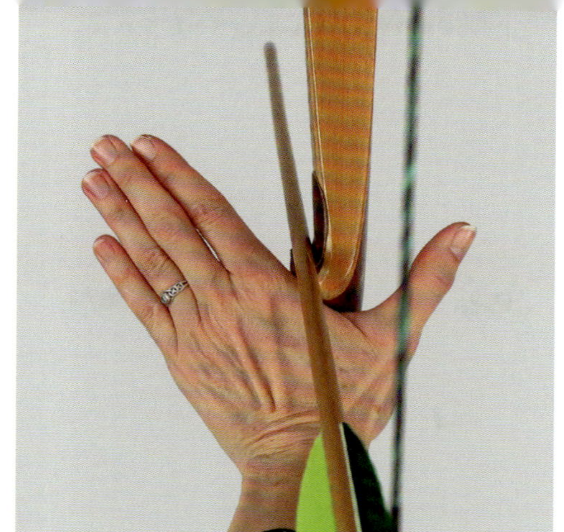

Die Bogen-Hand bildet ein gespreiztes **V**, bevor sie an den Griff gelegt wird.

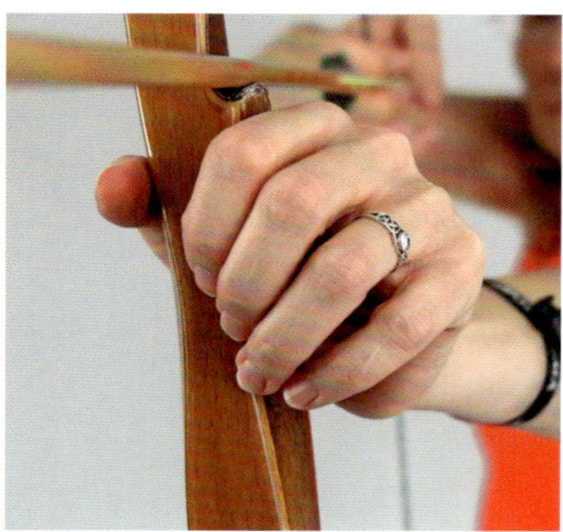

Griff eines traditionellen Bogens (ohne Fingerschlinge). Zwei bis vier Bogen-Finger liegen sanft am Bogen auf.

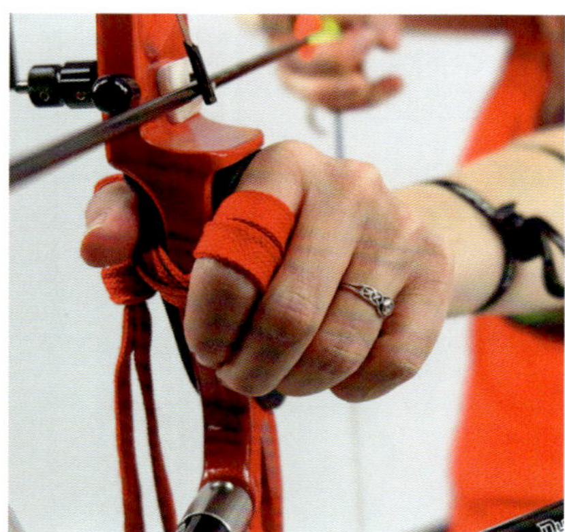

Griffhaltung **mit Fingerschlinge.**
Null bis drei Finger liegen entspannt am Bogen.

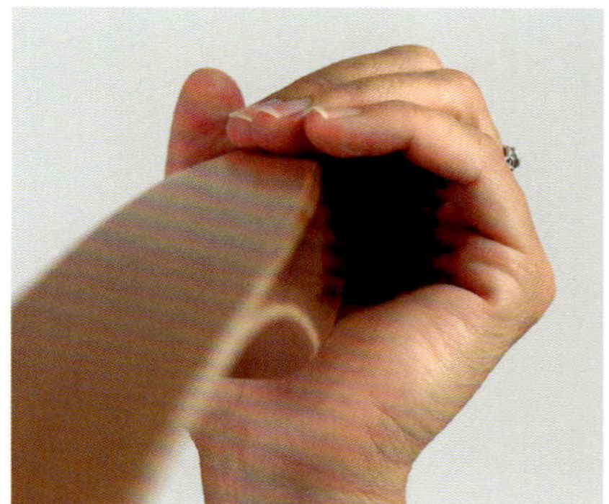

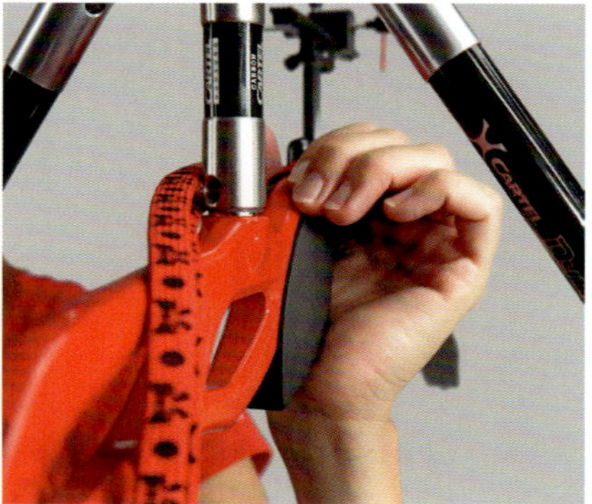

GOLFBALL: Egal welcher Bogen, zwischen Bogen-Hand und Griff verbleibt ein Zwischenraum in der Größe eines Golfballs.

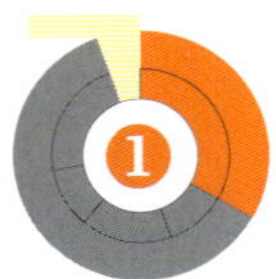

TECHNIKBESCHREIBUNG UND AUSFÜHRUNG	BEGRÜNDUNG
TREPPCHEN: Die Knöchel der Bogen-Finger (Zeige-, Mittel-, Ring-, kleiner Finger) bilden einen Winkel von ca. 45° zur Bogenausrichtung. Es entsteht ein gut für den Schützen erkennbares „Treppchen“.	Gute, einfache Kraftübertragung. Stärkste und stabilste Position; leicht zu wiederholen; weniger Handschock. Erhöht enorm die Sehnenfreiheit; erleichtert den Bogen-Ellenbogen waagerecht zu drehen; Drehmoment reduziert.
Die untere Handflächenzone bis zum Mittelfinger berührt nicht den Griff. Zwischen Bogen und Innenseite der Bogen-Hand befindet sich im Bereich der Ballen des kleinen Fingers, Ring-/ Mittelfingers ein Freiraum in der Größe eines Golfballs. .	Vermeidet unnötigen Kontakt zum Bogen. Weniger Drehmomente, geringerer Handschock und mehr Sehnenfreiheit im Moment des Lösens.
MITTLERES HANDGELENK Bogen-Handgelenk bildet ein sogenanntes „mittleres Handgelenk“: ca. 35°– 45° zwischen Bogen-Unterarm und Handrücken, je nach Bauart des Bogen-Griffes.	Druckpunkt in Verlängerung der Speiche. Natürliche Haltung ohne unnötige Spannung.
BOGEN-ARM gestreckt, aber nicht durchgestreckt.	Leicht zu wiederholen; stabil; Stützung über den gesamten passiven Bewegungsapparat (Skelett) möglich; schonend für das Ellenbogen-Gelenk.
Bogen-Ellenbogenspitze wird außen hinaufgedreht, bis mindestens die Ellenbeuge senkrecht ist. Kann vor oder nach dem Heben rotiert werden.	Unterstützung des Trizeps, um Verbindung zu den Rücken- und Schultermuskeln aufzunehmen; erhöht Stabilität des Bogen-Arms; mehr Sehnenfreiheit.

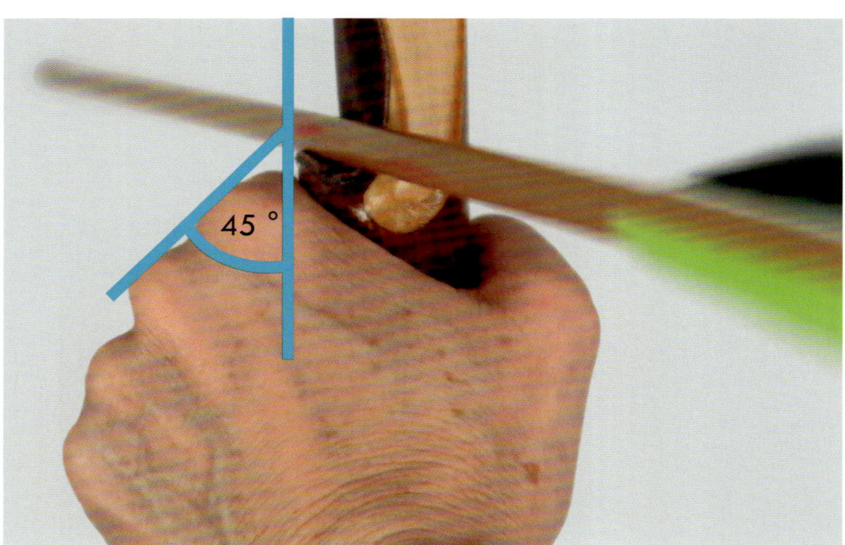

Die dem Schützen zugewandte Längsmitte des Bogens liegt etwa in der Mitte der Schwimmhaut zwischen Daumen und Zeigefinger. Die Grundknöchelchen bilden ein „Treppchen“. Dieses bewirkt im Moment des Lösens: geringerer Handschock, mehr Sehnenfreiheit und weniger Drehmomente.

Stand einrichten und kontrollieren

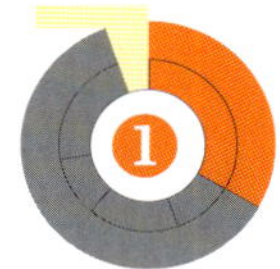

TECHNIKBESCHREIBUNG UND AUSFÜHRUNG	BEGRÜNDUNG
Höchste Konzentration auf die Einrichtung und Kontrolle des Standes (siehe „Powerstellung“).	Wie schon oben erwähnt, bildet der Stand das Fundament der Technik, da er für die konstante Körperausrichtung während des gesamten Schussablaufes (bis ins Nachhalten) verantwortlich ist.
Eventuell Fußposition kontrollieren. Linie zwischen den zwei großen Zehen zeigt zum Ziel, parallel zur Schussebene. Spätestens ab jetzt nicht mehr ändern.	Nur Anfänger. Fortgeschrittene Schützen sollten bereits in der Lage sein, ihre Fußpositionierung in der unteren Vorbereitungsphase beizubehalten.
Bauchnabel Richtung Wirbelsäule drücken/ ziehen.	Natürliche Folge: „POWERSTELLUNG“. Hüfte wird leicht aufgestellt, die Knie entriegelt, Brustbein und Nabel nähern sich, Nasenspitze gelangt über die Zehen („leichte Vorlage“) und die Arme kommen seitlich genau in die Mitte des Körpers.
Hüftausrichtung kontrollieren und falls nötig neu parallel zur Schussebene einrichten.	**ACHTUNG**: Kann durch Pfeileinlegen/Händeeinrichten verändert worden sein.
Schultern und Wirbelsäule bilden ein **T**. Schultern und Hüftköpfe bilden ein gleichschenkliges Trapez (eventuell leicht eingedreht).	Konstante Auszugslänge.
	Erleichtert das Ansteuern der gewünschten Muskeln in der Zug-Druck-Rotations-Phase und bei der Spannungserhöhung.
	Erhöht Stabilität, da der passive Bewegungsapparat zu Hilfe genommen wird.

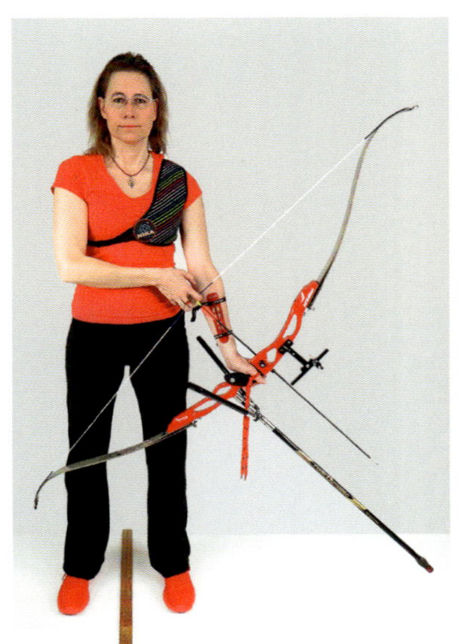

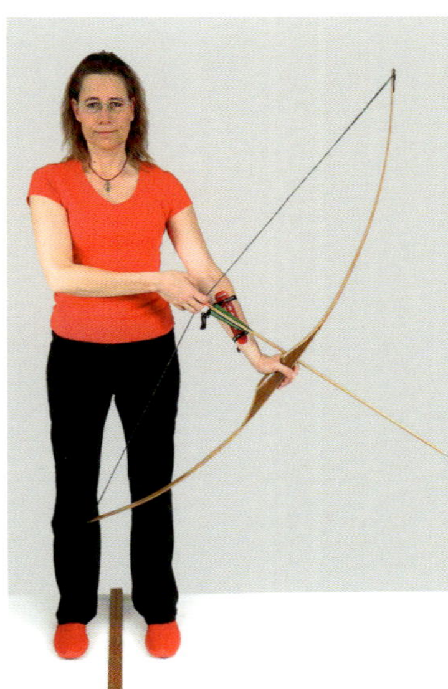

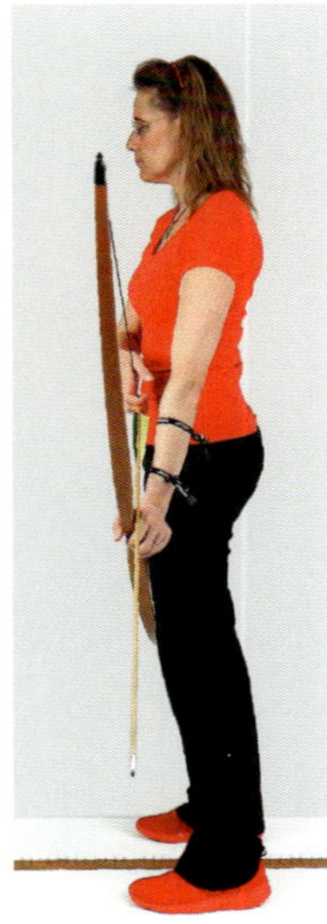

Der Stand ist unabhängig von der Bogenklasse. Gerade, mittig und aufrecht in der „Powerstellung“. Fußbelastung rechts/links: 50%/50%.
POWERSTELLUNG: Bauchnabel leicht zur Wirbelsäule drücken; Hüfte dadurch leicht gekippt; Knie entriegelt; Kopf gerade, Nacken gestreckt.

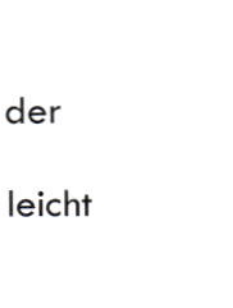

LEICHTE VORLAGE: Nasenspitze ist über Zehenspitzen.

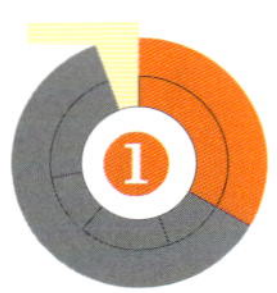

TECHNIKBESCHREIBUNG UND AUSFÜHRUNG	BEGRÜNDUNG
Schulterlinie schon so weit wie möglich parallel zur Schussrichtung (abhängig von der Beweglichkeit, Vorspannung und Aufspannhöhe des Bogens).	Leicht wiederholbar. Weniger Bewegung in der Zug-Druck-Rotationsphase nötig.
Bei geringer Vorspannung ist die Schulterlinie etwas geöffnet.	Natürliche Reaktion bzw. Notwendigkeit.
Schultern tief, aber natürlich, ohne große, unnötige Spannungen zu erzeugen.	Verbindungen zu den Brustmuskeln bleiben erhalten.
	Schulterblätter können nach unten geführt werden.
Kopf gerade. 90° weg vom Ziel gedreht.	Leicht zu wiederholen.
LANGER NACKEN: Imaginäre Schnur zieht am Hinterkopf nach oben.	Gerade Kopfhaltung reduziert Spannungen im Nackenbereich und beugt Schmerzen vor.
	Mehr Bewegungsfreiheit für den Kopf (Kopf kann z.B. mehr Richtung Ziel gedreht werden, was wichtig ist für das bifokale Sehen und um die Entfernung, bewusst oder unbewusst einschätzen zu können.
WICHTIG: Ab jetzt hüftabwärts nicht mehr verändern.	Hilft die Stabilität, die Auszugslänge, die Sehnenfreiheit sowie die Balance des Schusses aufrecht zu erhalten.

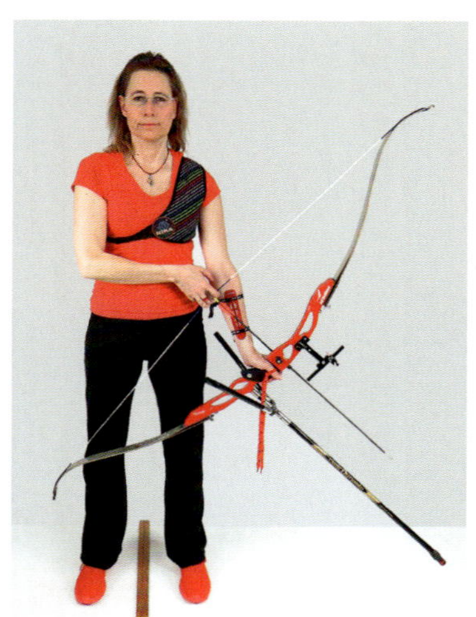
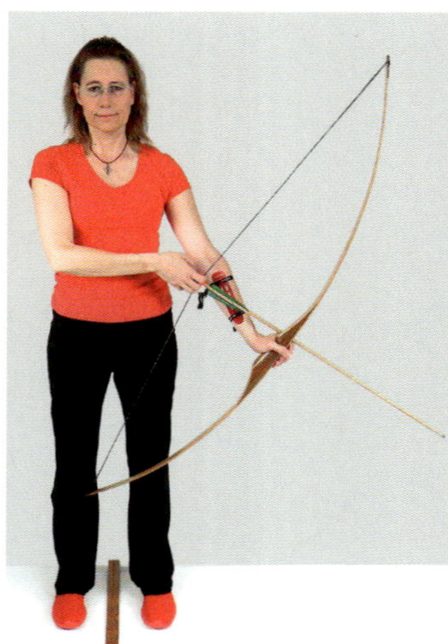
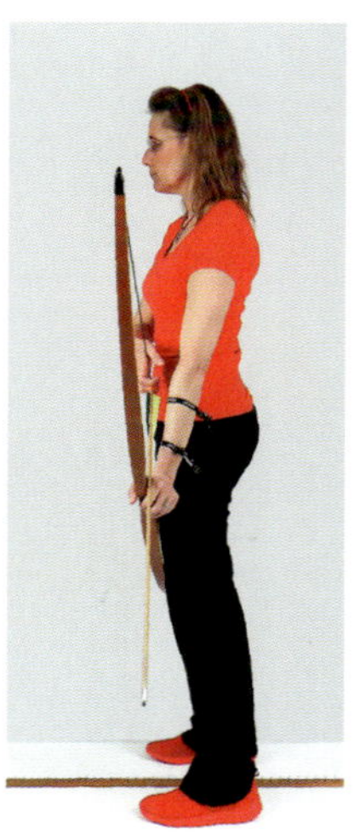

Paralleler Stand links: Olympic Recurve, rechts: Langbogen

Kopf drehen

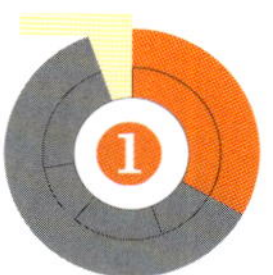

TECHNIKBESCHREIBUNG UND AUSFÜHRUNG	BEGRÜNDUNG
Bei der Drehung bleibt das Kinn immer auf gleicher Höhe.	Sonst verändert sich die Auszugslänge und das Kräftegleichgewicht im Körper. Erleichtert das spätere, immer gleiche Einnehmen eines konstanten Ankers.
Beide Augen offen.	Entspanntes Gesicht möglich; fördert mentale Entspanntheit; kraftsparend.
Kopf dreht ungefähr so weit, bis das entspannte Ziel-Auge (über dem Pfeil = Zug-Auge) das Ziel erfasst.	Sehne schrammt bei Seitenanker nicht die Nase.
Der Ober- sowie der Unterkörper bewegen sich nicht.	Beibehaltung der Balance und der Körperausrichtungen.
Kopfposition ändert sich nach Möglichkeit ab jetzt nicht mehr. (Abhängig von der Beweglichkeit im Nacken/ Hals-Bereich).	Erhöht Stabilität und Konstanz des Schussablaufes. Kopfänderungen können das Kräftegleichgewicht aus der Balance bringen sowie Haltungs- und Auszugsveränderungen hervorrufen.
ACHTUNG: Ohne zu fokussieren, d.h. keinen engen Fokus auf das Ziel setzen.	Menschen können nur für einen kurzen Augenblick höchste Konzentration aufbringen. Diese für die eigentliche Zielphase im Vollauszug aufheben! Mental kraftsparend.

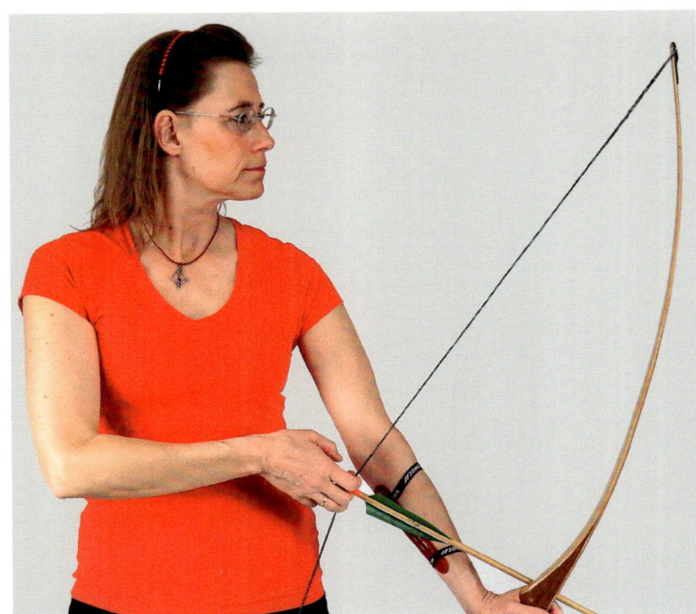

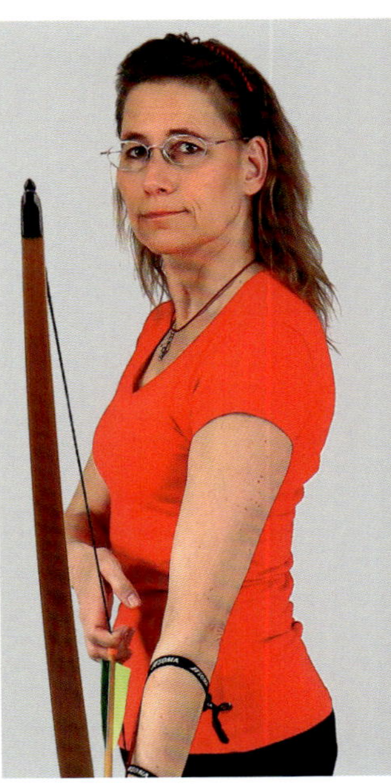

Der Kopf wird soweit gerade Richtung Ziel gedreht, bis das Zielauge das Ziel erfasst. Das Kinn bleibt auf gleicher Höhe.

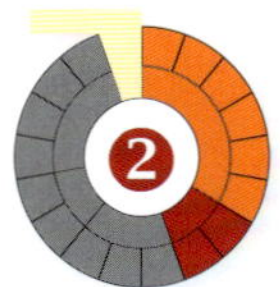

Heben von Bogen- und Zug-Arm

TECHNIKBESCHREIBUNG UND AUSFÜHRUNG	BEGRÜNDUNG
Arme gleichzeitig mit etwas Vorspannung heben.	Bessere Kontrolle. Leicht zu wiederholen.
Das Heben wird vom Bogen-Arm geführt. Zug-Hand wird automatisch mitgeführt. Es wird jedoch mindestens so viel Spannung beibehalten (Zug mit Zug-Schulter und Druck in den Bogen), dass die Zug-Finger ihre Position behalten bzw. soweit erhöht, dass die gewünschte Vorspannung erreicht wird.	Pfeil bleibt nach dem Heben parallel zum Boden bzw. zum Anfangssteigewinkel der Flugbahn (auch aus Sicherheitsgründen). Genügend Vorspannung, damit Zug-Finger und die Bogen-Hand ihre Positionen stabil beibehalten können.
Für Schützen, die Probleme haben, die Bogen- sowie Zug-Schulter beim Heben unten zu lassen: Arme nach oben „hebeln“ wie bei Benützung einer Schaufel.	Bogen-Arm bleibt in Schulter arretiert, Zug-Schulter tief.
Bogen-Arm und Oberkörper bilden nach dem Heben eine stabile Einheit.	Als Folge einer arretierten Schulter. Stabilität.
DAS „T“ Bogen-Arm und Schulterlinie bilden von der Bauchseite gesehen eine mehr oder weniger waagerechte Linie (T), die Bogen-Hand ist etwas über Schulterlinienhöhe.	Leicht zu wiederholen. Änderungen würden eine veränderte Auszugslänge bedeuten und somit eine geänderte Anfangsgeschwindigkeit des Pfeils. Bessere Kontrolle. Auszug bleibt gleich.
Bogen wird in der Schussebene gehoben. D.h. Bogen-Arm geht seitlich neben dem Körper hoch (Bogen-Arm führt die Bewegung, Zug-Arm geht mit eigener Kraft eng am Körper mit).	Leicht zu kontrollieren; leicht zu wiederholen. Kraftsparend. Schütze operiert bereits in der Schussebene, was den Schussablauf stabilisiert.
Zug-Unterarm nach dem Heben: ca. Nasenspitzenhöhe.	Erleichtert die Zug-Druck-Rotationsphase. Zug-Schulter bleibt tief. Zug-Ellenbogen kommt automatisch in die richtige Höhe (Zug-Kraft-Linie).
Zug-Unterarm parallel zum Boden (beim Nullschuss, s.o.), bzw. zur waagerechten Schulterlinie (von der Bauchseite her gesehen).	Gute Ausgangssituation für die Zug-Druck-Rotationsphase. Kraftsparend in der Zug-Druck-Rotationsphase.
Zug-Unterarm in Verlängerung des Pfeils.	Gute Ausgangssituation für die Zug-Druck-Rotationsphase. Leicht zu kontrollieren und zu wiederholen.
LEICHTE VORSPANNUNG (vor allem bei Anfängern und bei starkem Zuggewicht): Zug-Hand (Sehne) reicht bis ca. Bogen-Unterarmmitte bzw. –Ellenbogen (abhängig vom Zuggewicht und der Aufspannhöhe).	Leicht genug, um kraftsparend zu sein. Groß genug, um Muskeln schon auf die Zug-Druck-Rotationsphase vorzubereiten. Erleichtert das Beibehalten der gesetzten Bogen-Schulter während der nachkommenden Phasen. Erleichtert die Spannung während der Zug-Druck-Rotationsphase aufzubauen und zu bewahren.
Schulterlinie leicht Richtung Ziel hin geöffnet bis fast parallel zur Schussrichtung (ca. 5° bis max. 25°). Bei wenig bis mäßiger Vorspannung.	Leicht zu wiederholen. So kann der Schütze in eine bequeme, minimale Vorspannung von wenigen Zentimetern (ca. 2-5 cm) kommen, die wenig Kraft kostet (s.o.). Je paralleler die Schulterlinie schon zur Schussebene ist, desto weniger Rotationsbewegung braucht der Schütze in weiterer Folge machen.
Der Abstand der Sehne zum Bogen-Arm sowie die Vorspannung sollten nach dem Heben immer gleich sein.	Damit die Ausgangsbedingungen für die Zug-Druck-Rotationsphase und deren Ergebnis immer gleich sind.

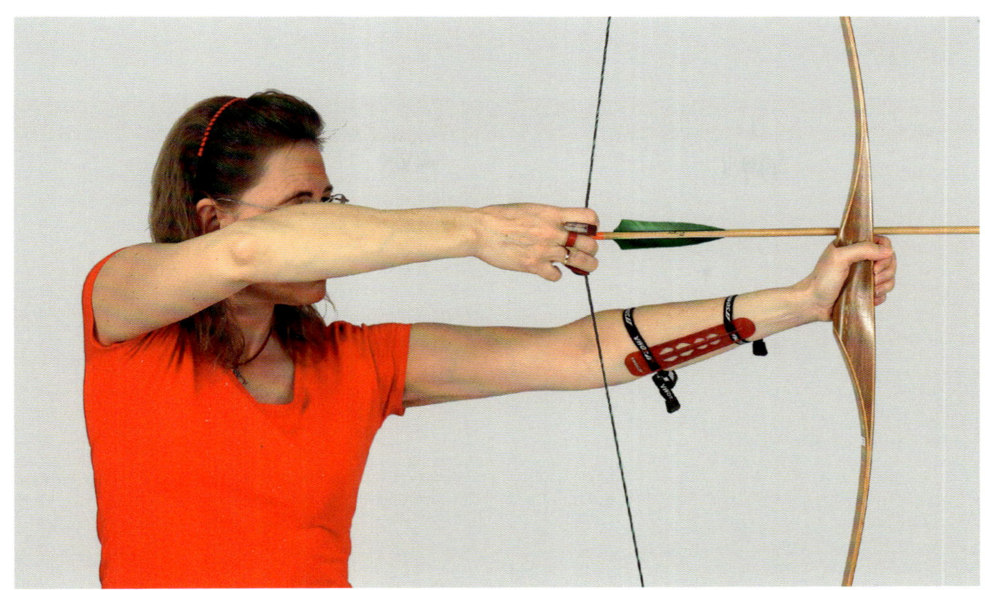

HEBEN: Es werden beide Arme zeitgleich gehoben, bis der Zug-Unterarm ca. auf Nasenspitzenhöhe und, wie der Pfeil, waagerecht liegt. Anschließend werden alle wichtigen Parameter kontrolliert.

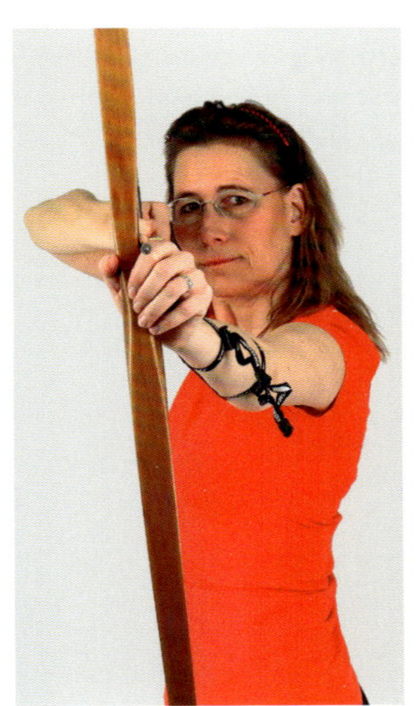

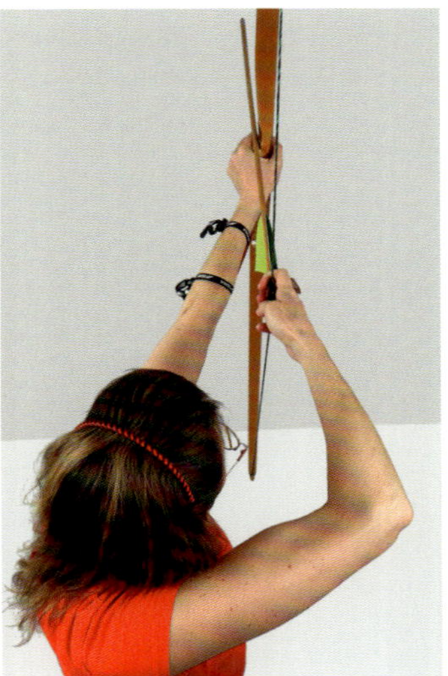

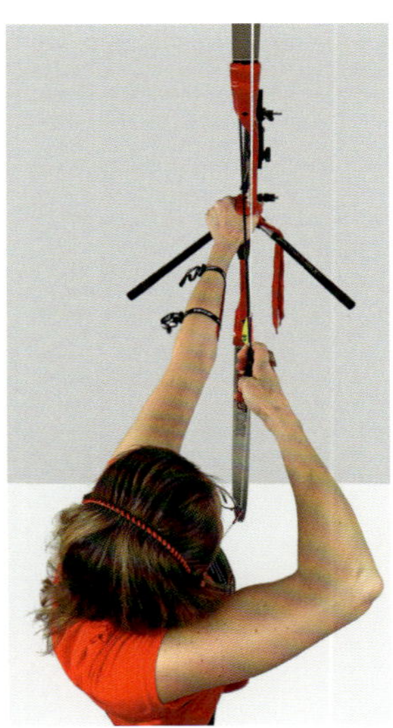

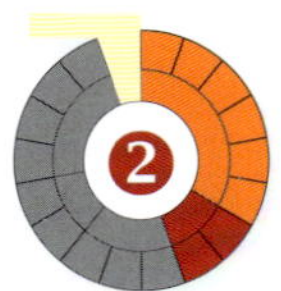

TECHNIKBESCHREIBUNG UND AUSFÜHRUNG	BEGRÜNDUNG
KIPPUNG/VERKANTUNG DES BOGENS (abhängig vom Bautyp) Wenn, dann kippen Rechtshandschützen den Bogen so, dass sich das obere Wurfarm-Ende nach rechts bewegt.	Nicht zu weit kippen, da es sonst schwierig wird, die Zug-Finger parallel zueinander und die Sehne bei allen 3 Fingern im ersten Fingergelenk zu halten. Außerdem entstehen vermehrt Spannungen.
RECURVE: Meist senkrecht. Abhängig vom Bogengriff (ob er z.B. Center-Shot geschnitten ist).	Leicht zu wiederholen. Pfeilauflage meist mittig (Center shot). Visierposition (Seitenverschiebung) bleibt immer gleich, auch bei verschiedenen Distanzen
Oder leicht nach rechts gekippt.	Wegen der „leichten Vorlage“.
LANGBOGEN (American Flatbow) gekippt bis Bogenfenster gerade ist. Ca. 10°– 15°.	Pfeil liegt dann +/- in der Mitte (Schussebene).
Wichtig ist es, immer die gleiche Ausrichtung des Bogens zu haben.	Da sonst die Flugrichtung des Pfeils verändert wird (in die Richtung, in die der obere Wurfarm zeigt, d.h. zeigt er mehr nach recht, fliegen die Pfeile weiter nach rechts).
Augenlinie nach der Hebephase waagerecht zum Bogen (d.h. Augenlinie und Bogen bzw. Sehne bilden ein Kreuz) oder leicht zur Zugseite geneigt. Um dies zu erreichen, wird der Kopf etwas zur Seite gelegt, sodass das Führungsauge genau über den Pfeil kommt.	Zielauge kommt beim Seitenanker hinter den Pfeil. Erleichtert das Zielen. Weniger Spannung im Halswendemuskel.
Allgemein kann gesagt werden, dass Bogen, Kopf und Körper so wenig wie möglich geneigt werden sollten.	Vereinfacht die Wiederholbarkeit. Gewährleistet einen stabileren Stand; Schont Rücken und Hals.
Der Stand bleibt ohne eine Drehbewegung hüftabwärts stabil.	Balance der Körperausrichtungen bleibt erhalten.
Der Brustkorb bleibt beim Heben unten (Bauchatmung!).	Leicht zu wiederholen. Mehr Sehnenfreiheit. Stabiler, da Schwerpunkt tief bleibt.

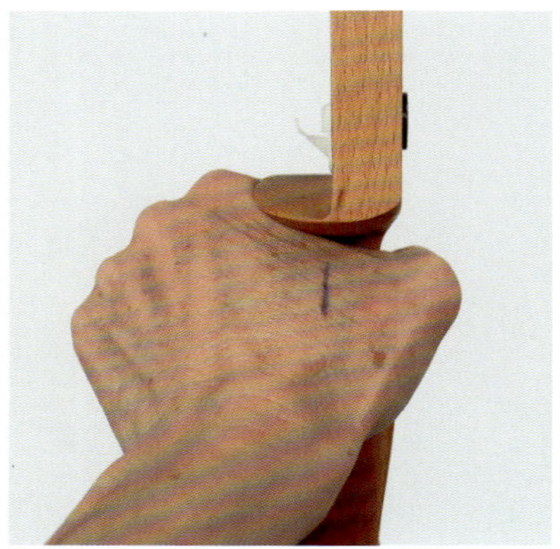

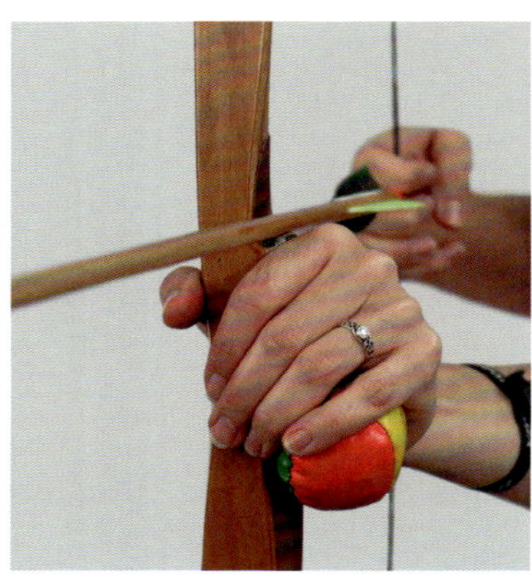

Rundumkontrolle

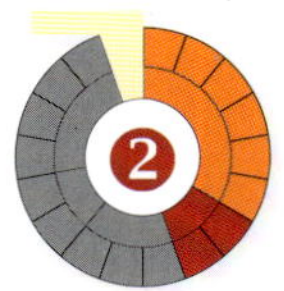

TECHNIKBESCHREIBUNG UND AUSFÜHRUNG	BEGRÜNDUNG
Die Rundumkontrolle ist bei Anfängern zunächst ein sehr langsames, konzentrations- und zeitaufwendiges sowie sehr bewusstes Wahrnehmen der einzelnen Kenngrößen. Mit zunehmender Routine läuft dieses vermehrt im Unterbewusstsein ab. Das heißt diese Phase wird zunehmend zu einer gefühlten Kontrolle, da der Fokus auf immer weniger Details gelegt werden braucht. Sie wird dadurch immer kürzer, bis sie bei fortgeschrittenen Schützen total in den Schieß- bzw. Atemrhythmus eingebettet ist.	Dies ist der Abschluss der oberen Vorbereitungsphase. Falls nun etwas nicht stimmen sollte, ist die Wahrscheinlichkeit groß, dass der Ausgang des Schusses ziemlich ungünstig beeinflusst wird. Wichtig für die Stabilität und Gleichmäßigkeit des Schussablaufes bzw. der Kräftevektoren. Verletzungsvorbeugung.
Wichtig vor allem für Anfänger: Rundumkontrolle so lange fokussiert durchführen, bis alle(!) Elemente der unteren und oberen Vorbereitungsphase stimmen.	Minimiert die Gefahr, dass sich ungünstige oder ungewollte Bewegungsausführungen einschleichen und automatisieren.
Diese Phase des Schussablaufes wird für optische bzw. gefühlte Kontrolle aller zuvor eingerichteter Elemente die Zug-Finger/-Hand/-Arm bzw. Bogen-Finger/-Hand/-Arm betreffend sowie aller Körperausrichtungen verwendet.	Gewährleistet eine immer konstante Voraussetzung für den weiteren Schussablauf.

RUNDUMKONTROLLE
Durchführung mit Hilfe des visuellen und kinästhetischen Fokus

1. Stand (Stabilität und Körperausrichtung) erfühlen. Gerade, aufrecht, leichte Vorlage usw.? Nichts verändert?
2. Bogen-Ausrichtung/-Kippung?
3. 45°(„Treppchen") der Bogen-Handknöchelchen?
4. Bogen-Finger-Position und Grad der Entspanntheit?
5. Mittleres Bogen-Handgelenk?
6. Druckpunkt in der Bogen-Hand (+/- in der Mitte der großen Schwimmhaut)?
7. Bogen-Ellenbogen ausgedreht?
8. Bogenschulter tief und arretiert?
9. Kopfposition? Wie gewünscht?
10. Entspannte Gesichtsmuskeln, weiche Augen?
11. Nacken lang?
12. Zug-Schulter tief?
13. Zug-Unterarm parallel zum Boden/Pfeil (waagerecht)?
14. Pfeil gewünschte Ausrichtung (waagerecht)?
15. Zug-Unterarm auf „Nasenspitzen-Höhe"?
16. Lockeres Zug-Handgelenk? Zug-Handgelenk gestreckt? Ausrichtung des Handgelenks wie gewünscht?
17. Drittes Zug-Finger-Gelenk gestreckt?
18. Lockerer Zug-Daumen und -kleiner Finger?
19. Tiefer Haken mit allen 3 Zug-Fingern?
20. Gewünschte Vorspannung?

Sinnvoll, immer die gleiche Reihenfolge einzuhalten, damit nichts vergessen wird, bzw. das Unterbewusstsein besser und schneller lernen kann (unbewusstes Wahrnehmen von Stimmig- bzw. Unstimmigkeiten).

Die Rundumkontrolle sollte vor allem von Anfängern sehr gewissenhaft durchgeführt werden, damit sich keine ungewollten Bewegungen einschleifen können.

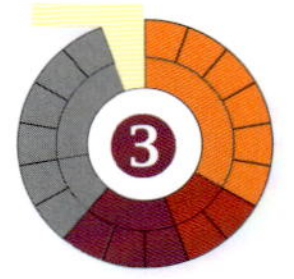

Zug-Druck-Rotationsphase

TECHNIKBESCHREIBUNG UND AUSFÜHRUNG	BEGRÜNDUNG
In dieser Phase wird der Bogen kontrolliert in den Vollauszug gebracht und Energie in den Wurfarmen gespeichert. Für das Ziehen der Sehne werden hauptsächlich die Schulter- und Rückenmuskeln verwendet.	Die Fläche zwischen Bogen und Sehne vergrößert sich. Abhängig von der Vorspannung und Auszugslänge. Bei geringer Vorspannung verdoppelt sie sich mehr oder weniger.
ZUG-DRUCK-ROTATIONS-PHASE	Die Sehne, eingehängt in den 3 Zug-Fingern, wird durch den Druck der Bogen-Hand in Richtung Ziel (Schulter bleibt tief arretiert!), der Rotation des Oberkörpers und der Zug-Unterstützung der Zug-Schultermuskeln (unterer Teil des Trapez- und mittlerer Teil des Trapez-Muskels) zu den Ankerzonen gebracht und die Arme bzw. Hände in der Zug-Kraftlinie („Kräftedreieck" s.u.) ausgerichtet.
Das Zug-Druck-Verhältnis bleibt bis zum Nachhalten 50% : 50%. D.h. die Kraft, mit der nach hinten gezogen wird, entspricht stets der, mit der nach vorne in Richtung Ziel gedrückt wird.	Zwei gegenüberliegende Kräfte gewährleisten die Balance. Kraftsparend. Leicht zu wiederholen. Damit wird der Federwirkung des Bogens entgegengesetzt.
Zug-Ellenbogen verläuft fast immer genau auf Pfeillinienhöhe und kommt erst am Ende der Phase leicht über Pfeilhöhe. Die Bewegung ist vergleichbar mit der einer Pleuelstange einer Lokomotive, mit dem Unterschied, dass der Unterarm, da er am Ellenbogen hängt, auch um die Wirbelsäule rotiert.	Natürliche Reaktion auf die Rotation. Kraftsparender.
Beim **SEITENANKER**: Zug-Unterarm wird durch die höher liegenden Ankerzonen mehr oder weniger waagerecht nach hinten (weg vom Ziel) geführt. Erst im letzten Drittel der großen Zug-Druck-Rotationsphase wird er leicht zu den Ankerzonen hin gesenkt. Die Höhe des Zug-Ellenbogens verändert sich dabei jedoch nicht.	Natürliche Reaktion auf das Nachuntenführen des Zug-Schulterblattes während der Rotation.
Beim **UNTERKINNANKER:** Zug-Unterarm behält ebenfalls seine waagerechte Ausrichtung bei, wird jedoch leicht abgesenkt und beschreibt eine leichte Kurve (hinunter, dann wieder hinauf zum Anker unter das Kinn). Achtung(!): Zug-Schulter darf nicht mit hoch kommen.	Notwendig, damit von unten in die Ankerzonen gekommen werden kann. Mehr Kontrolle beim Einnehmen der Zonen. Verletzungsvorbeugung.
Der tiefe Haken mit gleichmäßiger Ausrichtung und Kontakt aller 3 Finger zur Sehne bleibt erhalten.	Bei Verdrehung: unkontrollierte Spannungen bzw. Gefahr, dass der Pfeil von der Auflage fällt. Verlässt ein Finger den tiefen Haken, übt er unbewusst Druck auf die Sehne aus. Das Entspannen dieses Fingers ist erschwert, die Gefahr, dass dadurch die Sehne diesen Finger später verlässt groß. Unkontrollierte Beeinflussung der Sehne und somit des Pfeilflugs ist die Folge.

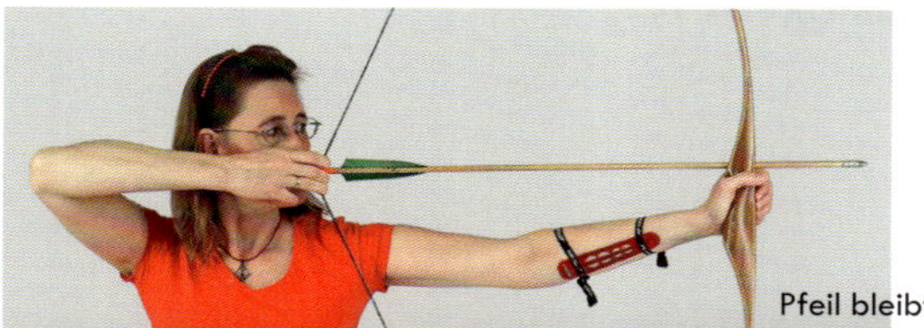

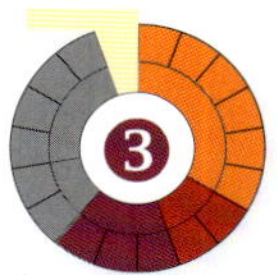

Pfeil bleibt während der Phase +/– waagerecht.

TECHNIKBESCHREIBUNG UND AUSFÜHRUNG	BEGRÜNDUNG
Achtung(!): Keine Kontraktion in den Zug-Fingern. Der Haken bleibt bis zum Moment des Lösens statisch.	Finger können zum Zeitpunkt des Lösens der Sehne entspannt werden. Minimierte Gefahr, dass Pfeil von der Auflage schwenkt oder eingeklemmt wird.
Das Zusammenspiel der Zug- und Bogenseite ist zügig, harmonisch, gleichmäßig, parallel und flüssig, ohne(!) abgehackte Bewegungen.	Kraftschonend. Kontrolliert.
Geschwindigkeit der Zug-Druck-Bewegung wird zu den Ankerzonen hin nach Kontakt mit dem Gesicht immer langsamer.	Schnellere Auszugsgeschwindigkeit zu Beginn hat mehr Kontrolle und ist kräfteschonend. Wenn der Schütze zu schnell gegen Ende des Auszuges wäre, müsste er zu abrupt abbremsen. Gefahr von Kräfte- und Balance-Verlust.
Schulterlinie verändert sich von leicht (zum Ziel hin) geöffnet (bei wenig Vorspannung) am Beginn der Phase bis leicht geschlossen (Schulterlinie in Verlängerung des Bogen-Armes) im Vollauszug.	Natürliche Reaktion auf das gleichmäßige Drücken, Ziehen und die Rotation. Höhere Stabilität.
Abstand Bogenschulter zu Kinn bleibt gleich.	Für konstante Auszugslänge, Höhen-, Seitenwinkel sowie Anfangsgeschwindigkeit.
SEITENANKER: Zug-Hand gleitet mit entspanntem Daumen und kleinem Finger auf Ankerzonen-Höhe am Gesicht entlang. UNTERKINNANKER: siehe unter Ankern.	Hand rutscht hinein und behält so die Spannung Keine Rückbewegung in Richtung Ziel. Kraftsparend. Verringert die Gefahr von Spannungsverlust.

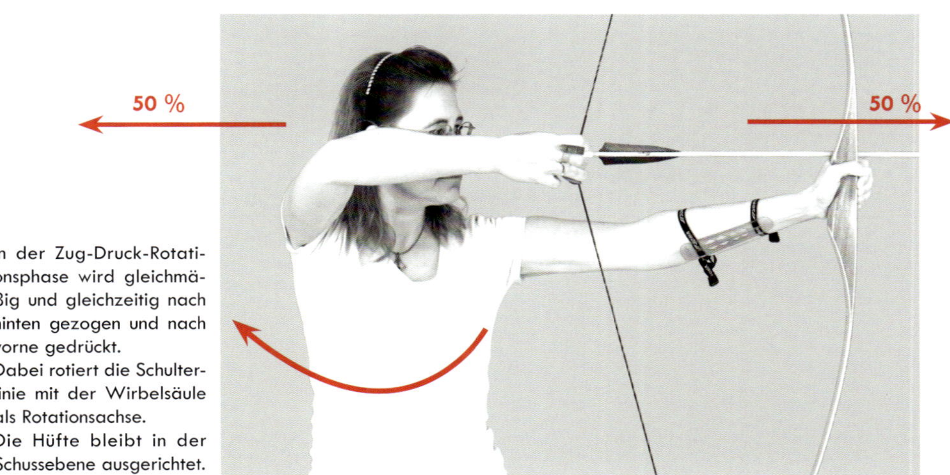

In der Zug-Druck-Rotationsphase wird gleichmäßig und gleichzeitig nach hinten gezogen und nach vorne gedrückt.
Dabei rotiert die Schulterlinie mit der Wirbelsäule als Rotationsachse.
Die Hüfte bleibt in der Schussebene ausgerichtet.

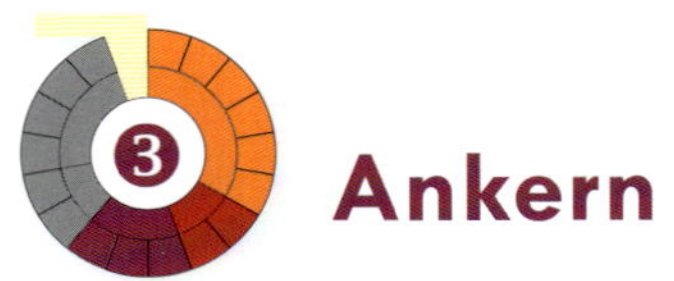

Ankern

TECHNIKBESCHREIBUNG UND AUSFÜHRUNG	BEGRÜNDUNG
Das Element **„ANKERN“** ist dreigeteilt. Zu ihm gehört das Ende der großen Zug-Druck-Rotationsphase (1), das Einnehmen der Ankerzonen (2) sowie das Kommen in den Vollauszug (3). Alle drei Vorgänge sind zeitlich ein wenig voneinander getrennt (bei sehr harmonisch ablaufendem Schussablauf z.T. nur wenige Zehntelsekunden). Wichtig ist, dass auf jeden der drei der Fokus gelegt wird, d.h. auf die Endbewegung (Richtung und Intensität der Schulter-, Arme- und Hände-Bewegung), auf die Setzung der Zug-Hand sowie auf die Positionierung von Zug-Schulter, Zug-Oberarm und Zug-Ellenbogen. Bei Unterkinnanker kann es sein, dass ein Schütze zuerst in den Vollauszug geht und anschließend von unten an die Ankerzonen kommt. Dies ist eine Variante, die möglich ist. Wichtig ist aber, dass kein Stopp in der Bewegung erfolgt.	Unterteilung wichtig, damit der Fokus auf alle drei Unterteilungen gelegt werden kann. Bei OLYMPIC RECURVE Schützen: Unterteilung wichtig, da der Schütze weiß, sollte in den ersten beiden Phasen der Klicker kommen, ist er trotzdem noch nicht bereit für den Schuss. Gefühlte Kontrolle, ob auch wirklich in der Schussebene bzw. Zug-Kraft-Linie operiert wird. Gibt konstante Vorbedingungen für den Moment des Lösens der Sehne bzw. den Pfeilflug. Ein Stopp wäre kraftraubend und stört die Harmonie der Kraftwelle des Schusses.
Unter **„ANKERN“** versteht man den unverrückbaren(!) Kontakt der Zug-Hand am Gesicht, d.h. die Einnahme der sogenannten ANKERZONEN (Referenzzonen), am Ende der Zug-Druck-Rotationsphase mit fast gleichzeitigem Gelangen in den Vollauszug.	„ANKER“, weil die Zonen, wenn einmal eingenommen, bis zum Lösen nicht verlassen werden. Die Bewegung im Körper, bzw. der Aufbau von Spannung ist jedoch kontinuierlich (bis zum Nachhalten). Ankerzonen sind abhängig von der Zielmethode und eventuell von der Gesichts- und Halsform.
Der Anker wird nach seiner Einnahme erst wieder im Moment des Lösens der Sehne verlassen.	„ZONEN“, da es sich um größere, definierte Flächen handelt und nicht(!) um kleine Punkte.
Ankerzonen immer gleich!	Konstanter Anker begünstigt eine konstante Auszugslänge und dadurch eine immer gleiche Anfangsgeschwindigkeit des Pfeils. Ermöglicht eine konstante, vertikale wie auch horizontale Ausrichtung des Pfeils.
Mindestens 3–4 Ankerzonen für den Anker (s.u.).	Je mehr Ankerzonen, umso besser, da dies die Konstanz und genaue Wiederholbarkeit v.a. unter Stress erleichtert.
Zwei Anker-Möglichkeiten (s.u.) 1. SEITENANKER 2. UNTERKINNANKER	Je nach Bogenklasse und/oder Zielmethode. Beide können sehr konstant eingenommen werden und helfen die Kräftebalance beizubehalten.

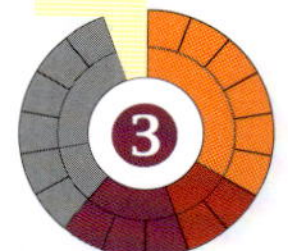

Seitenanker

TECHNIKBESCHREIBUNG UND AUSFÜHRUNG	BEGRÜNDUNG

SEITENANKER (AZ=Ankerzone)
Meist bei traditionellen Schützen, die intuitives Zielen oder Gapshooting anwenden, sowie auch bei Blankbogenschützen, die Stringwalking machen, üblich.

TECHNIKBESCHREIBUNG UND AUSFÜHRUNG	BEGRÜNDUNG
1. AZ: Daumen liegt völlig entspannt unter der Kinnlade (hinterer Teil des Unterkieferknochens).	Konstante Seiten- und Höhenausrichtung. Entspanntheit wichtig für das Entspannen der Zug-Finger im Moment des Lösens.
2. AZ: Verbindung Daumen und Zeigefinger (Große Schwimmhaut) wird im hinteren unteren Teil des aufsteigenden Astes des Unterkiefers (Ramus mandibulare) eingehängt.	Diese Zone, gemeinsam mit der konstanten Zug-Druck-Rotationsbewegung (Intensität), gewährleistet, dass die Auszugslänge und Anfangsgeschwindigkeit des Pfeils immer gleich sein kann.
3. AZ: Zeigefingergrundglied liegt waagerecht unterhalb und fest am Jochbein (Wangenknochen, Os zygomaticum).	Konstante Seiten- und Höhenausrichtung. Passiert automatisch beim Einrichten der ersten zwei Zonen.
4. AZ: Zeigefingerspitze berührt den Mundwinkel (Alternative und noch konstanterer Berührungspunkt ist die Ankerzone zwischen zwei Zähnen z.B. zwischen dem oberen Eckzahn und ersten Prämolar der Zug-Seite).	Passiert automatisch beim Einrichten der ersten zwei Zonen. Da der Mundwinkel weich ist, bedeutet dies einen noch konstanteren Auszug.

Achtung(!): Mittelfinger am Mundwinkel bewirkt unerwünschte Spannungen im Handgelenk, da es keine natürliche Reaktion ist. Erschwert also das lockere Lösen. Außerdem befindet sich der Ellenbogen dann oft außerhalb der Zug-Kraft-Linie, was weniger effizient ist. Vernachlässigbarer Vorteil: Bei nahen Distanzen, da Pfeil näher am Auge liegt.

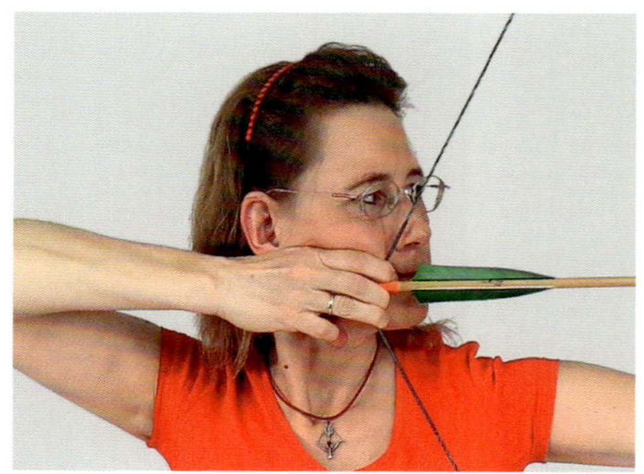

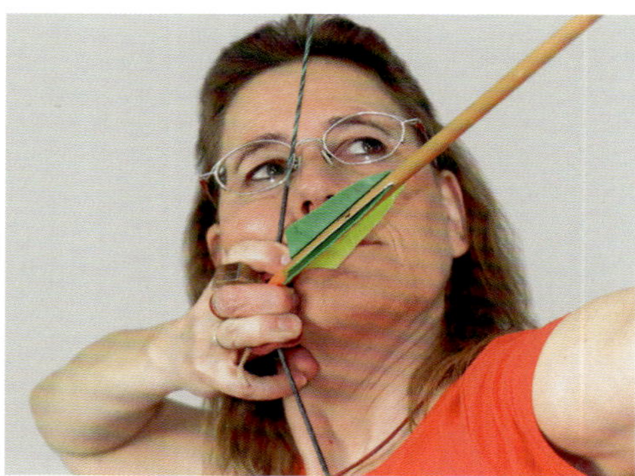

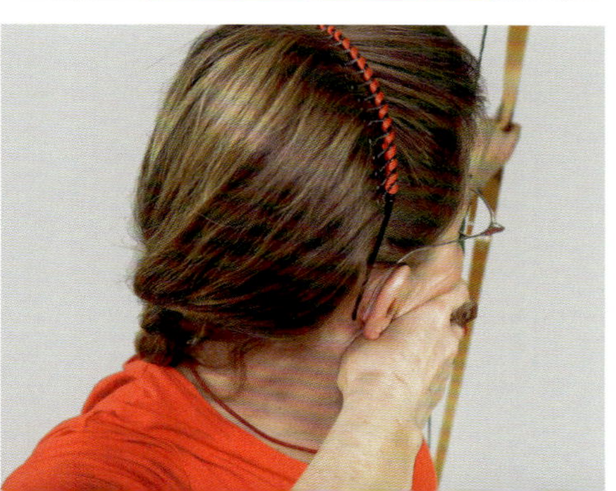

SEITENANKER
Der Seitenanker hat 4 fixe Ankerzonen mit sattem Kontakt zu den Knochen.
Dies gewährleistet Konstanz in der Anfangsrichtung und -Geschwindigkeit des Pfeils.

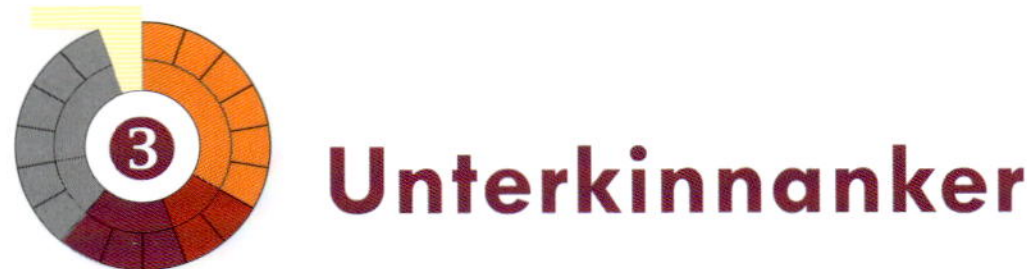

Unterkinnanker

TECHNIKBESCHREIBUNG UND AUSFÜHRUNG	BEGRÜNDUNG
UNTERKINN-ANKER (AZ=Ankerzone) Diese Art ist v.a. beim Olympic Recurve üblich, aber dennoch auch bei manchen traditionellen Schützen.	Vorteil: Mehr Handfreiheit unter dem Kinn. Handgelenk kann gestreckt bleiben.
Der Unterkinnanker erleichtert die Benutzung des Sehnenschattens (unscharfes Abbild der Sehne).	Ermöglicht eine präzise Visierbenutzung auch für größere Entfernungen.
1. AZ: Zug-Zeigefinger-Grundgelenk liegt unter der Kinnlade in der Grube im Unterkiefer (Kiefer-Innenkante, vor dem Halswendemuskel). D.h., dass die Oberkante (Zeigefinger) der Hand fest unter dem Kieferknochen liegt.	Rutscht nicht nach oben, d.h. höhenstabil.
2. AZ: Sehne berührt leicht die Mitte der Nasenspitze, d.h. nicht eindrücken. Kopf sollte dabei gerade bleiben (jedoch abhängig von der Nasen- bzw. Bogenlänge).	Leicht zu wiederholen. Hilft die Bogen-Kopf-Ausrichtung konstant zu halten. Wichtig für Sehnenausrichtung beim Zielen.
3. AZ: Sehne an der Ecke des Kinns (auf Zugseite ca. 2 cm aus der Mitte heraus).	Wenn weiter hinten: Sehne scheuert am Kinn: Unregelmäßigkeiten im Pfeilpflug (Auslenkung und Bremsung, vor allem bei Bartträgern). Wenn in Kinnmitte: Viele Schützen müssten ihren Kopf neigen, um ihre Nasenspitze zu erreichen.
4. AZ: Vorderes Zeigefingerglied berührt Unterkieferkante.	Zusätzlicher Kontaktpunkt. Erhöhte Stabilität und Konstanz.
5. AZ: Kleiner Finger, je nach Dicke bzw. Länge, berührt eventuell mit der Fingerkuppe leicht den Hals.	Natürlich Reaktion bei entspanntem Finger. Zusätzlicher Kontaktpunkt. Erhöhte Stabilität und Konstanz.
6. AZ: Daumen am Halswendemuskel. Daumen Grundgelenk liegt vorne am Halswendemuskel, Außenkante des Daumenballens liegt mittig am Halswendemuskel an. Daumenknöchelchen drückt durch den Zug von vorne leicht gegen den Halswendemuskel.	Zusätzlicher Kontaktpunkt. Erhöhte Stabilität und Konstanz.

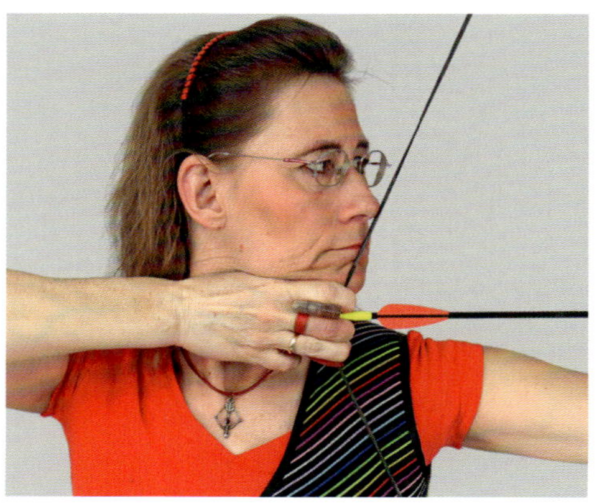

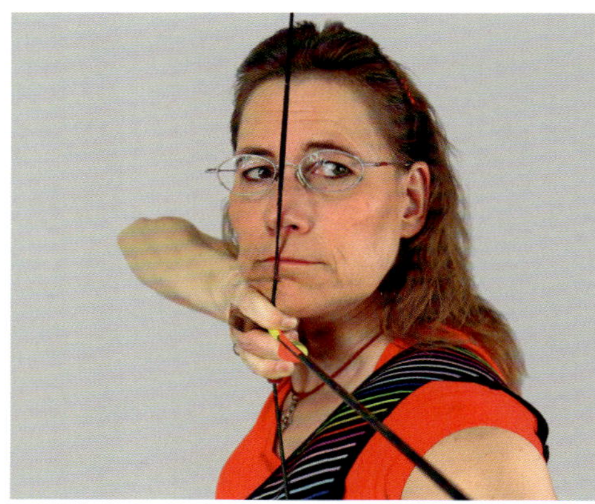

UNTERKINNANKER: Das Grundknöchelchen des Zug-Zeigefingers liegt von unten her in der Unterkiefergrube. Die Sehne berührt sanft die Nase und läuft an der Ecke des Kinns entlang.

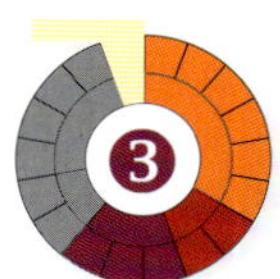

TECHNIKBESCHREIBUNG UND AUSFÜHRUNG	BEGRÜNDUNG
Erreichen der Ankerzonen bzw. Einnehmen der Ankerposition.	
A: Seitenanker: Hand rutscht von vorne in die Zonen, d.h. wird nicht von hinten kommend eingerastet.	Verhindert Spannungszusammenbruch. Kräftesparend.
B: Unterkinnanker: Zug-Hand wird direkt von vorne unter das Kinn (mit einem Kinn-Handoberkanten-Abstand von ca. 1 cm) geführt. Anschließend wird die Hand von unter an das Kinn gehoben. Erst danach wird die Sehne zur Nase gebracht.	Hilft die Ankerzone unter dem Kinn zu finden. Sollte bei abgestimmtem Bogen automatisch passieren.
Zug-Hand hat festen, lückenlosen Kontakt zum Gesicht. Ausnahme bei manchen Tabs, die Olympic Recurve Schützen verwenden (s.u.).	Konstant. Reduziert die Wahrscheinlichkeit von Seitenstreuung und variabler Anfangsgeschwindigkeit. Abstand Auge zu Nocke immer gleich.
ZUG-HANDGELENK	
Beim Seitenanker leicht in Richtung Gesicht, ohne Spannung, angewinkelt.	Gestrecktes Handgelenk aus anatomischen Gründen nicht möglich.
Beim Unterkinnanker auf natürliche Weise gestreckt.	Da genügend Freiheit unter dem Kinn besteht.
Kiefer wird spätestens am Ende der Zug-Druck-Rotationsphase geschlossen und bleibt so bis zum Ende des Schusses.	Leichtere Wiederholbarkeit. Höhere Gleichmäßigkeit. Konstante Ankerzonen. Minimiert die Gefahr, sich im Moment des Lösens auf die Zunge zu beißen.
Spannung in der Rückenmuskulatur baut sich, zwar minimal, doch weiter auf, d.h. kein Stopp (!). Ca. 3/4 der Arbeit wird von der Schultermuskulatur verrichtet.	Verringert die Gefahr des Zusammenfallens während des Schusses. Kraftsparend.

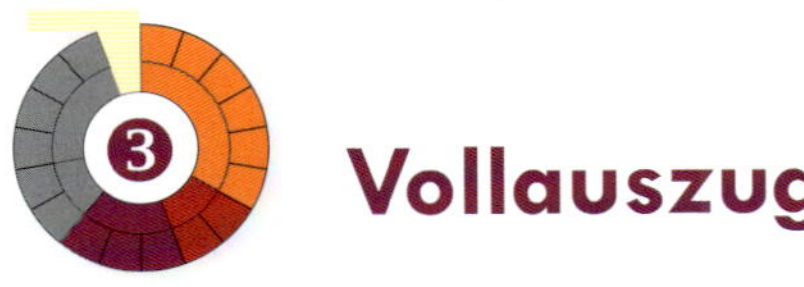

Vollauszug

TECHNIKBESCHREIBUNG UND AUSFÜHRUNG	BEGRÜNDUNG
Einnahme des „Kräfte-Dreiecks", bzw. der Zug-Kraft-Linien. D.h. im Vollauszug bildet der Schütze mit seinen Armen, Schultern und Pfeil von oben gesehen ein Dreieck. Den ersten Schenkel bilden dabei der Pfeil und der Zug-Unterarm, den zweiten der Zug-Oberarm und den dritten die Schulterlinie (nun geschlossen) mit dem gesamten Bogen-Arm.	Die Haltekraft wird durch den passiven Bewegungsapparat (das Skelett) unterstützt. Der Körper kann sich so der Kraft des Bogens widersetzen. Haltkraft wird nun fast vollständig von der Rückenmuskulatur geleistet. Gibt das Gefühl der Kontrolle über den Bogen, „Eins sein mit dem Schuss", „Hinter dem Pfeil zu stehen", „Sich stark fühlen".
Zug-Kraft-Linie von der Bauchseite gesehen („seitliche Zug-Kraft-Linie"): Pivotpoint – Nocke bzw. Zug-Mittelfinger – Zug-Ellenbogen.	Biomechanisch sehr effizient durch Hilfe des passiven Bewegungsapparates (Skelett). Kraftsparend.
Da diese Linie schwerer für den Trainer oder Schützen zu kontrollieren ist (während des Schussablaufes), kann folgende Linie zu Hilfe genommen werden: Zug-Ellenbogenspitze (von der Bauchseite her gesehen) etwa 2-4 cm über der Pfeilgeraden. ACHTUNG dies gilt nicht für Blankbogenschützen, die Stringwalking machen.	Wenn Zug-Ellenbogen zu hoch ist: Zug-Ringfinger rutscht von der Sehne. Ein zu hoher oder zu tiefer Ellenbogen lassen nach oben oder unten gerichtete Hebelkräfte entstehen. Beim Lösen schnellt die Sehne wie auch die Hand dann in die spannungsfreiere Position zurück und kann dadurch noch die Sehne und somit den Pfeilflug ungünstig beeinflussen.
Einnahme des Vollauszuges sollte eine bewusste und gefühlte Handlung sein. D.h. das Dreieck bewusst fühlen(!) und die Rückenmuskulaturen (den unteren und mittleren Trapezmuskel sowie die Rhomboiden) spüren.	Dies ist vor allem wichtig, damit der Bogen während der Zielphase ruhig gehalten werden kann und der Schütze im Moment des Lösens nicht „zusammenklappt".
Während des ganzen Vorganges (Zug-Druck-Rotationsphase bis Nachhalten) wird permanent die Spannung erhöht, vergleichbar mit der Bergauffahrt einer Achterbahn. Zunächst noch schnell (Zug-Druck-Rotationsphase), wird sie zum Gipfel hin immer langsamer und bleibt fast (aber nur fast(!)) stehen (Ankern, Vollauszug erreichen, Zielen). Nach Überschreitung des Scheitelpunktes nimmt sie dann wieder an Geschwindigkeit zu (Spannungserhöhung, Lösen, Einnahme der Nachhalte-Endposition).	Verhindert das Zusammenfallen des Schusses. Kraftsparend, da nicht immer wieder von Null begonnen werden muss, was der Fall wäre, wenn es einen Stopp geben würde.Verbindung zwischen den relevanten, zusammenarbeitenden Muskeln bleibt erhalten. Ermöglicht die Beibehaltung der Kontrolle über die Bewegungsabfolge und somit über den Schuss.
Die Pfeilspitze kommt während der Zug-Druck-Rotationsphase zügig und stets Richtung Pfeilauflage, wird jedoch zunehmend langsamer. Niemals sollte die Pfeilspitze sich zurück in Richtung Ziel bewegen. Dies geschieht erst wieder beim Lösen der Sehne.	Dies würde einen Spannungszusammenfall und Verlust der Kontrolle und Harmonie bedeuten.
Entspanntheit des Zug-Daumens sowie des kleinen Fingers überprüfen, sofern dies noch ein offenes Potenzial ist!	Nur mit entspanntem Daumen und kleinem Finger können die Zug-Finger im Moment des Lösens wirklich entspannt und dadurch die Sehne schnell freigegeben werden.
KLICKER: Die Pfeilspitze ist im Vollauszug ca. 2–5 mm vor der den Klicker auslösenden Position.	Die 2–5 mm werden für die Spannungserhöhung gebraucht.

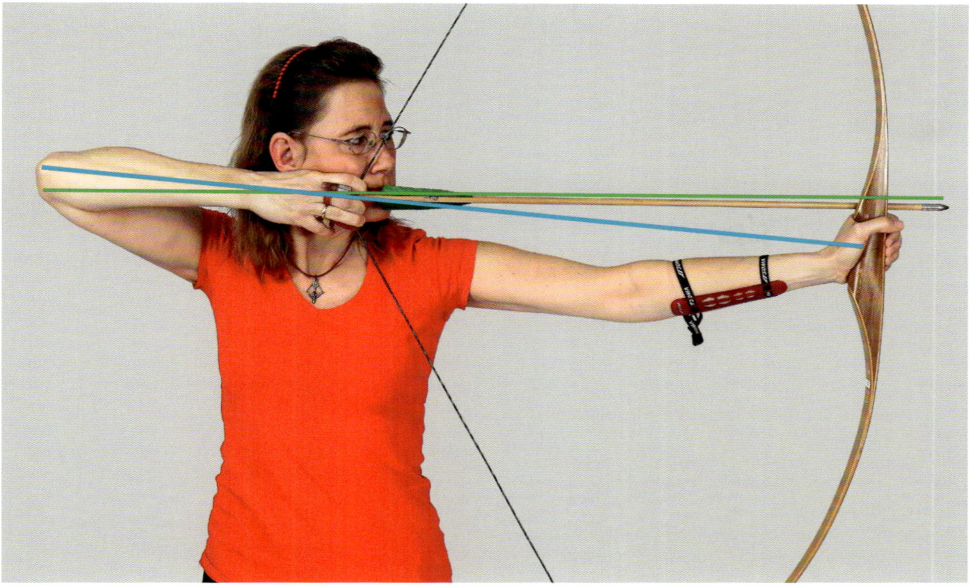

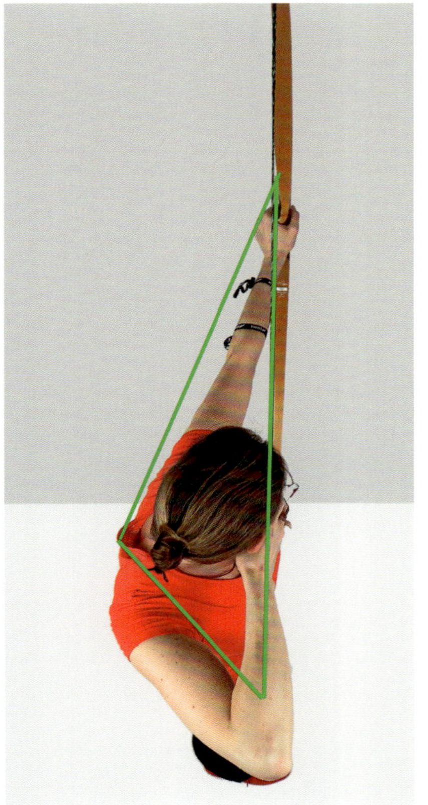

VOLLAUSZUG im Seitenanker

Von der Bauchseite gesehen, bildet der Druckpunkt über die Nocke mit dem Zug-Ellenbogen eine Linie (blau).

Das Zug-Schulterblatt liegt nun etwas tiefer als das Bogen-Schulterblatt.

Im Vollauszug liegt der Zug-Unterarm von oben gesehen in Verlängerung des Pfeils. Es bildet sich ein Dreieck (grün).

Das Kräftedreieck von oben gesehen.

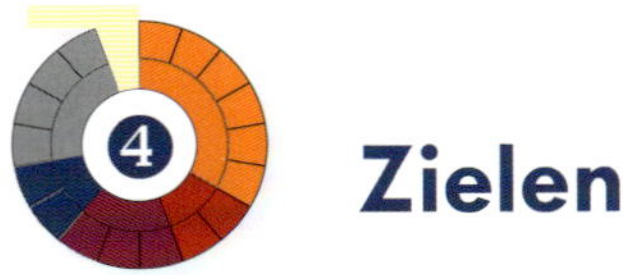

Zielen

TECHNIKBESCHREIBUNG UND AUSFÜHRUNG	BEGRÜNDUNG
ZIELEN ist, zusammen mit der **SPANNUNGSERHÖHUNG**, die Phase der höchsten Konzentration während des Schussablaufes.	
Sie beginnt nach dem Einnehmen bzw. Kontrollieren des Vollauszuges.	
Sie hört erst in der Nachhaltephase (siehe unten) auf.	Ermöglicht die Beibehaltung der Kontrolle.
Schon während dem Zielen beginnt die Spannungserhöhung (siehe unten). Das Zielen und die Spannungserhöhung kann somit schon als Beginn des Nachhaltens betrachten werden.	Sie geht bis in die Nachhaltephase, weil der Schuss unbewusst und unkontrolliert losgeht, d.h. der Beginn der eigentlichen Nachhaltephase unbekannt ist.
Zweigeteilter Fokus im Zielen: Mindestens ¾ der Konzentration geht auf die Körper- und Bewegungswahrnehmung, nur max. ¼ auf das Ziel bzw. den Zielpunkt.	Sonst besteht die Gefahr von Spannungszusammenbruch und bei Visierschützen, dass sie nicht durch den Klicker kommen.
Enger, visueller Fokus auf den Zielpunkt, aber kein Starren, keine harten Augen, kein „Totzielen" und keine Mimik-Veränderung. Nur Wahrnehmen des Ziels mit trichterähnlichem Fokus.	Gefühl für die Zielrichtung bleibt. Sonst Spannungen im Gesicht und dadurch auch mentale Spannungen.
Fokus auf Zielpunkt verdichtet sich erst jetzt, in dieser Phase.	Nicht zu früh(!), also nicht schon nach oder gar vor dem Heben, da der nötige enge Fokus nicht gehalten werden kann.
Egal welche Zielmethode angewendet wird: das Ziel wird fokussiert, d.h. erscheint scharf. Bei Systemschützen wird die Pfeilspitze oder das Visier unscharf gesehen. Herumwandern um den Zielpunkt (z.B. Gold, Kill) mit Pfeilspitze oder mit dem Visier ist normal.	Wenn Schützen mit Zielsystem ihren Fokus auf die Pfeilspitze bzw. das Visier legen, ist es von Nachteil, da sich diese zu sehr bewegen und so vom eigentlichen Ziel ablenken können. Der Versuch, die Spitze oder das Visier so ruhig wie möglich zu halten, ist kraft- und zeitraubend.
SEHNENSCHATTEN: Schützen, die bei ihrer Zielmethode zusätzlich mit Sehnenschattenausrichtung arbeiten, bringen, falls noch nicht automatisiert, das unscharfe Bild der Sehne bewusst in die gewünschte, von Schuss zu Schuss konstante Position (z.B. linke Kante des Bogenfensters bei Rechtshand-Schützen) oder kontrollieren die Position.	Vermindert Rechts-Links-Abweichungen. Der Referenzpunkt des Sehnenschattens sollte nahe im optischen Wahrnehmungsfeld des Visiers (Olympic Recurve) bzw. der Pfeilspitze (Blankbogen) sein, damit der Schütze nicht viel visuell „wandern" muss.

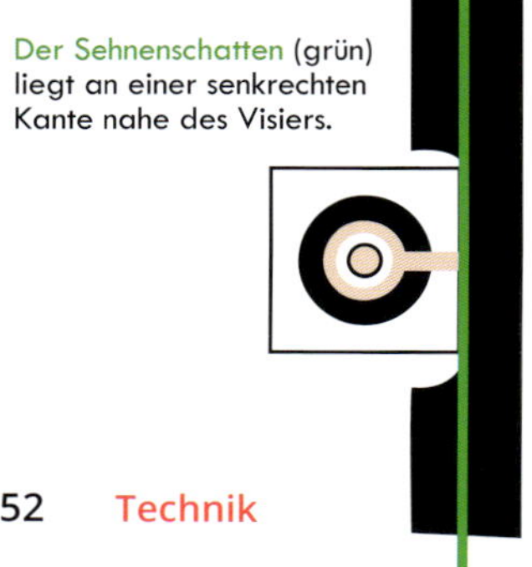
Der Sehnenschatten (grün) liegt an einer senkrechten Kante nahe des Visiers.

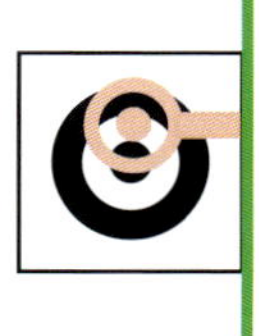
Das Visier kommt in der Zug-Druck-Rotationsphase von oben über das Ziel.

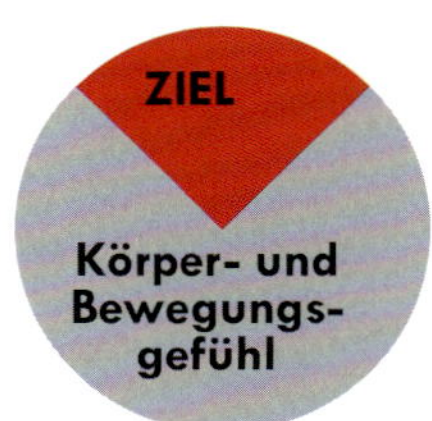

In der Zielphase wird nur ¼ des Focus auf das Ziel gelegt, ¾ des Focus bleibt beim Körper- und Bewegungsgefühl.

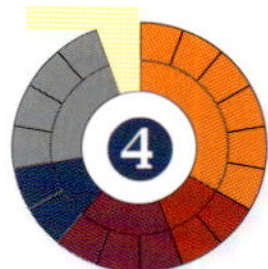

Beide Augen bleiben nach Möglichkeit immer geöffnet.

Beide Augen bleiben nach Möglichkeit bei <u>allen</u> Zielmethoden geöffnet.	Klarere Sicht auf alles. Keine Verkrampfung der Gesichtsmuskeln.
Zielmethode: **INTUITIVES ZIELEN** Hier fokussieren die Schützen mit Maß (gleichmütig, ohne Mimikveränderung) den erwünschten Trefferbereich so, dass der Blick immer eingeschränkter wird, vergleichbar dem Verhalten von Flüssigkeit in einem Trichter. **3D-Schützen** nehmen immer weniger vom Tier wahr, nur noch den einen winzigen Zielpunkt im Kill. **Scheibenschützen** verengen ihren Fokus vom Dämpfer bis hin zum winzigen Punkt im Gold.	Verengt den Streukreis.
Bogen-Armwinkel wird vom Unterbewusstsein automatisch eingestellt.	Aus der Erfahrung heraus durch vieles Üben, d.h. Erfahrungswerte werden vom Unterbewusstsein mit der momentanen Schusssituation verglichen und es wird entsprechend gehandelt.
Zielmethode: **GAPSHOOTING** Schützen bringen ihre Pfeilspitze über/vor ihren gewünschten Zielpunkt, welcher normalerweise vom Spot (3D-Ziel, wie Scheibenauflage) abweicht.	Die Pfeilspitze ist nur in einer genau definierten Entfernung genau im Ziel (= persönlicher Nullpunkt).
Zielmethode: **STRINGWALKING** Blankbogenschützen verändern an der Sehne den Abstand der Zug-Finger zum Pfeil so, dass die Pfeilspitze im Vollauszug im Ziel gesehen wird.	
Zielmethode: **VISIERSCHIESSEN** Das Visier wird im Vollauszug über /vor das Ziel gebracht. Dies sollte aufgrund des Muskelgedächtnisses automatisch passieren.	Dient als Zielhilfe. Verringert bei korrekter Einstellung Seiten- und Höhenstreuung.
Sehnenschatten an die Innenkante des Bogenfensters legen.	Vermindert die Seitenstreuung, da Sehne zu Bogen, Visier und Ziel eine konstante Ausrichtung hat.
AIMING OFF Um Pfeilflug beeinflussende Wetterbedingungen wie z.B. starken Wind oder Regen auszugleichen, wird der Zielpunkt vom Scheibenzentrum verlagert.	Beim Olympic Recurve: Mehr Kontrolle als mit Visierverstellen.
Je näher die Anhaltestelle zum Gold, umso schwieriger, da der Fokus in das Zentrum gesaugt wird.	Schwierig, da Schütze ins Gold halten möchte.

Die für das Zielen verwendeten Referenzpunkte, wie Bogen-Armwinkel (unbewusst bei intuitivem Zielen), Visiereinstellungen (beim Visierschießen), Lage des Zielpunktes (beim Gap Shooting), Entfernung der Zug-Finger zur Nocke (beim Stringwalking) und Aiming-off-Punkte sind individuelle Maße (abhängig vom Körperbau des Schützen, seiner Technik und seiner Ausrüstung). Achtung(!) auch der körperliche und mentale Zustand spielt eine Rolle, d.h. die Referenzpunkte sind hin und wieder auch tagesabhängig.

Die Referenzpunkte sind für jede Entfernung anders und können durch Übung und Erfahrung ermittelt werden.	Flugbahn des Pfeils variiert je nach Entfernung.

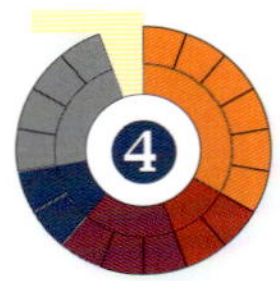

Spannungserhöhung

TECHNIKBESCHREIBUNG UND AUSFÜHRUNG	BEGRÜNDUNG
SPANNUNGSERHÖHUNG = „Kleine Zug-Druck-Rotations-Phase"; „Mikro-Rotation".	Zug-, Druck- und Rotationsbewegung wird in minimalem Ausmaß weitergeführt.
Spannungserhöhung fängt während des Zielens an.	Erleichtert die Beibehaltung der Kontrolle über den Schuss.
Sie endet erst im Nachhalten! D.h. die Spannung im Körper bleibt nach dem Lösen nicht nur erhalten, sondern wird noch leicht erhöht.	Spannungsaufbau und Bewegung kann nicht plötzlich gestoppt werden, zumal der Moment des Lösens für den Schützen unbekannt ist.
Das Gefühl (z.B. „alles passt", „hinterm Pfeil sein", „im Gold sein und die Körperspannung passt" usw.) sollte stets Auslöser zur Spannungserhöhung und damit zum unbewussten Lösen der Sehne sein.	Minimiert die Gefahr vor dem Schuss zusammenzufallen. Beibehaltung der Kontrolle über den Schuss.
Die Spannungserhöhung ist eine bewusste(!), minimale(!) (1-2 mm pro Seite), langsame(!), kontrollierte(!), fast unsichtbare interne Bewegung (von außen praktisch nur durch die Rückwärtsbewegung der Pfeilspitze zu erkennen). Sie ist die letzte bewusste und kontrollierte Aktion.	Richtung, Intensität und Geschwindigkeit können kontrolliert werden. Beibehaltung der Kraftlinien. Agieren in der Schussebene. Verhindert das Zusammenfallen oder „Verreißen" während dem Lösen. Verminderung der Gefahr, (viel) zu früh zu lösen und den Schießrhythmus nicht einhalten zu können.

Schultern werden „weit". Je Seite ca. 1–2 mm (bei Anfängern ca. 3–5 mm).

Nacken wird eher gefühlt als sichtbar länger (ca. 1 mm).

Minimale Zug-Druck-Rotation-Weiterführung (Zug–Druck: 50%–50%).

Kräfte u.a.: 1. nach oben,
2. zum Ziel hin und dem Ziel entgegengesetzt,
3. nach schräg unten (rechts und links).

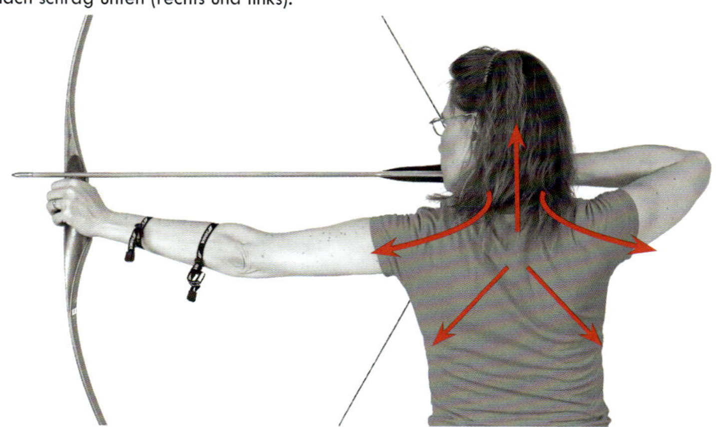

Die Spannungserhöhung ist eine Mikrobewegung (ca. 2 – 3 mm). Die Schultern werden dabei weit.

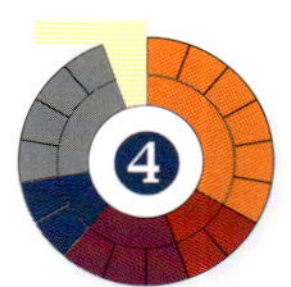

Druck der Bogen-Hand in Richtung Ziel (Bogen-Schulterblatt bleibt Richtung Ziel arretiert).	Kraftlinie und Kontrolle bleiben erhalten. Arbeiten in der Schussebene und dadurch weniger Seitenstreuung.
Ankerzonen bleiben fix, d.h. kein(!) Verlagern.	Das Verlagern der Ankerzonen verhindert die Kontrolle der Anfangsgeschwindigkeit. Wird die Sehne weiter nach hinten verlagert, kann dies zu schmerzhaftem Rutschen/ Scheuern der Sehne über die Lippen führen. Dieses Scheuern kann den Pfeilflug negativ beeinflussen.
Haken der Zug-Hand bleibt statisch, d.h. die Fingerbeuger werden nicht(!) kontrahiert.	Pfeil wird sonst von der Anlage bewegt. Die Ankerzonen werden sonst unkontrollierbar verlassen, was erhöhte Seiten- wie Höhenstreuung bewirken kann. Wenn die Zug-Finger den Haken weiter zu machen (Kontraktion der Fingerbeuger), verhindert dies ein schnelles Lösen.

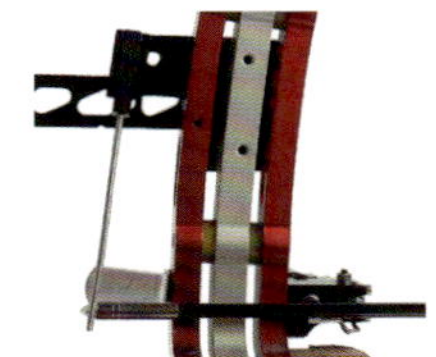

SCHIESSEN MIT KLICKER

(Hauptsächlich für Olympic Recurve)	Konstanter Auszug
Klickereinstellung bei Vollauszug: - Anfänger ca. 3–5 mm, Fortgeschrittene ca. 1–2 mm - ca. 1 cm Spiel (Zug-Schulterblatt)	Natürlicherweise gegeben, wenn der Schütze im Kräftedreieck steht. Da die Kondition des Schützen von Tag zu Tag unterschiedlich sein kann (vor allem unter Stress).
Klicker eventuell beobachten, bis Spitze anfängt sich zu bewegen. Dann Blick zum Ziel. Trotzdem mehr auf das Gefühl achten als auf die visuelle Kontrolle des Klickers.	Verhindert Unruhe bei Anfängern. Wird zu sehr zwischen Spitze und Ziel hin- und her fokussiert, kann dies sehr ermüdend sein.
Nicht stoppen, wenn der Klicker gehört wird. Weiterführung der Zug-Druck-Rotationsphase bzw. des Spannungsaufbaus.	

EINFÜHRUNG DES KLICKERS

Vorrausetzungen: Besitz einer guten Grundtechnik. Bogen- und Zuggewicht werden sicher beherrscht. Zug und Druck laufen harmonisch ab.	Macht erst Sinn, wenn die Technik kontrolliert und einigermaßen konstant (vor allem die Körperausrichtungen betreffend) ausgeführt werden kann, da der Klicker sonst nicht zielführend eingestellt werden kann.
Finger können beim Lösen entspannt gehalten werden.	Sonst wandert der Fokus des Anfängers zum Klicker und weg vom Erlernen des Schussablaufes bzw. weg vom Bewegungsgefühl.

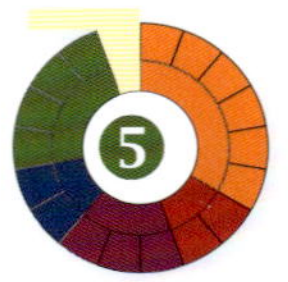

Lösen der Sehne (passive Aktion)

Der Moment, in dem die Sehne die Zug-Finger verlässt, markiert den eigentlichen Beginn des Nachhaltens. Beim **LÖSEN** wird das Kräftegleichgewicht (Zugkraft des Bogens und Haltekraft des Körpers) spontan und zeitlich ungeplant aufgegeben. Die Sehne verlässt die Zug-Finger und schnellt zielwärts als Gegenbewegung der zuvor eingesetzten Kraft.

TECHNIKBESCHREIBUNG UND AUSFÜHRUNG	BEGRÜNDUNG
D.h. das Lösen ist eine unmittelbare, unbewusste(!) und unvorhersehbare Reaktion auf die Spannungserhöhung, also für den Schützen eine völlig überraschende Handlung.	Kann nicht kontrolliert werden.
Das Lösen ist eine passive(!) Reaktion auf den Kräfteaufbau aller vorangegangenen Phasen.	Richtung, Intensität und Dynamik wird vor allem von der Zug-Druck-Rotationsphase und der Spannungserhöhung vorgegeben.
Die Finger werden von der Sehne, die sich in Richtung Ziel bewegt, aufgeschnellt. Zug-Arm, -Hand und -Finger, erfahren einen „Rückstoß", d.h. die Sehne und die Zug-Hand bewegen sich in entgegengesetzte Richtungen.	Die Kraft, die durch die Zug-Druck- Rotations-Bewegung aufgebaut und immer noch aufgebaut wird, wird nun frei gesetzt. Das Ausmaß des „Rückstoßes" ist vor allem vom Grad der Spannungserhöhung bzw. der Fokussierung in dieser vorherigen Phase abhängig.
Das Lösen ist eine schnelle Bewegung!	Die Sehne kommt umso schneller und weniger beeinflusst aus den Fingern, je entspannter diese sind.
Das Herausschnellen der entspannten(!) Finger geschieht so schnell, dass es für das menschliche Auge nicht sichtbar ist. D.h. es kann nur eine Verschiebung der Zug-Hand nach hinten am Gesicht bzw. Hals entlang gesehen werden. Die Finger sind zu jedem Zeitpunkt sichtlich gekrümmt, nie(!) sichtbar gestreckt.	Die entspannten Finger nehmen nach dem Lösen ihre natürliche Krümmung ein.
Alle Zug-Finger verlassen nach Möglichkeit gleichzeitig die Sehne.	Sehne erfährt weniger Ablenkung.
Die Fingerbeugemuskeln der Zug-Finger, die für den statischen „tiefen Haken" verantwortlich waren, entspannen sich unbewusst. Auslöser ist der durch die Spannungserhöhung vermehrte Druck auf die Finger.	Erlaubt ein schnelles Herausschnellen der Sehne. Ein aktives Öffnen (= Kontraktion der Fingerstrecker) würde viel zu lange dauern.
Außer den Zug-Fingern entspannt sich nichts!	Kontrolle über die Kraft wird beibehalten. Immer noch Spannungsaufbau durch die Weiterführung der kleinen Zug-Druck-Rotations-Bewegung.

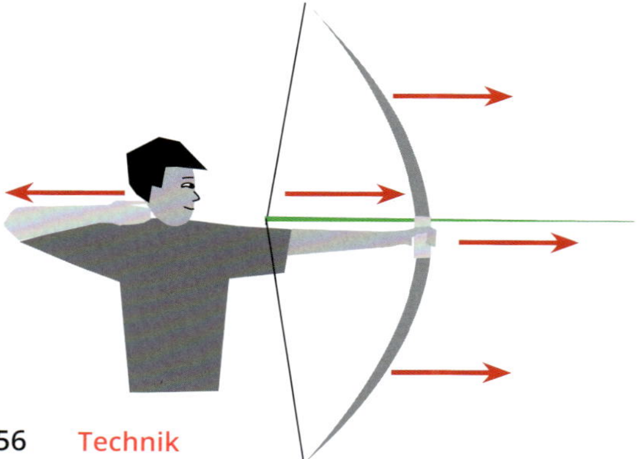

Beim Lösen der Sehne, wenn die Zug-Finger aufgeschnellt werden. erfährt der Zug-Ellenbogen, je nach zuvor getaner Spannungserhöhung, einen Rückstoß.

Die Zug-Hand rutscht in Richtung Ohr (Seitenanker) oder zum Halswendemuskel (Unterkinnanker). Dabei behält sie stets Kontakt zum Gesicht bzw. Hals.

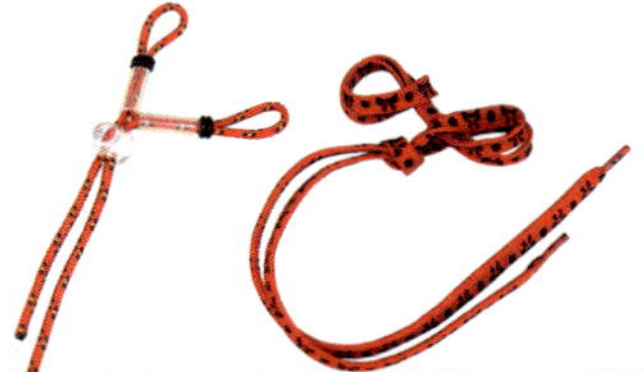

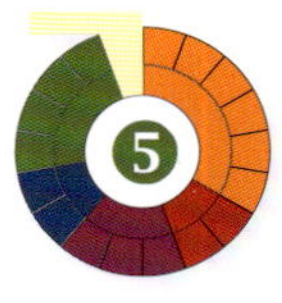

Besispiele von Fingerschlingen

Zug-Finger halten ständig Kontakt zur Wange, Ohr bzw. Hals, d.h. sie gleiten waagerecht entgegen der Zielrichtung entlang.	Ergibt sich automatisch, wenn in der Zug-Kraft-Linie geschossen wird und die Zug-Finger entspannt sind. Wegen der aufgebauten und weiter steigenden Spannung im Körper bzw. Schultergürtel.
Zug-Finger kommen bei Verwendung des Seitenankers ca. am Ohr/ Ohrläppchen/ Hals oder beim Unterkinnanker ca. am oder hinter dem Halswendemuskel zum Liegen.	Natürliche Reaktion ohne weiteren Muskeleinsatz. Alles Weitere wäre eine unnötige Bewegung, die zur Beeinflussung der Sehne beim Lösen führen kann.
Abstand Ankerzone – Nachhalte-Endposition der Zug-Hand ist nach Möglichkeit immer gleich.	Der Abstand ist abhängig vom Spannungsaufbau im Rücken (hauptsächlich auf der Zugseite, aber auch durch das Dagegenhalten gegenüber der Federwirkung in der Bogen-Schulter während der Zug-Druck-Rotationsphase und der Spannungserhöhung), sowie vom in der Spannungserhöhungsphase gesetzten Fokus.
Der Zug-Unterarm wird beim Lösen automatisch Richtung Zug-Oberarm eingeklappt, d.h. die Ausrichtung bleibt gleich und die Handfläche parallel zur Sehne.	Natürliche Reaktion. Kraftsparend. Eine Drehung im Unterarm kann die Sehne und somit den Pfeilflug wegen entstehender Drehspannungen durch die Zug-Finger beeinflussen.

SCHIESSEN OHNE / MIT FINGERSCHLINGE

Wenn ***ohne*** FINGERSCHLINGE geschossen wird, sollte der Bogen von der Bogen-Hand von Beginn der oberen Vorbereitungsphase an mit stetem Druck in Richtung Ziel gehalten werden, ohne dabei Drehkräfte zu bewirken. Daher ist es wichtig die Bogen-Finger schon vorher an den Bogen gelegt zu haben und nicht erst, wenn die Sehne die Zug-Finger verlässt, zu schließen.	Ein Fangen oder „Schnappen" des Bogens kann unkontrollierbare Drehmomente bewirken. Durch den Federeffekt (Bogen und Sehne wollen sich näher kommen), wird der Bogen im Moment des Lösens auch gegen die Handfläche gedrückt.
Mit FINGERSCHLINGE: Der Gebrauch einer Fingerschlinge erleichtert es dem Bogen, gerade in Richtung Ziel zu springen (vorausgesetzt es wurde steter Druck in Richtung Ziel ausgeführt). Die Bogen-Finger behalten ihre Entspanntheit bei und das Bogen-Handgelenk wird mit den eventuell 3 Druckpunkten (vergleiche unter *Hände einrichten/ Bogen-Hand*) aktiv leicht nach unten geklappt. Das Bogen-Zeigefingergrundglied behält die parallele Ausrichtung zur Schussrichtung bei.	Vermindert die Gefahr von ungewollten Drehmomenten im Moment des Lösens. Vermindert die Gefahr, dass nach dem Lösen ein schwererer oberer Wurfarm in Richtung Kopf des Schützen kippt. Alternative hierzu wäre zum Ausgleich einen Stabilisator zu benutzen, ist aber nicht bei jedem Bogen möglich bzw. nicht in jedem Regelwerk erlaubt.
Bogen-Handgelenk wird zeitgleich mit dem Lösen der Sehne geführt nach unten geklappt. Handfläche zeigt in Richtung Ziel und dann zum Boden bzw. zum Schützen (verdeckt durch Bogen-Arm). Abhängig von den Stabilisatoren.	Das aktive Herunterklappen gewährleistet, dass der Bogen-Arm stabil und oben bleibt und nicht vom Bogengewicht, welches sonst plötzlich auf die Finger bzw. Schlinge einwirken würde, nach unten gerissen wird. Bogen-Arm muss Kraft nicht absorbieren, sondern gibt sie kontrolliert nach vorne weiter.

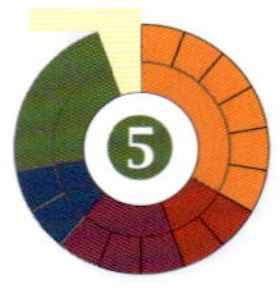

Nachhalten

TECHNIKBESCHREIBUNG UND AUSFÜHRUNG	BEGRÜNDUNG
Aufgebaute Spannungen im Körper bleiben erhalten bzw. werden weiter leicht gesteigert. Körperpositionen bleiben erhalten.	Durch die Weiterführung der Zug-Druck-Rotations-Bewegung bei der Spannungserhöhung. Stabilität bis zum Schluss.
Als natürliche Reaktion passiert ein kurzes „Sichnichtbewegenkönnen" (ca. 1 Sekunde).	Wichtig, da sonst Bogen- und Zug-Arm herunterfallen oder ein Verreißen sowie Zusammenfallen wahrscheinlich ist.
Bogen-Hand und Zug-Hand, als Verbindungsstellen zum Bogen, verbleiben in der Schussebene.	Wichtig, da Pfeil ungefähr 50–60 cm an der Sehne bleibt, bis er sie verlässt (abhängig von Auszugslänge, Zuggewicht, Bauart und Befestigung der Wurfarme bzw. wie weit die Sehne nach vorne mitschwingt). Pfeil bleibt ca. die ersten 6 cm an der Pfeilanlage, bevor er sich wegbiegt.
Fokus zum Zielpunkt bleibt erhalten („Nachzielen").	Keine visuelle Änderung. Sonst evt. körperliche und/oder mentale Änderungen.
Mentaler Zustand bleibt erhalten, d.h. es sollte auch keine Mimikänderung geben.	Mentale Änderungen können körperliche Veränderungen hervorrufen, die wiederum den Pfeilflug negativ beeinflussen können.
Länge des Nachhaltens sollte immer gleich sein, mindestens jedoch 1 Sekunde.	Natürliche Reaktion auf den zuvor geleisteten Spannungsaufbau.
Die Atmung während des Lösens (Ausatmen oder Atemstopp) wird beibehalten.	Konstanz. Kontrolle.

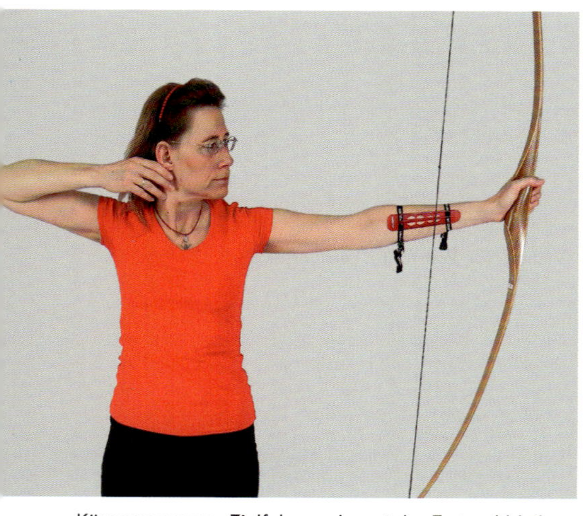

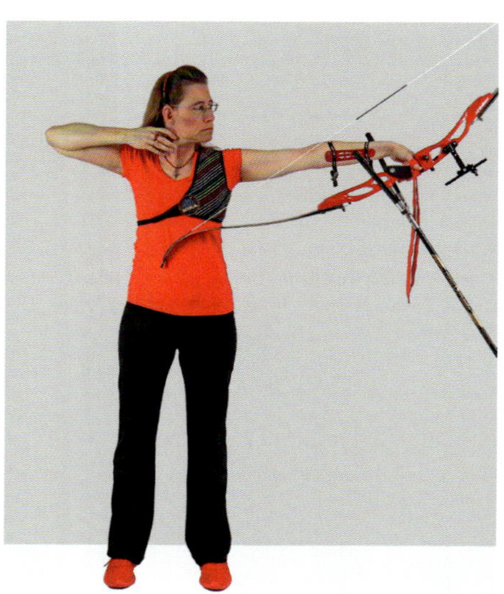

Körperspannung, Zielfokus und mentaler Zustand bleiben.

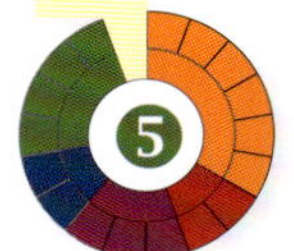

Analysieren des Schusses

Ist die Nachhaltephase vorbei und der Pfeil eingeschlagen, fängt die wichtige Reflexionsphase an.	Sie ist vor allem dann wichtig, wenn das Schussgefühl von der „Norm“ bzw. das Trefferbild von der erwarteten Streuung abweicht.
Wichtig(!) ist es, sie sofort nach dem Schuss zu machen.	Da dann der Schuss noch gespürt werden kann. Meist ist es schon nach einer halben Minute zu spät dafür.
Sollte gleichmütig, und ohne Wertung(!) durchgeführt werden. Selbstabwertungen und Ausdrücke wie „zu hoch“, „zu weit“, „zu wenig“,„zu ...“ usw., sollten vermieden werden.	Mentale Spannungen bewirken körperliche Spannungen, die es wiederum erschweren, den nächsten Schussablauf wie gewünscht durchzuführen (Körperwahrnehmungen und Bewegungsgefühl sind beeinträchtigt).
Zu Beginn entspannt man sich, die Arme werden gesenkt.	Kraftsparend.
Das **ANALYSIEREN** ist in drei Abschnitte gegliedert und befasst sich mit folgenden Fragen bzw. Vorgängen:	Das Beantworten der Fragen hilft dem Schützen, seinen gerade durchgeführten Schussablauf realistisch einschätzen zu können, sodass er fähig ist, daraus zu lernen und sein Selbstvertrauen zu stärken.
1. TREFFERBILDANALYSE • Wahrnehmen des Trefferbildes. „Wo ist der Pfeil hin? (Einfaches Feststellen, ohne Wertung!) • „Warum ist der Pfeil dorthin gegangen? (Technik, Taktik, Umweltfaktoren, Glück?) • Trefferbild koppeln mit Bewegungsgefühl.	Je mehr Erfahrung ein Schütze hat, je besser er seinen Schussablauf kennt und je besser er sich, vor allem durch viele Blindschüsse, spüren gelernt hat, desto einfacher und schneller wird ihm die Beantwortung dieser Fragen fallen und umso leichter findet er eine, falls nötig, optimale Maßnahme.
2. SCHUSSABLAUFANALYSE • „Wie verlief der Schussablauf, wie die einzelnen Teilelemente?“ • „Wie war das Bewegungsgefühl des Schusses?“ • War der mentale Zustand (z.B. Aktivierungsniveau, Gedanken während des Ablaufes usw.) ok? • „Sind Maßnahmen, bzw. Fokussetzen auf ein bestimmtes Technikelement beim nächsten Schuss nötig?“ • „Wenn ja, welche, bzw. wohin?“	Wird der Schuss nicht analysiert, v.a. die Durchführung des Schussablaufes, besteht die Gefahr, dass sich mit Hilfe des Unterbewusstseins mehr und mehr ungewollte Bewegungsausführungen einschleichen und sich festsetzen. Vor allem, wenn ein guter Treffer (Gold/ Spot oder Kill) als guter Schuss bewertet wurde, obwohl es ein Zufallstreffer war. Hat der Schütze bei einem solchen Schuss z.B. nach vorne gelöst (unbewusst die Spannungserhöhung ausgelassen), wird das Unterbewusstsein ab jetzt nur noch so schießen wollen, da es glaubt, so zum Erfolg zu kommen und da es zusätzlich kraftsparend ist.
3. **UMWELTANALYSE** (Taktik, Umweltfaktoren) • „Hat das Unterbewusstsein (bei intuitivem Zielen) bzw. das Bewusstsein (bei Zielsystemverwendung) die Entfernung richtig geschätzt?“ • „Wurde das Visier (bei Olympic Recurve-/Compound-Schützen) korrekt eingestellt“? • „Wurden das Gelände (z.B. Neigung, Senken usw.), bzw. die Licht- und Wetterverhältnisse (z.B. Wind, Regen) richtig eingeschätzt?“ • „War die Ausrüstung in Ordnung?“ Gab es einen Materialfehler (z.B. lose Feder, lose Pfeilauf-/-anlage, Nockpunktfixator verrutscht, usw.?) oder hat die Sehne an der Kleidung gestreift?	Wichtig für konstante Leistung während eines Wettkampfes. Hilft den Fokus auf die Aufgabe (Schießen) zu behalten und weg vom Trefferbild bzw. Ausgang einer Passe/ Runde oder eines Turniers. Hilft Kontrolle über das eigene Handeln zu bewahren und taktisch kluge Entscheidungen zu treffen.

ATMUNG

TECHNIKBESCHREIBUNG UND AUSFÜHRUNG	BEGRÜNDUNG
Jeder Schütze hat seinen eigenen bewussten Atemrhythmus und koppelt diesen mit dem Schussablauf, sodass der individuelle Schießrhythmus entsteht.	Individualität jedes Schützen. Muss sich mit der Atmung wohl und stark fühlen. Gibt Rhythmus für den Schuss, sowie eventuell für eine Passe und die Pausen an.
GRUNDSÄTZLICHE REGELN ZUR ATMUNG: Bauchatmung (Zwerchfellatmung). Atmung in den Bauch, Brustkorb bleibt gesenkt.	Um Brustkorb und Schwerpunkt unten zuhalten. Mehr Sehnenfreiheit. Kraftvoller Schussaufbau aus der Mitte heraus möglich. Auszug wird leichter durch Atemunterstützung.
Durch die Nase.	Beruhigend, kontrollierbarer (d.h. auch kontrollierteres Handeln möglich). Puls senkend. Mund bzw. Kiefer ist geschlossen.
Keine tiefen Atemzüge d.h. mittlere Atmung (zwischen normal und flach, leicht ein-, leicht ausatmen). Nur eventuell vor Passenbeginn 1x tief ein und kräftig ausatmen (zur mentalen Entspannung/Stressabbau.)	Natürlicher Rhythmus. Sonst zu anstrengend und Puls erhöhend. Einatmen füllt Körper mit Energie. Ausatmen entspannt (kann Vorteil beim Lösen sein).
Ein Zähler: **EINATMEN**, ein Zähler: **AUSATMEN**, ein Zähler: **ATEMPAUSE** oder verlängertes Ausatmen.	Beruhigend und Herzschlag senkend. Atemzüge werden zunehmend unbewusst gefühlt.

RHYTHMUS

Als Anfänger wird der Schütze zu Beginn noch jedes Technikelement wie eine Checkliste sehr bewusst durchgehen und den vollen Fokus auf die einzelnen Ausführungen legen.	Die Flüssigkeit und Harmonie des Schussablaufes kommen erst mit der Routine. So kann man ein Gefühl dafür entwickeln, ob sich etwas während des Schussablaufes ungewollt ändert.
Dieses „Checken" wird durch immerwährendes Wiederholen und Üben kontinuierlich flüssiger. Das bewusste Checken weicht immer mehr einer mehr oder weniger unbewussten, intuitiver Kontrolle, die in den Rhythmus integriert werden kann.	Der Check ist wichtig, weil: „Was nicht richtig aussieht u.v.a. sich nicht richtig anfühlt, nicht richtig sein kann". Erfahrung bzw. die erworbene Intuition hilft, ungewollte Bewegungsausführungen (rechtzeitig) aufzudecken.
Der fortgeschrittene Bogenschütze vollzieht seinen Schussablauf kraftvoll und zuversichtlich ohne sichtbare Pause oder Zögern, sondern nur mit Geschwindigkeitsänderung.	Kraftsparend. Er hat Vertrauen in sich selbst, sein Können, seinen Schussablauf, seine Zieltechnik und seine Ausrüstung.
Die beste und einfachste Art, einen SCHIESSRHYTHMUS zu etablieren, ist, ihn in die Atmung zu verpacken.	Gleichmäßiger Schussablauf in Intensität, Zeit und Abfolge. Gibt Timing vor. Mit flüssigen Übergängen. Einfach beizubehalten bzw. zu wiederholen (auch unter Stress).
Ein guter Schussablauf sieht „leicht" und fließend aus, als ob keine Anstrengung nötig wäre.	Er ist ökonomisch, kraftsparend, flüssig und harmonisch ohne stotternde, ruckartige Bewegungen.

Der 4-Atemzug-Rhythmus

FÜR ANFÄNGER und Schützen unter besonderem Stress

ATEMZUG	ATEMPHASE	TECHNIKELEMENT / HANDLUNG
	Unbewusstes Atmen	Vorschussphase; Anfangsritual; Fußpositionierung; Pfeileinlegen; Bogengriff und Zug-Finger einrichten.
1	Einatmen	Aufrichten, „Powerstellung“ kontrollieren.
	Ausatmen (inklusive Pause)	Schulter fallen lassen; „langen Nacken machen“.
2	Einatmen	Kopf zum Ziel drehen.
	Ausatmen (inklusive Pause)	Ziel mit Auge erfassen, Gesichtsmuskeln spätestens jetzt entspannen.
3	Einatmen	Arme heben.
	Ausatmen	Eventuell Bogenschulter setzen, Beginn der Rundumkontrolle.
	Atempause	Rundumkontrolle.
4	Einatmen	Beginn der Zug-Druck-Rotationsphase.
	Ausatmen bis Atemmittellage	Ende der großen Zug-Druck-Rotationsphase, Ankern und Kommen in den Vollauszug.
	Atemstopp (ohne Atmungsaktivität)	Spüren des Vollauszuges. Beginn des Zielens. Spannungserhöhung. (Lösen der Sehne). Nachhalten.
	Weiteratmen	Analysieren.

Der 3-Atemzug-Rhythmus

FÜR FORTGESCHRITTENE SCHÜTZEN

ATEMZUG	ATEMPHASE	TECHNIKELEMENT / HANDLUNG
	Unbewusstes Atmen	Vorschussphase; Anfangsritual; Fußpositionierung; Pfeileinlegen; Bogengriff und Zug-Finger einrichten.
1	Einatmen	Aufrichten, „Powerstellung“ kontrollieren.
	Ausatmen	Schulter fallen lassen; „langen Nacken machen“.
	Atempause	Kopf zum Ziel drehen. Auge erfasst Ziel, Gesichtsmuskeln entspannen.
2	Einatmen	Arme heben.
	Ausatmen	Eventuell Bogenschulter setzen, Beginn der Rundumkontrolle.
	Atempause	Rundumkontrolle.
3	Einatmen	Beginn der Zug-Druck-Rotationsphase.
	Ausatmen bis Atemmittellage	Ende der großen Zug-Druck-Rotationsphase, Ankern und Kommen in den Vollauszug
	Atemstopp (ohne Atmungsaktivität)	Spüren des Vollauszuges. Beginn des Zielens. Spannungserhöhung. (Lösen der Sehne). Nachhalten.
	Weiteratmen	Analysieren.

ZIELTECHNIKEN

Grundlagen

Im Bogensport können verschiedene Zielmethoden angewendet werden. Ihre Aufgabe besteht darin, den Pfeil dahingehend auszurichten (u.a. in Abhängigkeit der Ausrüstung, der Technik und des Schützen), dass er bei definierter Anfangsgeschwindigkeit die gewünschte Flugparabel vollführt und sein Ziel trifft.

Bei fortgeschrittenen Schützen führt eine konstante Schussablaufausführung dazu, dass sie immer weniger den Fokus auf das eigentliche Zielen legen brauchen, da der Bogen-Arm von alleine die gewünschte Position einnimmt und z.B. das Visier oder Pfeilspitze sich von alleine über das Ziel legt (v.a. bei stets gleichen Entfernungen wie bei In- und Outdoor).
Grund dafür ist die im Unterbewusstsein gespeicherte Erfahrung vieler Übungspfeile und das Muskelgedächtnis.

Egal, welche Zielmethode angewandt wird, der Zielvorgang beginnt nach dem Spüren des Vollauszuges und geht bis ins Nachhalten hinein.

Des Weiteren wird stets das Ziel scharf wahrgenommen, während die Hilfsmittel wie Pfeilspitze oder Visier, sofern benützt, unscharf gesehen werden.

ACHTUNG! Es ist nicht jede Zielmethode in jeder Bogenklasse bzw. Disziplin bei allen Wettkämpfen erlaubt.

Beim Bogenschießen können grob 2 Zieltechnik-Typen unterschieden werden:

DAS ***INTUITIVE ZIELEN*** und
das ***SYSTEMSCHIESSEN.***

Die Zielmethoden sind mehr oder weniger unabhängig vom Bogentyp.
So gibt es Compoundschützen, die, ohne ein Scope zu verwenden, intuitiv zielen, und Langbogenschützen, die Markierungen an ihrem Bogen als Visierersatz benützen.

Jede dieser Zielarten sollte von den Schützen mit anderen Methoden anerkannt sowie akzeptiert und toleriert werden.

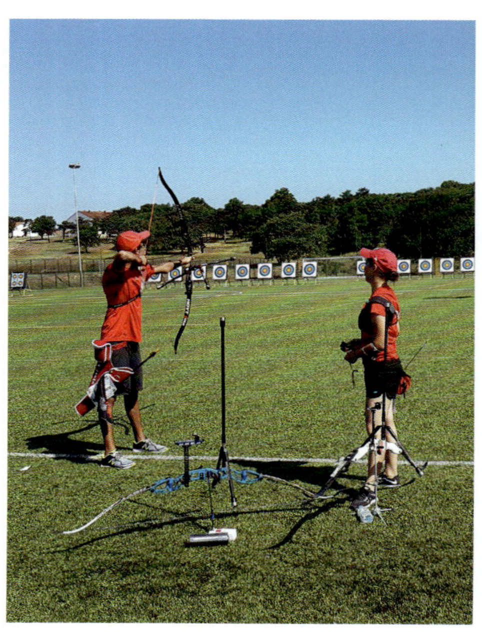

INTUITIV	**Intuitives Zielen**	Winziger Punkt im Ziel (Gold, Kill bzw. Spot) wird beim Zielen fokussiert, Bogen-Armwinkel wird vom Unterbewusstsein eingestellt. *Vorteile:* Nichts im visuellen Fokus (keine Pfeilspitze oder Visier) bewegt sich. Mediterraner oder Unter-Griff an der Sehne. ***Seitenanker***. Unbewusstes Entfernungsschätzen bei unbekannten Distanzen (spart mentale Energie).
SYSTEM	**Gapshooting**	Pfeilspitze wird je nach Entfernung auf eine genau definierte Strecke unter oder über das Ziel gehalten und der dort befindliche Punkt anvisiert. Splitvision ist mehr oder weniger ein Synonym von Gapshooting. Der Fokus wandert eventuell vom Zielpunkt zum Ziel. Mediterraner oder Unter-Griff an der Sehne. Verwendung des ***Seitenankers***. Bewusstes Entfernungsschätzen bei unbekannten Distanzen.
	Stringwalking	Der Augen-Nock-Abstand wird je nach Entfernung durch entsprechendes Greifen an der Sehne so verändert, dass die Pfeilspitze ins Ziel (Gold, Spot, Kill) zeigt. ***Seitenanker*** oder ***Seitenkinnanker***. Bewusstes Entfernungsschätzen bei unbekannten Distanzen.
	Visier-Schießen	Das Visier wird über den Zielpunkt (Gold, Spot, Kill) gebracht. Je nach Entfernungen hat es unterschiedliche Einstellungen. Mediterrane Griffweise der Sehne. Verwendung des ***Unterkinnankers***. Bewusstes Entfernungsschätzen bei unbekannten Distanzen.

Für **ANFÄNGER** gilt ganz klar, dass sie mit der ***intuitiven*** Zielmethode anfangen, da sie die natürlichere Art zu schießen ist. Der Schütze kann ganz entspannt seine Schusstechnik erlernen oder ablaufen lassen, ohne verkrampft versuchen zu wollen, die Pfeilspitze bzw. das Visier und den Zielpunkt zur Deckung zu bringen.

Liegt der Fokus auf einem ***stabilen Stand***, der ***arretierten Bogen-Schulter***, einem konstanten ***Anker***, auf das ***Kräfte-Dreieck*** und die ***entspannten Zug-Finger*** im Moment des Lösens, wird das Trefferbild stets zufriedenstellend sein.

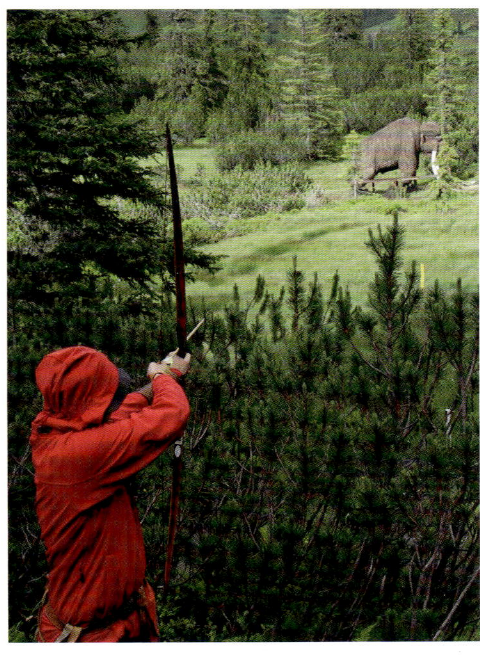

Prinzipiell brauchen sich Anfänger zu Beginn ihrer Ausbildung noch nicht viel mit dem Zielen auseinanderzusetzen.
Für sie ist wichtig zu wissen, wann die Zielphase in ihrem Schussablauf stattfindet und dass der Fokus dabei auf dem Ziel ist, bzw. dann zurück zur Bewegung wandert (geteilter Fokus).
Der Vorgang „Zielen" macht erst Sinn, wenn eine konstant ablaufende Schusstechnik erlernt wurde, da bis dorthin die Treffer einer hohen Zufallsrate unterliegen.

Daher sollten Anfänger nur auf nahe Distanz und leeren Dämpfer trainieren sowie ihre ganze Energie zunächst auf das Erlernen eines konstanten Schussablaufes legen.

DIE INTUITIVE ZIELMETHODE

Das intuitive Zielen lässt sich u.a. gut mit dem Werfen von Steinen auf Dosen, dem Dartspielen, Tennis, Tischtennis, sämtlichen Ballsportarten oder dem Golfspiel vergleichen, denn hier wird überall mit dem Wurfobjekt eine Flugparabel beschrieben.

Bei all diesen Sportarten wird zum Ausrichten auf das Ziel kein System und keine Visiereinrichtung verwendet, sondern ganz auf die Bewegungserfahrung vertraut, wobei die Handlungen bei regelmäßigem Training immer zielführender werden.

HAND-AUGEN-KOORDINATION

Verantwortlich für das Treffen des Ziels im Bogensport ist das richtige, unbewusste Einschätzen der Entfernung und die entsprechende Hand-Augen-Koordination, d.h. die Bogen-Arm-Winkeleinstellung, die sich von den gespeicherten Erfahrungen (unzählige Schüsse auf verschiedene Distanzen) und Erinnerungen unbewusst leiten lassen.

Dieser Vorgang wird normalerweise mit dem Heben des Bogen-Armes bzw. dem Hineinsenken ins Ziel während der Zug-Druck-Rotationsphase abgeschlossen. Er erfährt nur eventuell in der Zielphase eine unbewusste Feinjustierung.

Zu keinem Zeitpunkt braucht ein gedanklicher Fokus auf die Entfernungsschätzung und die Bogen-Armwinkeleinstellung gelegt werden.
Dabei bekommt der intuitiv zielende Schütze während der Zielphase (welche bis in das Nachhalten hinein geht) die Lage des Bogens, des Pfeils, der Pfeilspitze sowie die gesamte Körperhaltung nur im Unterbewusstsein mit. Sein visueller Fokus ist zu dem Moment auf den einen winzigen Zielpunkt gerichtet, den er zuvor in der Vorschussphase ausgesucht hat.

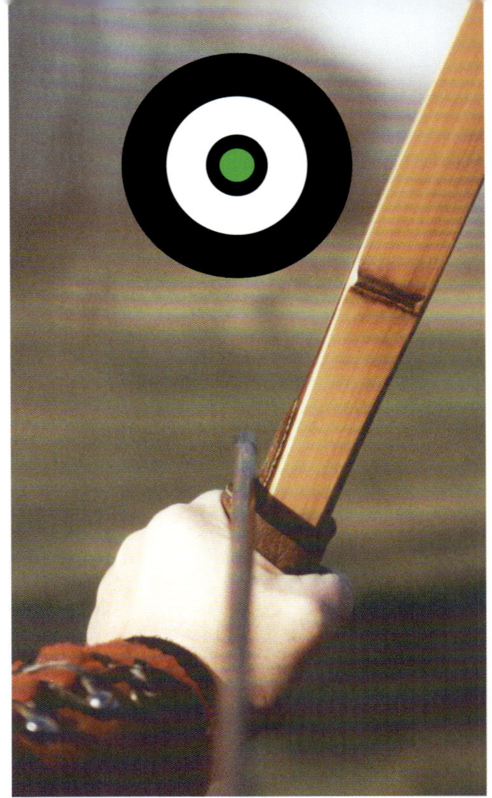

Der Focus liegt auf dem Ziel.

KLEINSTER ZIELPUNKT

Die Umgebung des Zieles wird zunehmend verschwommen. Wichtig für ein befriedigendes Trefferbild ist, dass das optisch wahrgenommene Ziel nicht die ganze Scheibe oder das 3D Tier, sondern nur eine kaum wahrnehmbare Stelle ist.
D.h. dass z.B. beim 3D-Schießen nicht der Bär das Ziel, sondern die Fliege im Kill des Bären ist. Das optische, getrichterte Bild des Ziels gemeinsam mit dem noch wichtigeren Körpergefühl (z.B. „Jetzt stimmt alles" oder „Jetzt bin ich ganz hinter dem Pfeil"), welches von der Intuition gespeist wird, gibt das Kommando zur Spannungserhöhung.

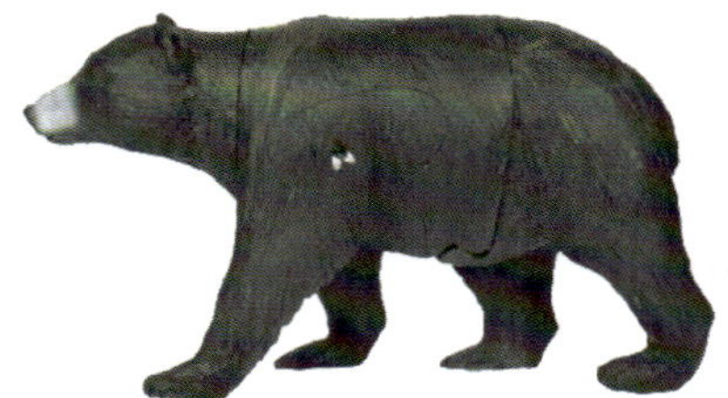

Nicht der ganze Bär ist das Ziel, sondern die Fliege im Kill!

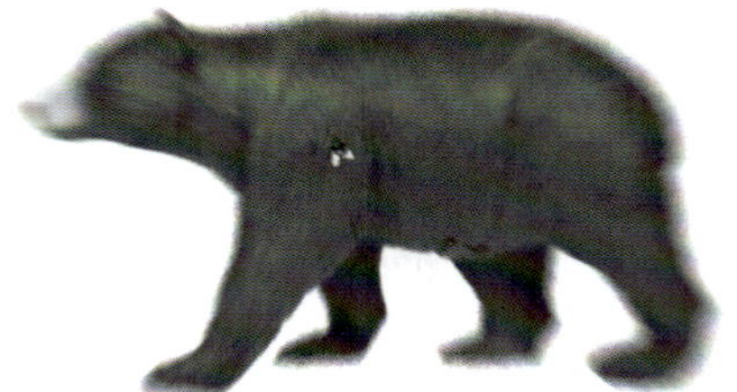

Die Umgebung verschwimmt mit der Zunahme der Konzentration.

PFEILFLUG UNBEWUSST VERFOLGEN

Nach dem passiven Lösen der Sehne sowie in der Nachhalte-Phase nehmen die Augen (für den Schützen unbewusst!) Informationen über den Pfeilflug auf. Das Ziel-(=Zug-)Auge, welches im Vollauszug über dem Pfeil liegt, sieht die Flugrichtung des Pfeils als Punkt oder dünnen Strich (eventuell mit etwas horizontaler Wellenbewegung wegen des Pfeilparadoxons), da es während des Flugs genau hinter dem Pfeil ist. Das andere Auge dagegen verfolgt den Pfeil von der Seite her und nimmt so die Pfeilflugbahn als Kurve wahr.
Die Informationen beider Augen, gekoppelt mit dem Bewegungsgefühl, helfen, das intuitive Zielen mit jedem Schuss zu optimieren, ganz gleich, ob es ein guter oder weniger guter Treffer war. Daher ist es wichtig (zusätzlich zu den anderen Gründen wie Spannungsreduktion im Gesicht, bifokales Sehen für Entfernungsschätzen usw.) während des Schießens, aber vor allem während der Spannungserhöhung bis mindestens zum Moment, da der Pfeil einschlägt, beide Augen geöffnet zu halten. Dies ist auch für kreuzdominante Schützen möglich, die der Händigkeit gefolgt sind.

DATEN SAMMELN UND SPEICHERN = ÜBEN

Vor jedem neuen Schuss können nun diese in der Vergangenheit gesammelten Informationen vom Unterbewusstsein abgerufen werden und somit das Zielen optimiert werden.
Damit das Unterbewusstsein genügend Daten bekommt, um darauf zurückgreifen zu können, heißt es üben, üben, üben.
D.h. vor allem Schützen, die 3D und Feld schießen, sollten viele verschiedene Entfernungen zusätzlich zur Schuss-Technik trainieren.

Der intuitiv zielende Schütze braucht oft viele 1000 Schuss, bis er konstant bei unterschiedlichen Entfernungen (zwischen 2 m und 72 m) in den Trefferbereich kommt, den er sich wünscht, und noch mehr Training, dass es dabei bleibt.

Das intuitive Zielen ist die mit Abstand entspannteste Zielmethode, da das Entfernungsschätzen sowie das Einstellen des Bogen-Armwinkels ganz vom Unterbewusstsein übernommen wird und dem Schützen (bei wirklichem Vertrauen) keine mentale Energie abverlangt. Daher ist es besonders für Hobbyschützen und erholungssuchende Bogensportler zu empfehlen.

Jeder Pfeilschuss, den der Schütze abgibt, wird in seinem Unterbewusstsein verarbeitet und gespeichert.

3

TRAININGSLEHRE

Grundlagen des Techniktrainings

Der erste Kontakt – Anfängertraining

Übungen

Technikanalyse

Was tun, wenn...?

Aufwärmen

3D und Feld

Junge Bogenschützen trainieren

Bogensportspiele

GRUNDLAGEN DES TECHNIKTRAININGS

Das Techniktraining ist die Basis für eine erfolgreiche Bogensportlerkarriere.
Wie bei jedem Sport wäre es am besten, das Techniktraining unter professioneller Anleitung mit Hilfe eines ausgebildeten Coachs zu absolvieren. So ist gewährleistet, dass es gut geplant, zielgerichtet und vor allem individuell auf den Schützen abgestimmt ist.

Wenn das nicht möglich ist, wäre ein Training zu zweit (siehe im Kapitel Technikanalyse unter *Buddysystem/ „Personal Coach"/ Trainingspartner*) eine gute Alternative.
Ist man jedoch als Schütze ganz auf sich alleine gestellt (Self-Coach), heißt das, dass eine hohe Verantwortung gegenüber sich selbst übernommen wird. Ehrlichkeit und Toleranzfähigkeit, äußerste Disziplin, kritische Betrachtungsweise, Geduld, Eigenmotivation sowie realistische Selbsteinschätzung gehören dabei zu den notwendigen Werkzeugen.

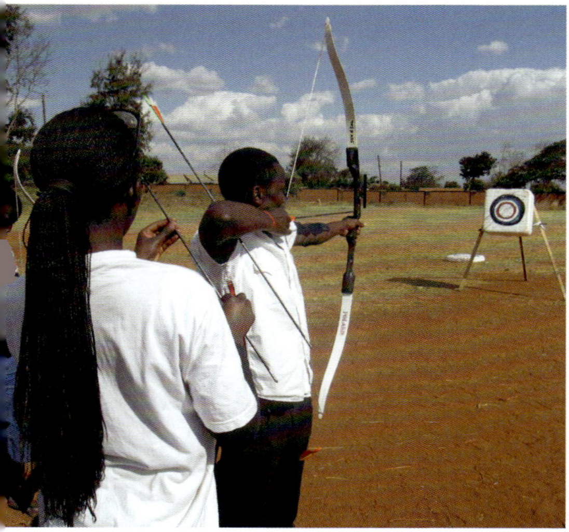

Das Schusstechniktraining mit geschulter Unterstützung ist effektiver.

Die Technik sollte **schrittweise** sehr bewusst erlernt werden, damit die einzelnen Teilelemente des Schussablaufes genau geübt und anschließend durch hohe Wiederholungszahlen vom Schützen harmonisch zusammengeführt und automatisiert werden können.

Um Enttäuschungen und Frustration vorzubeugen, ist eine angemessene Zielsetzung schon von Beginn an wichtig. Für den Anfänger bedeutet dies, seine Erwartungen an sich selbst nicht zu hoch zu stecken und eine realistische Selbsteinschätzung zu lernen.

Mit einer gut gelehrten Technik wird ein Einsteiger ziemlich schnell ein enges Trefferbild zustande bringen. Hier versteckt sich die Gefahr wachsenden Ehrgeizes, da der Schütze annimmt, die Fortschritte müssten in diesem Tempo weitergehen bzw. es könne das erreichte Niveau jederzeit beibehalten werden.

Leider funktioniert das so nicht. Denn:

Bogenschießen ist ein ständiges Auf und Ab.

Gerade im Anfängerbereich, aber auch bei Fortgeschrittenen kann ein Traumschuss von einem Fehlschuss abgelöst werden. Dann macht sich die Enttäuschung bei jenen breit, die dies nicht akzeptieren wollen oder können, bzw. wenn das nötige Hintergrundwissen oder ein unterstützender Coach fehlt.

Zu oft hat sich gezeigt, dass Schützen, die ohne Anleitung sehr schnell gut geworden sind, nach mehreren Monaten mit dem Bogensport wieder aufgehört haben, da sie Fehlschüsse stets als Niederlage und nicht als das hinnehmen konnten, was sie waren: Wichtige und notwendige Hilfsmittel zum Lernen und ein weiterer Schritt zum Erfolg.

DER ERSTE KONTAKT – ANFÄNGERTRAINING

Beobachtet man als Anfänger gute Schützen, sieht deren Ausführung des Schussablaufes sehr einfach und harmonisch aus und es kann der Eindruck gewonnen werden, dass das Bogenschießen eine sehr leichte Tätigkeit sei. Nur wenige bemerken, wie koordinativ hoch anspruchsvoll der Sport tatsächlich ist.
Werden verschiedene Schützen verglichen, kann v.a. im traditionellen und Hobbybereich festgestellt werden, dass kaum eine Schusstechnik der anderen gleicht. Dies ist vor allem dann der Fall, wenn Schützen den Schussablauf nicht von einem ausgebildeten Coach gelernt haben.

Dieses Kapitel soll Anfängern helfen, eine leicht beizubringende, leicht wiederholbare, leicht kontrollierbare, gesunde, kraftsparende und dadurch effiziente Technik zu erlernen. Dabei ist es wichtig, dass sehr sorgfältig die unten beschriebenen Schritte der Reihe nach durchgegangen werden. Um das Bogenschießen zu lernen, wird am Anfang kein Bogen benötigt. *Ein Fitnessband genügt.*

In Korea z.B. wird Monate lang die Technik ohne Bogen einstudiert (mit Hauptaugenmerk auf die Körperausrichtungen), bis endlich der erste Pfeil geschossen wird. Dies bedeutet, dass die Technik schon vor dem Kauf oder Ausleihen einer Ausrüstung geübt werden kann. Beim Üben sollte zunächst ein Fitnessband verwendet werden, welches leicht zu ziehen ist.

Sobald die Koordination und Kraft vorhanden sind, kann man mit schwerer ziehbaren oder mehreren übereinandergelegten Fitnessbändern üben. Je mehr in den Vorübungen mit Fitnessband an das eigentliche Zuggewicht am Finger des Übungsbogens (bei Kindern ca. 10–18 Pfund, bei Erwachsenen ca. 15–20 Pfund) gegangen wird und je konsequenter die einzelnen Teilelemente mit dem Fitnessband geübt bzw. sie als Ganzes zu einen Schussablauf zusammengeführt werden, desto einfacher wird der spätere Beginn mit dem Bogen, d.h. die ersten Schüsse, sein.

Dies macht deshalb umso mehr Sinn, da mit dem Fitnessband besser der Fokus auf die Körperausrichtungen gelegt werden kann (Üben vor einem Spiegel). Dies reduziert die Möglichkeit, dass ungünstige bzw. ungewollte Abläufe einstudiert werden, die später nur sehr schwer wieder zu ändern sind.

Wichtig ist, dass, sobald mit einem Bogen geschossen wird, bei jedem Schuss stets die ***Aufmerksamkeit bei der Bewegung*** und nicht beim Trefferbild ist. Damit keine ungünstigen Bewegungsabläufe automatisiert werden, sollte erst die Technik (im Kap. *2 Technik*) perfekt stimmen, bevor angefangen wird, mit hohen Schusszahlen zu trainieren.

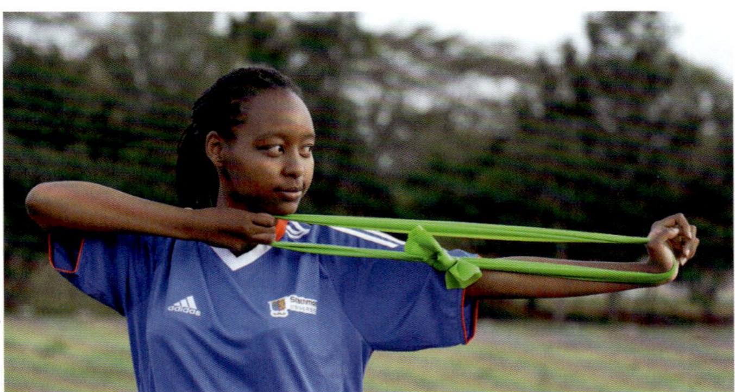

Es macht Sinn, den Schussablauf zunächst ausgiebig mit einem Hilfsgerät (z.B. Fitnessband) zu üben.
Foto: Paul Ochieng

DIE ERSTEN ÜBUNGSSCHRITTE

Technikelemente, die einmal eingelernt wurden, können nur mit viel Aufwand wieder „gelöscht" bzw. „umprogrammiert" werden. Daher ist es wichtig, von Beginn an auf die korrekte Ausführung jedes einzelnen Schrittes zu achten.

Dies wird erleichtert durch:

Gewissenhaftes Durchgehen der Übungen
mit dem Fitnessband, bis der Schussablauf stimmt.

Verwendung eines leichten Bogens
mit ***niedrigem*** Zuggewicht von maximal 20 lb sowie wenig Eigengewicht (Masse).

Das Einhalten von Pausen:
Wird im ermüdeten Zustand geschossen, kann es sein, dass sich Fehler einschleichen.

Das Schießen auf einen leeren Dämpfer,
der auf 3 m bis maximal 10 m Entfernung steht. Zu Beginn ist es wichtig, ein Bewegungsgefühl zu erlangen. Konzentration auf ein Ziel, oder Auflage ist hier sehr kontraproduktiv, denn es vermindert die Körperwahrnehmungen.

Bei den Übungsbeschreibungen ist der Körper des Schützen in zwei Hälften geteilt. In eine Bogen-Seite (bei Rechtshandschützen links) und eine Zug-Seite (bei Rechtshandschützen rechts).

Die „Phrasen" in Anführungszeichen sind Anweisungen, die der Schütze sich selbst geben kann, um den Ablauf bewusster zu machen.

Die unten angeführten Schritte sind nur für den Einstieg gedacht, um die Technik von Null auf bewusst zu lernen.

HILFSMITTEL

FITNESSBAND

ÜBUNGSBOGEN
falls vorhanden, max. 20 Pfund Zuggewicht u. dazu passende Pfeile. Diese sollten an der Sehne gut halten und lang genug für den Schützen sein, d.h. bei seitlich ausgestrecktem Arm vom Hals bis zu den Fingerspitzen reichen. Zusätzlich ein Armschutz und evtl. ein Fingerschutz.

HOSENGUMMI
ca. 0,5–1 cm breit und 1 m lang, an den Enden zusammen geknotet.

2 PFEILE ODER PFEILÄHNLICHE GEBILDE
(z.B. gerade Äste, Blumenstangen, Antennen-Kugelschreiber usw.). Sollten die Enden spitz oder scharfkantig sein, können darüber Korken gesteckt werden.

SPIEGEL
Je nachdem, wo geübt wird, kann es der Schrankspiegel im Schlafzimmer, der Badspiegel oder ein auf einem Stativ befestigter Spiegel draußen im Garten sein.

FOTOKAMERA /SMARTPHONE
optional, mit Videofunktion.

Schritt 1: Bogensport-Fachbegriffe einprägen

Um unten angesprochene Dinge besser verstehen zu können, ist es gut, wenn Anfänger sich schon über manche Fachausdrücke im Klaren sind, vor allem für die Sicherheitseinschulung.

Bogen: *Wurfarme |Bogennocke|Wurfarm-Tip | Mittelstück | Griff | Pfeilauflage |Shelf*
Sehne: *Sehnenöhrchen | Mittelwicklung | Nockpunktfixator*
Pfeil: *Schaft | Spitze | Befiederung | Leitfeder | Nocke | Durchbiegungsgrad (Spine-Wert)*
Zubehör: *Köcher | Armschutz | Fingerschutz (Handschuh, Tab oder „No gloves“);*
Bogen- / Zug-Seite des Schützen|Schussebene |Schießlinie| Intuitives Zielen (Ziel anschauen, nie die Pfeilspitze)

Um die Schusstechnik von Beginn an richtig zu verstehen, macht es für den Self-Coach Sinn, sich die Bilder im *Technik-Teil* dieses Buches anzusehen und einige Fachausdrücke für die Durchführung anzueignen, z.B.:
"Einnocken" (= Pfeil einlegen), ***„tiefer Haken“ der Zug-Finger, „Heben“, „Zug-Druck-Rotations-Phase“, „Ankern“, „Vollauszug“, „Nachhalten“***.
Für die ganz Fleißigen auch die ***„Spannungserhöhung“***, die jedoch in den Bereich des fortgeschrittenen Anfängers gehört.

Schritt 2: Visuelles Bild erstellen

Es macht Sinn, sich vor dem Übungsbeginn Videos, in denen die „Standard-Technik“ gezeigt wird, anzusehen. Zum Beispiel in YouTube: www.youtube.com/@urtepaulus8816
So kann bereits ein Bewegungsbild aufgebaut werden, was das spätere Erlernen der Schusstechnik und das Sichaneignen eines Bewegungsgefühls erleichtert.
Auch hilfreich: Poster mit den Phasen des Schussablaufs.(Der abgebildete Schussablauf ist für Rechtshand-Bogenschützen gezeigt. (Poster siehe Bezugsquellen im Anhang)

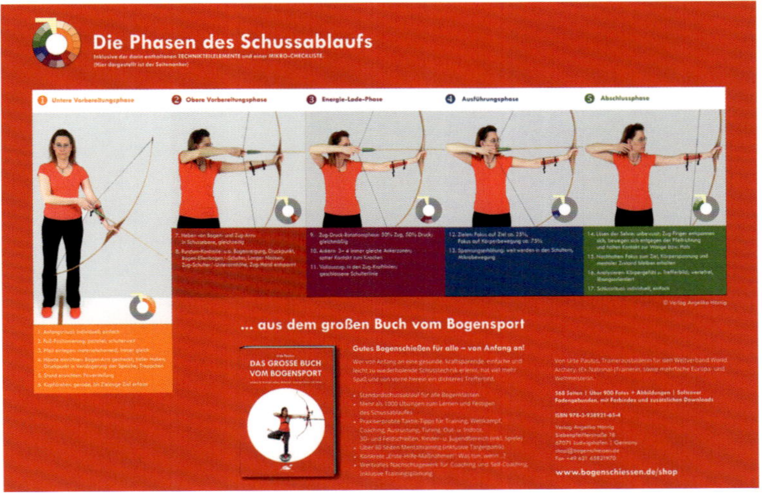

Schritt 3: Das dominante Auge bestimmen

Normalerweise verarbeiten Menschen die Informationen, die sie durch ihre Sinneszellen aufnehmen, bevorzugt von einem Auge. Die Seite dieses dominanten Auges fällt oft mit der Händigkeit zusammen. Wenn nicht, wird von ***Kreuzdominanz*** gesprochen.
Für einen Bogenschützen ist von Vorteil, wenn die Dominanz der Hände und der Augen auf der gleichen Seite ist, da der Pfeil dann unter dem Führungsauge liegt und die nötige Feinmotorik für das Halten und Lösen der Sehne ebenfalls in der Führungshand liegt.
Sollte ein Schütze ***kreuzdominant*** sein, so kann er sich entscheiden, ob er der Hand oder dem Auge folgt. Das Gehirn ist fähig zu lernen, beim Fokussieren des Ziels das „richtige" Auge (welches über dem Pfeil liegt) zu benützen, genauso wie durch Training die nötige Kraft und Feinmotorik auf der nichtdominanten Hand bzw. Arm und Schulter erworben werden kann.

Oft wissen die meisten kreuzdominanten Schützen von vornherein, dass es ihnen unmöglich ist, den Bogen in die andere Hand zu nehmen. *Dann wird der Hand und nicht dem Auge gefolgt*. Der Schütze hat aber vor allem auch oft mehr Kraft auf dieser Seite und fühlt sich viel wohler.
Wofür man sich auch immer entscheidet, alles ist okay.
Der *Rechtshandschütze hält den Bogen in der linken Hand* und zieht die Sehne mit der rechten. Beim Linkshandschützen ist es umgekehrt.

Wichtig zu wissen ist, dass bei manchen Schützen, vor allem bei schlechten Lichtverhältnissen und wenn das dominante Auge das von der Sehleistung her das schwächere ist, die Augendominanz spontan wechseln kann.

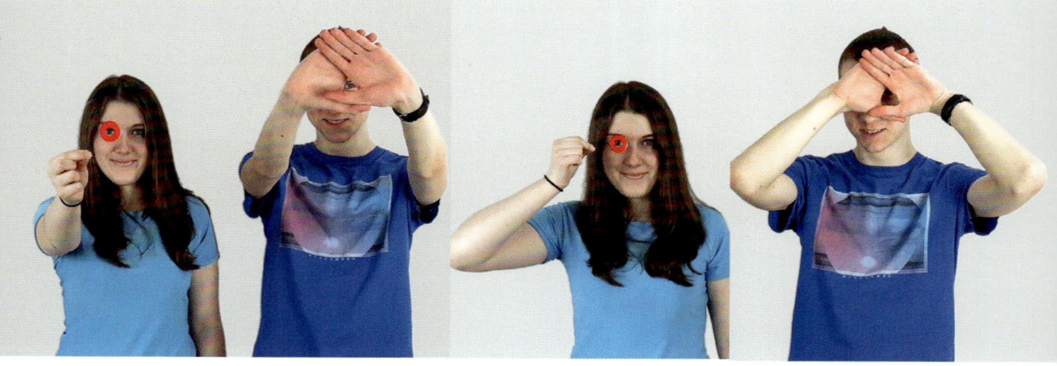

Zur Selbstbestimmung des dominanten Auges bildet man bei ausgestreckten Armen mit den Händen ein kleines Loch oder nimmt eine CD zu Hand.
Durch das Loch hindurch fixiert man nun einen Punkt und nimmt die Hände langsam vors Gesicht, ohne den Punkt zu verlieren. Das Loch liegt nun vor einem Auge: dem dominanten.

WICHTIG: während der gesamten Übung bleiben ***beide*** Augen geöffnet.

Schritt 4: Stand einrichten

Der Schütze legt sich einen Pfeil oder Ähnliches so auf den Boden, dass dieser genau in Richtung angenommenes Ziel deutet.
Der Stand, vergleichbar mit der *„Powerstellung"* von vielen asiatischen Sporttechniken, ist das Fundament des Schusses.

Die Füße werden so positioniert, dass beide Zehenspitzen genau an den Pfeil stoßen, wobei die linke Körperseite bei Rechtshandschützen auf Zielseite ist.

Die Füße sind ca. schulter- oder hüftbreit auseinander. Die Druckbelastung beider Beine ist gleich verteilt, also 50% – 50%.
Die Hüfte ist parallel zu den Füßen.

Der Bauchnabel wird in Richtung Wirbelsäule gedrückt, ohne dass der Oberkörper mitgenommen wird. Dieser lehnt sich als natürliche Folge leicht nach vorne, wobei das Brustbein und der Nabel etwas näher zusammenkommen bzw. die Nasenspitze über die Zehen kommt (leichte Vorlage).

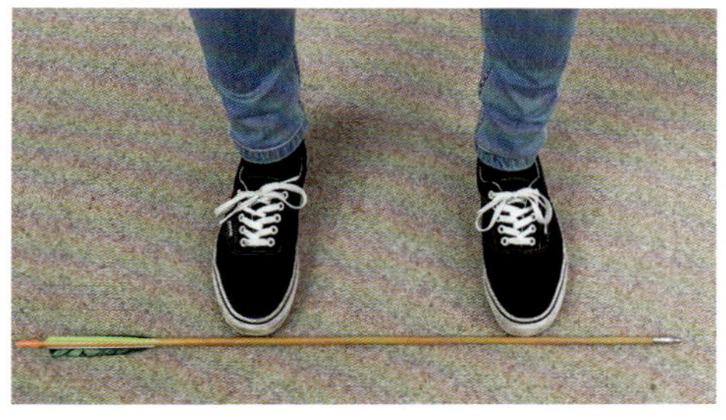

Zusätzlich wird dadurch automatisch die Hüfte leicht aufgekippt (Beckenoberkanten bewegen sich nach hinten, das Schambein nach vorne), die Knie werden entriegelt (nicht gebeugt) und die Arme kommen seitlich am Körper, mittig zum Liegen.
Der Kopf ist gerade, der Nacken lang, so, als ob eine Schnur in der Mitte des Oberkopfes befestigt sei und jemand daran ziehen würde.

Dieser stabile Stand wird während des gesamten Schussablaufes beibehalten. Dies kann geübt werden, indem man nach Einnahme des Standes die Arme auf ca. Schulterhöhe hebt, den Oberkörper nur oberhalb der Hüfte rotiert und das Verharren der Hüfte in der Ebene (z.B. mit Kontrollpfeil in den vorderen Gürtelschlaufen) kontrolliert.

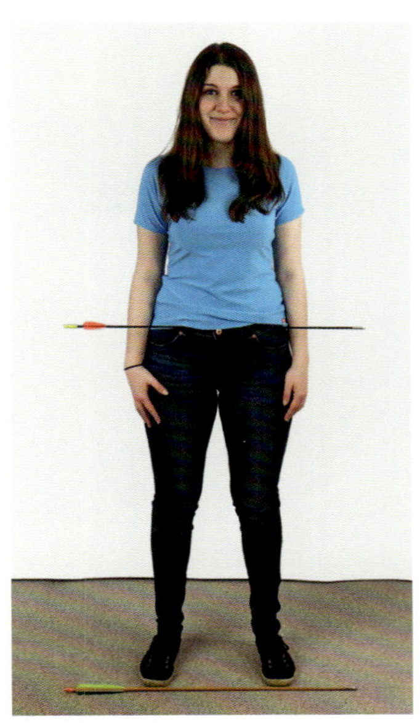

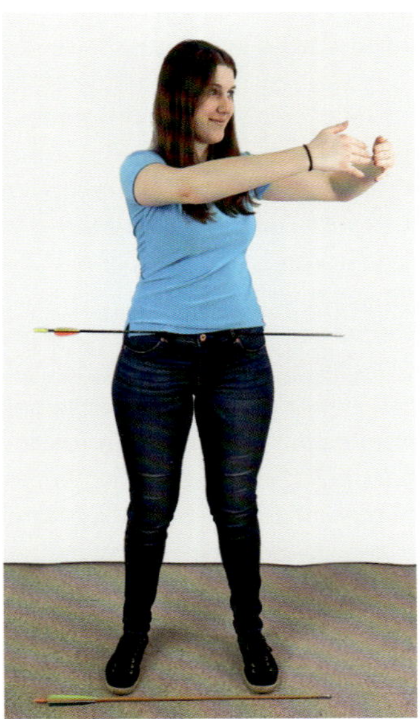

Schritt 5: Zwischenübung zum Kennenlernen von Bewegungsebenen und Ankern

Dies ist eine spezielle Zwischenübung nur für den ersten Kontakt. Sie ist dazu da, die Ebenen, in denen der Schussablauf durchgeführt wird, das Ankern, d.h. die Einnahme der Ankerzonen mit der Zug-Hand (hier den Seitenanker für traditionelle Schützen und Blankbogenschützen) kennenzulernen.
Macht man diese Übung alleine, kann sie, diagonal vor einem Spiegel stehend, gemacht werden, sodass die Körper- und Armhaltung gut kontrolliert werden können.
Wer von Beginn an Unterkinnanker erlernen möchte (für Olympic Recurve), kann bei dieser Übung die Faust unters Kinn geben. Hier sollte sehr auf den geraden Kopf geachtet werden.

ACHTUNG! Ohrringe und Gesichtsschmuck (z.B. Piercings) vor dem Üben entfernen, besonders auf der Zug-Seite.

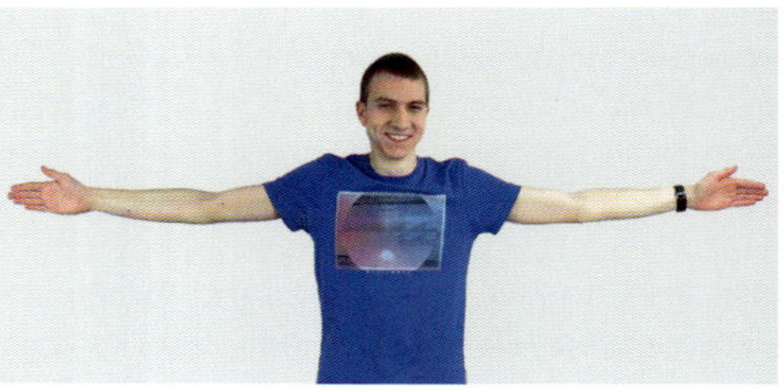

Schritt 5, Teil 1: a) T bilden, Daumen zeigen nach oben.

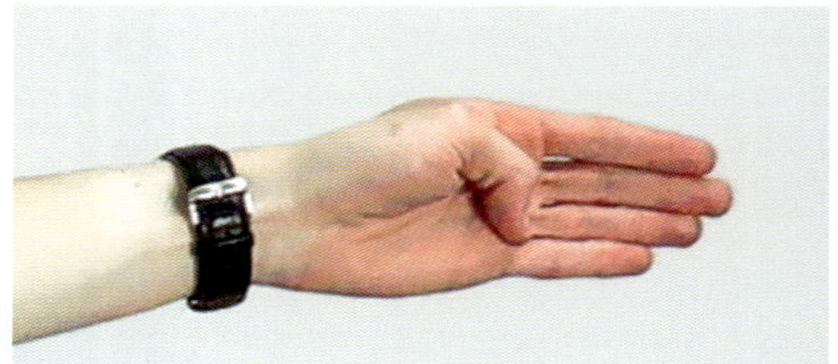

b) Daumen entspannt in die Hand legen

TEIL 1: DIE EBENEN

Der Schütze ist entlang der Nasenspitze-Bauchnabel-Linie in zwei Körperhälften geteilt:
In die sogenannte Bogen- und Zug-Seite. Zu Beginn der Übung stellt sich der Übende stabil und gerade hin (siehe *Schritt 4*). Dann breitet er beide Arme seitlich etwas über Schulterhöhe aus und bildet somit ein T. Die Handflächen schauen nach vorne (bauchwärts) und die Daumen zeigen erst nach oben und werden dann entspannt in die Handfläche fallen gelassen.
Anschließend wendet der Schütze seinen Kopf gerade zur Seite, in Richtung Bogen-Hand bzw. Ziel. Nun klappt er den Zug-Arm im Ellenbogengelenk ein (welches seine Position unbedingt genau beibehält) und legt seine Zug-Hand an seine Wange.
Wichtig: Kontrollieren, ob Bogen-Hand, Zug-Hand und Zug-Ellenbogen eine gerade Linie von oben gesehen her bilden. Wenn ja, befindet man sich in der Schussebene bzw. *Zug-Kraft-Linie*.
Solange üben bis man automatisch in diese Linie kommt.

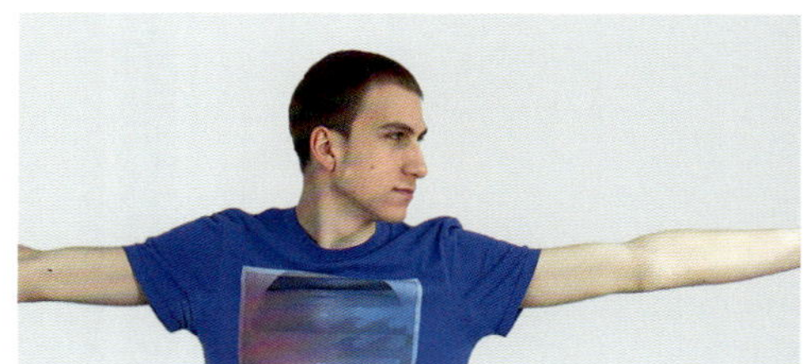

c) Kopf in Richtung Ziel drehen

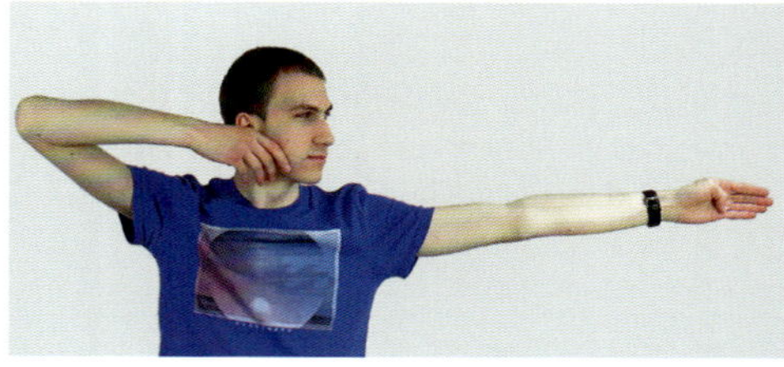

d) Unterarm der zielentfernteren Seite im Ellenbogen einklappen (eventuell Ankerzonen einnehmen)

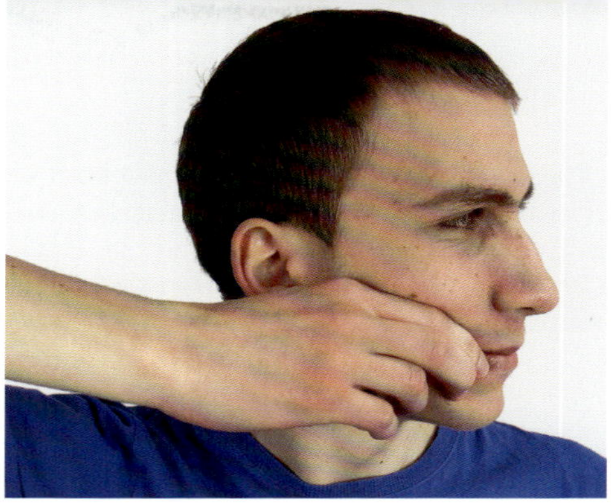

TEIL 2: ANKERN – VOR UND NACH DEM ANKERN

Beim Ankern wird die Zug-Hand ans Gesicht gelegt. Damit der Pfeil immer die gleiche Richtung und Ausgangsgeschwindigkeit hat, ist es wichtig, diese Kontaktzonen so konstant wie möglich zu haben und zwar bei jedem Schuss. Hierfür bieten sich folgende Ankerzonen (AZ) an, die gemeinsam, bei festem Kontakt zum Knochen, Stabilität und gleichmäßige Wiederholbarkeit ermöglichen.

1. AZ Daumen liegt völlig entspannt unter der Kinnlade.

2. AZ Schwimmhaut zwischen Daumen und Zeigefinger wird ***hinter*** dem Kiefer eingehängt.

3. AZ Zeigefingergrundglied liegt waagerecht ***unterhalb***, fest am Jochbein (Wangenknochen).

4. AZ Zeigefingerspitze berührt (bei gekrümmten Fingern, die den tiefen Haken simulieren) automatisch den Mundwinkel.

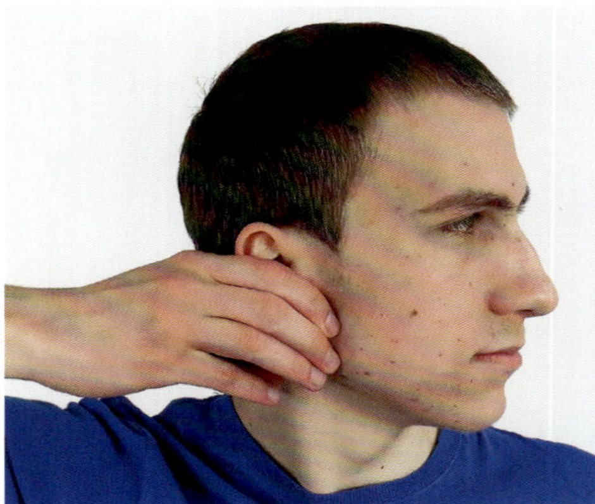

Schritt 5, Teil 2: Übung des Lösens. Die Zug-Hand wird schnell von den Ankerzonen in Richtung Ohr gebracht, wobei sie stets Kontakt zum Gesicht behält.

Die Einnahme der Ankerzonen kann gut im Spiegel kontrolliert werden. Wichtig ist, dass der Fokus auf den fixen Kontakt zu den jeweiligen Knochen gelegt wird und der Zug-Ellenbogen seine korrekte Position in der Schussebene oberhalb der Schulterlinie hat, bzw. beibehält (siehe im Kapitel *Technik* unter **Ankern**).

Wurde das „Ankern" gelernt (und gespürt), kann man nun das „Lösen" der Sehne simulieren.
Hierzu wird der Zug-Ellenbogen schnell nach hinten bewegt, sodass die Zug-Hand ans Ohr oder darüber hinaus über das Gesicht bzw. den Hals streift. Dabei werden die Finger entspannt und der Zug-Unterarm waagerecht bewegt (eingeklappt), sodass der Zug-Ellenbogen mehr oder weniger auf seiner Höhe verbleibt. Dies wird ein paar Mal geübt, bis man mit der Ausführung zufrieden ist.

Um zu simulieren, was vor dem Ankern geschieht bzw. wie man in die Kontaktzonen am Gesicht hineinrutscht, wird zunächst wieder geankert.
Dann wird der Zug-Unterarm parallel zum Boden nach vorne geschoben, bis der Zug-Ellenbogen in etwa vor der Nase liegt, ohne den Körper und schon gar nicht die Hüfte zu verdrehen. Von hier aus wird er wieder, ebenfalls waagerecht, nach hinten geschoben, die Zug-Hand gleitet an der Wange entlang, bis sie in die Ankerzonen rutscht (die Bewegung wird von den Schultermuskeln geführt).
Hat man dies ein paar Mal erfolgreich durchgeführt und im Spiegel unter Selbstbeobachtung kontrolliert, kann das „Lösen" nun hintendran gesetzt werden (dabei auf Zug-Ellenbogenposition und schnelle Bewegung achten).

ERLERNUNG DER BEWEGUNGEN AUF DER BOGEN-SEITE

Nun beginnen die Schritte (6 bis einschließlich Schritt 13), bei denen näher auf die Bogen-Seite eingegangen wird. Jeder einzelne Schritt fängt mit der Einnahme bzw. Kontrolle des stabilen Standes („Powerstellung“) an und wird so lange geübt, bis die Bewegung korrekt und kontrolliert durchgeführt werden kann.

Schritt 6: „Zum Ziel Schauen”

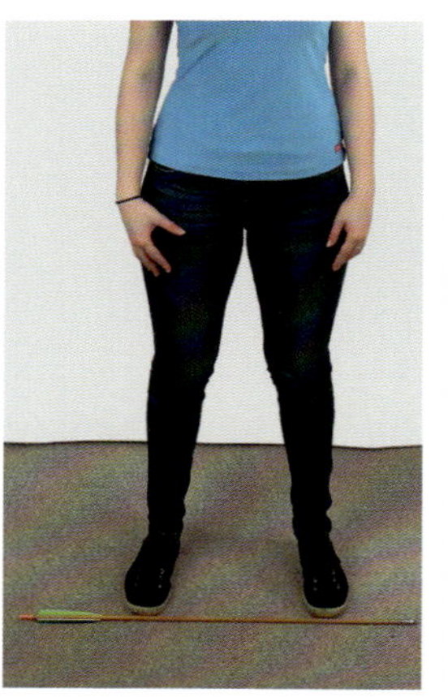

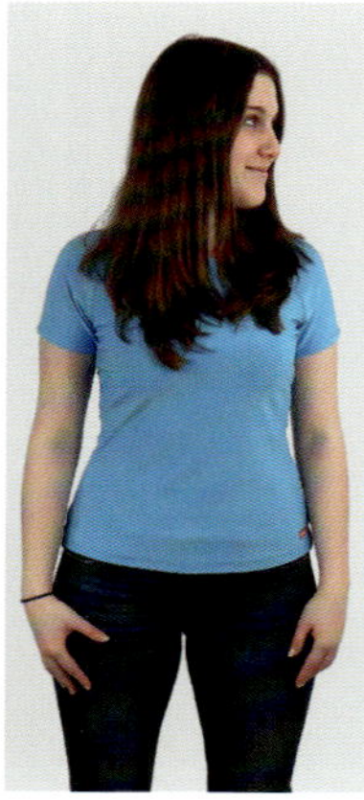

In diesem Schritt wird nach der Einnahme des Standes der Kopf gerade zum Ziel gedreht, während das Kinn auf gleicher Höhe bleibt.

Dabei kann die Selbst-Bewegungsanweisung *„Zum Ziel schauen“* laut ausgesprochen oder innerlich stumm vorgesagt werden. Dies erleichtert, sich später an die einzelnen Schritte beim Schießen zu erinnern.

Anschließend Ausrichtung des Körpers und des Kopfes im Spiegel kontrollieren.

Schritt 6: Powerstellung kontrollieren und Kopf gerade in Richtung Ziel drehen

Schritt 7: „Zum Ziel zeigen“

Schritt 6 wiederholen. Anschließend wird der gestreckte, nicht durchgestreckte, Bogen-Arm (inkl. Selbstanweisung) seitlich neben dem Körper bis auf Schulterhöhe gehoben und der Zeigefinger deutet auf das Ziel.

ACHTUNG! Im Spiegel kontrollieren, ob die Bogen-Schulter (Schulter auf der Bogen-Seite) tatsächlich unten geblieben ist. Das ist ein wichtiger gesundheitlicher Aspekt.

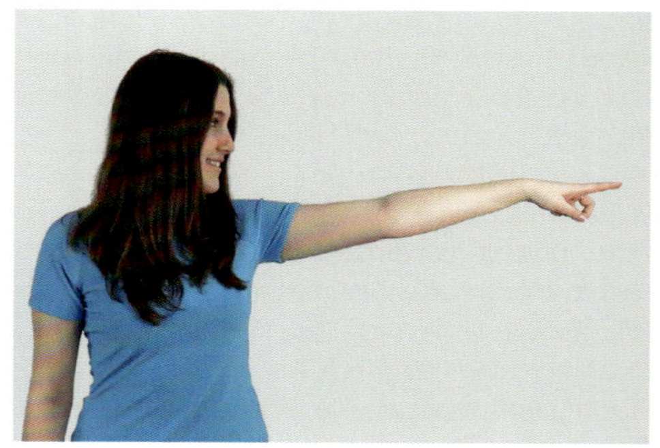

7: Die Bogen-Hand zeigt zum Ziel. Die Schulter bleibt tief.

Schritt 8: „Stopp-Zeichen“

Schritte 6 bis 7 wiederholen, dabei die Selbstanweisungen geben und die Bewegungsausführung im Spiegel bzw. durch Selbstbeobachtung kontrollieren.
Dann wird das Bogen-Handgelenk nach oben geklappt, sodass die Handfläche zum Ziel weist und dieses verdeckt. Die Finger sind dabei senkrecht ausgerichtet.

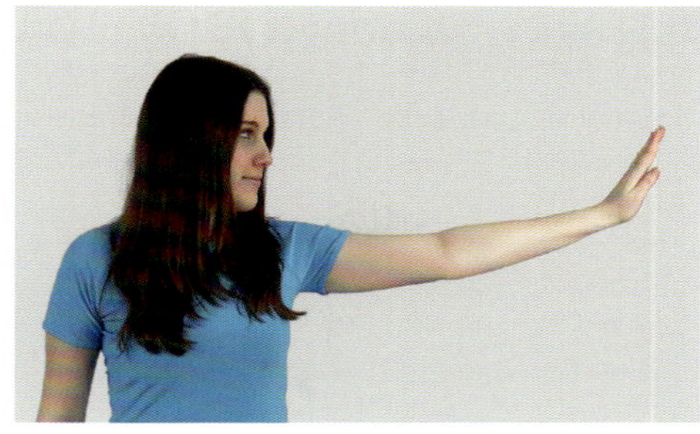

8: Die Bogen-Hand macht eine Stopp-Bewegung.

Schritt 9: „V bilden“

Schritte 6 bis 8 wiederholen, dabei die Selbstanweisungen geben und die Bewegungsausführung im Spiegel bzw. durch Selbstbeobachtung kontrollieren.
Nun wird der Daumen der Bogen-Hand von den anderen Fingern abgespreizt und die Bogen-Hand (bei Rechtshandschützen) nach links gedreht, sodass ein V (aus Daumen und Zeigefinger) entsteht und das Ziel durch das V hindurch wieder sichtbar wird.

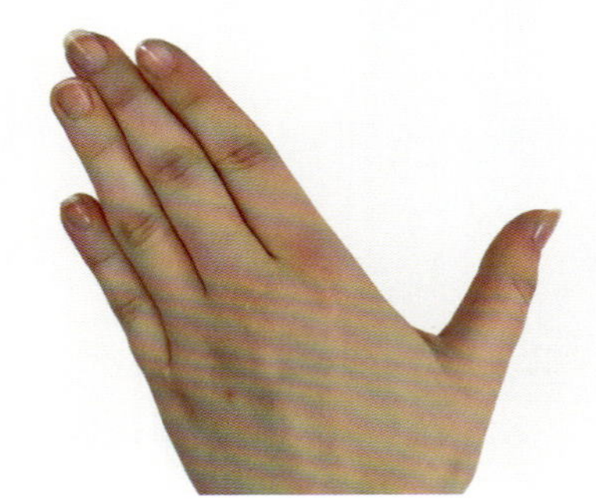

Schritt 10: „Bogen-Finger entspannen“

Schritte 6 bis 9 wiederholen, dabei die Selbstanweisungen geben und die Bewegungsausführung im Spiegel bzw. durch Selbstbeobachtung kontrollieren.

In der V-Stellung werden nun die Bogen-Finger entspannt, sodass die Fingerknöchelchen eine schräge Linie von ca. 45° zur Waagerechten und so das sogenannte *„Treppchen“* bilden.
Der Bogen-Daumen zeigt entspannt in Richtung Ziel.

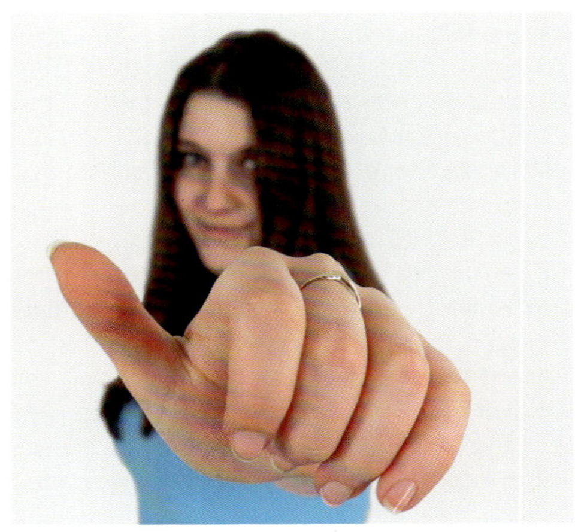

Schritt 10: Das „Treppchen“ der Bogen-Hand.

Schritt 11: Übungen für den Druckpunkt

Zieht der Schütze an der Sehne, wird der Bogen in die Hand gedrückt. Dieser Druckpunkt liegt zwischen Daumenballen und Lebenslinie in Verlängerung des Mittelfingers bzw. in Verlängerung der Speiche.

Um das zu simulieren, stellt man sich eine Armlänge entfernt z.B. an einem Türrahmen, einer Hausecke, einem dünnen Baum oder Ähnlichem auf und drückt die Bogen-Hand mit ausgestrecktem Arm und V gegen die Kante. Der Bogen-Arm bleibt dabei ganz steif, Arm und Schulterlinie bilden eine Einheit. Damit die Körperausrichtung gerade bleibt, sollte genau so viel in den "Bogen" gedrückt werden, wie später an der Sehne gezogen wird: 50% Zug zu 50% Druck.

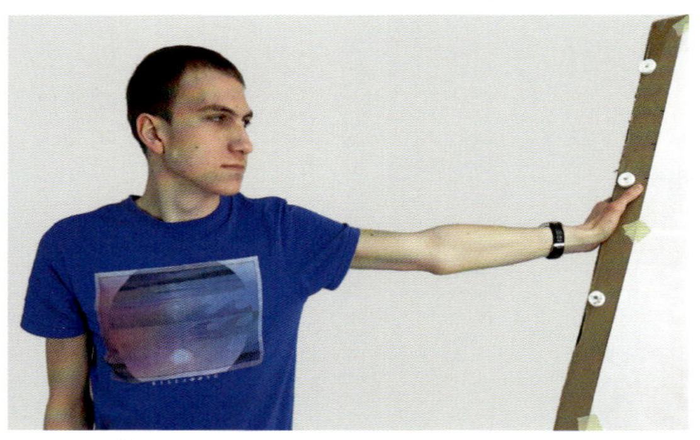

Schritt 11: Übung für den Druckpunkt der Bogen-Hand.

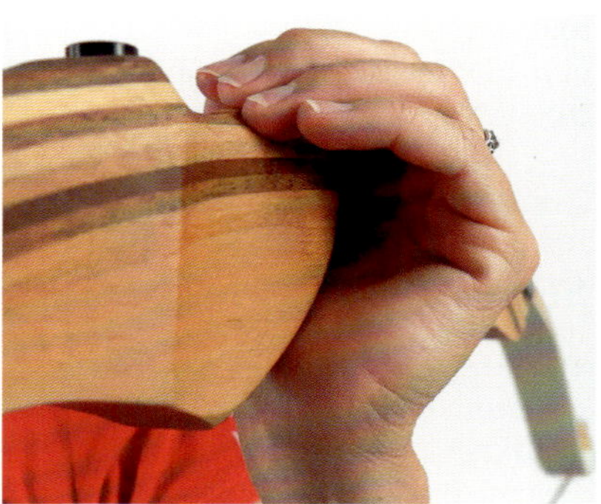

Zwischen Hand und Bogen ist Platz für einen Tischtennisball.

Schritt 12: Ellenbogen ausdrehen

Zur höheren Stabilität des Bogen-Arms bzw. damit die Sehne beim Lösen nicht auf die Innenseite des Ellenbogens knallt und schmerzhafte blaue Flecken verursacht, sollte die Bogen-Ellenbogenspitze auswärts gedreht werden, sodass die Ellenbogenbeuge senkrecht steht.

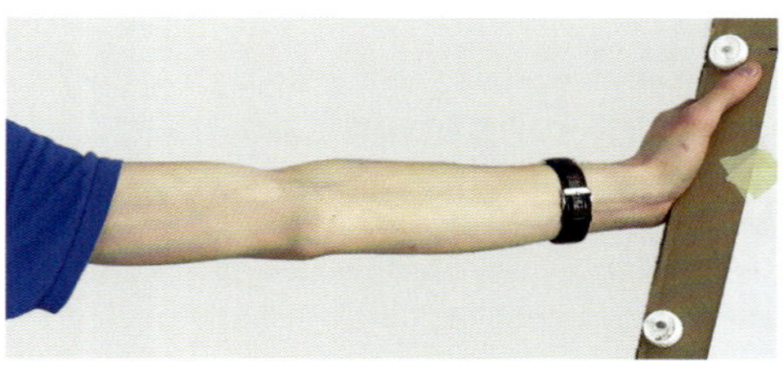

Übung für das Ausdrehen des Bogen-Ellenbogens.

Überprüfen, ob die Lage des Ellenbogens korrekt ist, kann man, indem der ausgestreckte Arm angewinkelt wird. Kommt die Hand am Schlüsselbein zu liegen, ist der Ellenbogen richtig.
Landet die Hand jedoch eher auf Kinn- bis Stirnhöhe oder sogar am Ohr, war er nicht oder zu wenig ausgedreht. Die Übung geht auch umgekehrt, indem die Bogen-Hand mit waagerechtem Unterarm auf das Schlüsselbein gelegt und dann der Arm aufgeklappt wird.

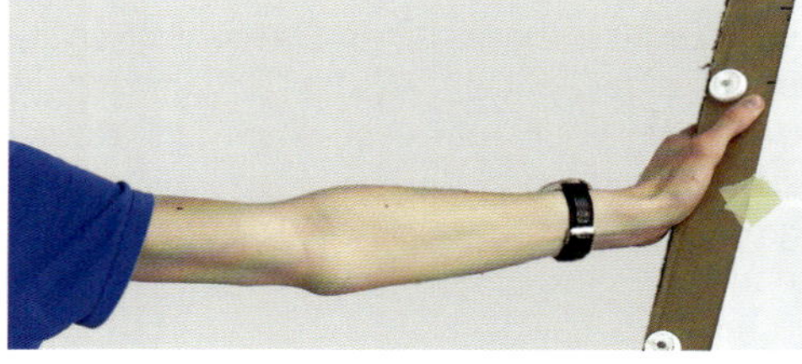

Schritt 13: Bogen-Schulter-Arretierung kontrollieren

Schritte 6 bis 10 wiederholen sowie Ellenbogen ausdrehen. Dabei sich selbst die Selbstanweisungen geben und die Bewegungsausführung im Spiegel kontrollieren.
Dann die Bogen-Schulter-Position kontrollieren, falls nötig, senken, sodass man im Gelenk ganz steif wird. Bogen-Arm und Schultern (bzw. Oberkörper) bilden eine Einheit!
Durch Hin- und Herbewegen des Armes kontrollieren. Lässt sich der Arm seitlich auslenken, ohne dass sich der Oberkörper mit bewegt, ist die Schulter nicht arretiert.

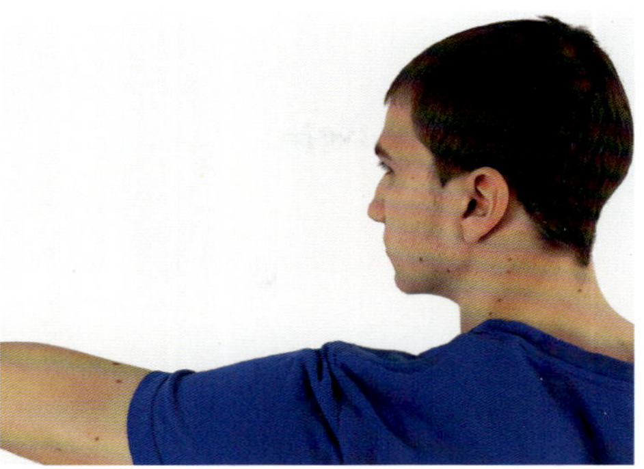

Eine tiefe, arretierte Schulter ist für die Stabilität des Schusses und Gesundheit des Schützen sehr wichtig.

Schritt 14: Übungen für den tiefen Haken

Der „tiefe Haken" ist erforderlich, damit die Sehne später ohne größere Beeinflussung in der Schussebene freigegeben werden kann. Hierzu ist das Greifen der Sehne mit Zeige-, Mittel- und Ringfinger im jeweiligen **ersten** Fingergelenk notwendig.
Das Handgelenk ist natürlich gestreckt und entspannt. Auch der Daumen und der kleine Finger sind so entspannt wie möglich (siehe im Kapitel *Technik*).

A: Zug-Finger mit geradem Handgelenk ausstrecken. Dann nur die Finger im ersten und zweiten Gelenk abwinkeln. Handgelenk und Finger-Grundgelenke bleiben gerade.
Anschließend mit der anderen Hand die gekrümmten Zug-Finger von vorne umschließen (fixieren) und durch leichte Bewegung im Zug-Handgelenk dessen Entspanntheit kontrollieren. Zusätzlich die Lockerheit des Zug-Daumens und kleinen Fingers kontrollieren.

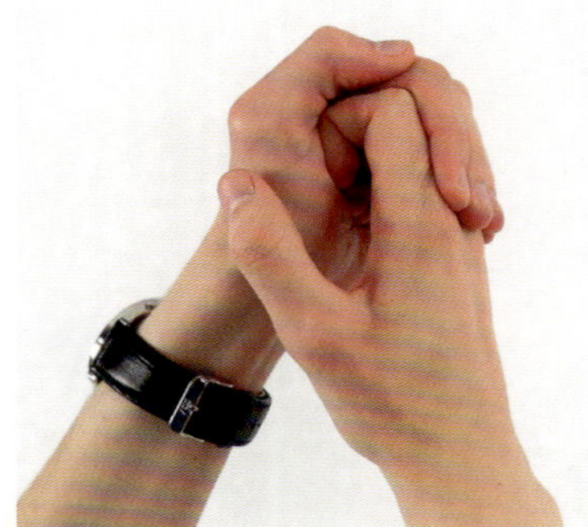

Übung A

B: Das schmale Hosengummiband, die Schnur oder das Schuhband als Sehnenimitation hernehmen und als Schlaufe in der Bogen-Hand halten.

Dann es mit den Zug-Fingern im ersten Gelenk greifen, mit leicht gestrecktem Handgelenk ziehen und dessen Lockerheit kontrollieren.

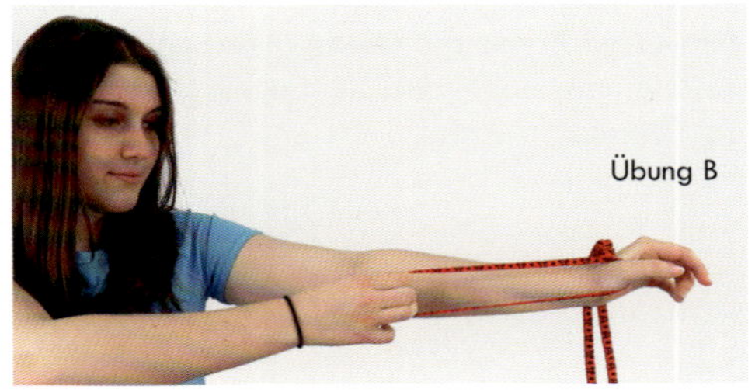

Übung B

Schritt 14: Übungen für den tiefen Haken

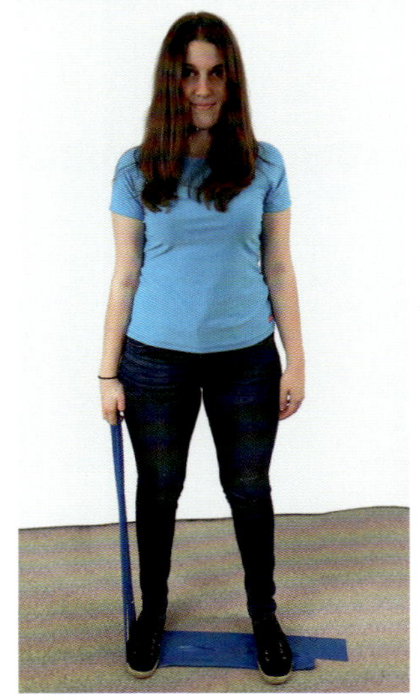

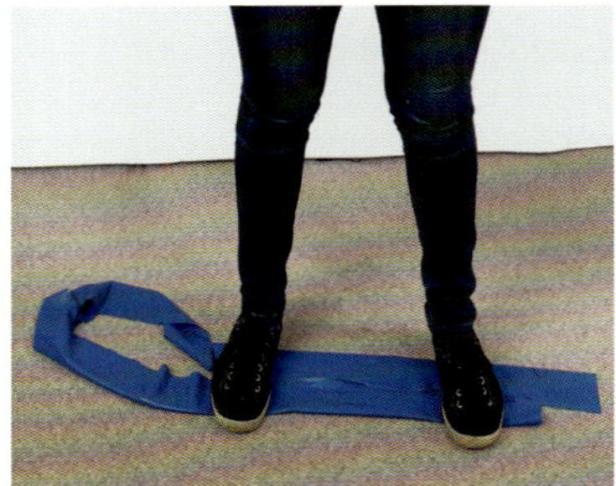

C: Ein Fitnessband mit den 3 Zug-Fingern halten und sich auf die Bandenden stellen, sodass die entstandene Schlaufe außen neben dem rechten Bein (bei Rechtshandschützen) liegt und einen Zug erzeugt (Schulter tief und entspannt).
Wieder die Lockerheit im Handgelenk, Daumen sowie kleinen Finger kontrollieren.
Dann die Zug-Finger entspannen, sodass das Band aus diesen heraus schnellt und die Hand, entspannt, mit natürlich gekrümmten Fingern am Bein zum Liegen kommt.

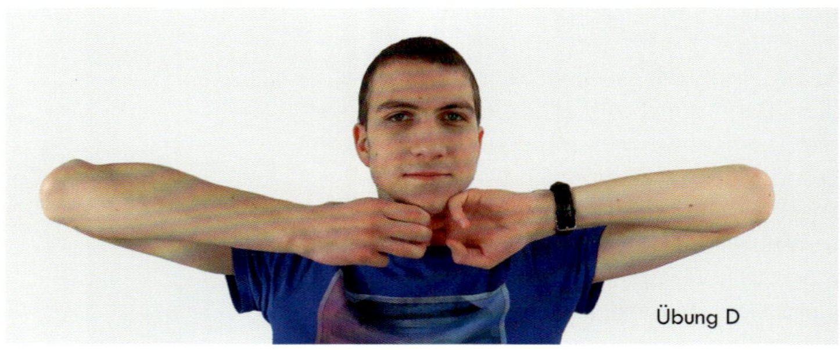

Übung D

D: „Tiefen Haken" mit der Zug-Hand bilden und in der anders herum gedrehten Bogen-Hand (ebenfalls mit tiefem Haken) einhängen.
Beide Hände mit gestreckten Handgelenken unter das Kinn geben, wobei die Ellenbogen auf oder leicht über der Schulterlinie sind.

ACHTUNG! Schultern tief lassen. Hände auseinander ziehen und die Finger dabei entspannen. Lockerheit in Hand- und Fingergelenken durch Spüren und Blick in den Spiegel kontrollieren.

WICHTIG!
Unterarme nicht drehen, sondern nur einklappen. Die Ellenbogen bleiben auf Schulterhöhe.

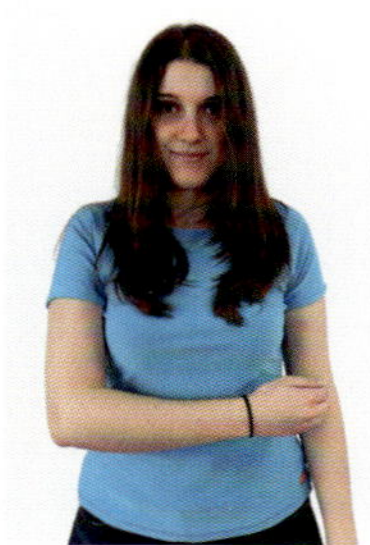
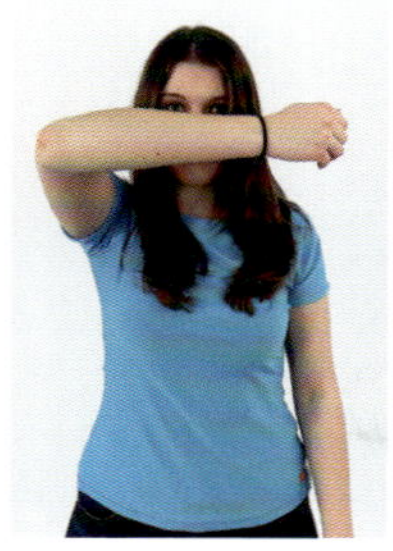
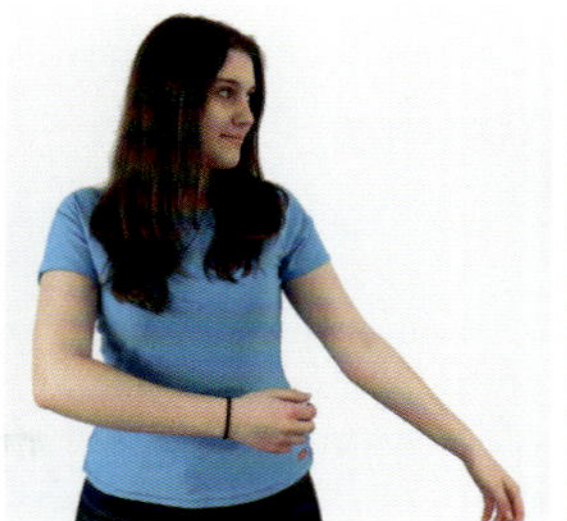
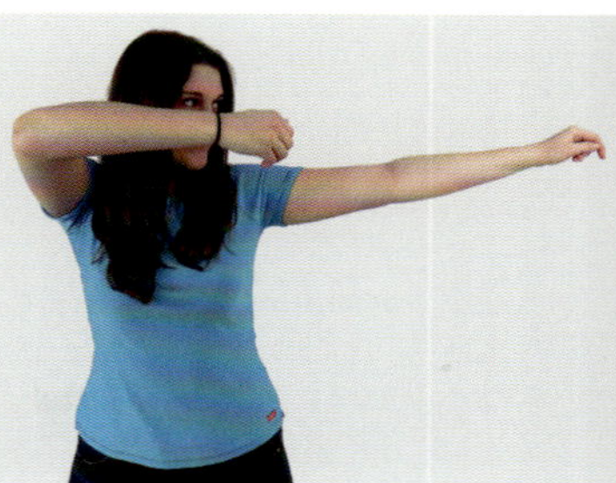

Schritt 15: Übung A

Übung B

Schritt 15: Übungen für das Heben

Beim Heben werden beide Arme zeitgleich gehoben. Der Zug-Unterarm wird nach dem Heben die Verlängerung des Pfeils.

A: Zug-Arm vor dem Körper anwinkeln, so, als ob er in einer Armschlinge liegen würde (rechter Winkel zwischen Ober- und Unterarm, Unterarm waagerecht).
Die Handfläche ist senkrecht (Daumen oben) und zeigt gerade hinter den Schützen (rückenwärts, an der linken Körperseite vorbei). Der Unterarm liegt am Bauch an. Nun wird der Unterarm nach oben geführt, bis er auf Nasenspitzenhöhe, waagerecht zum Liegen kommt.

ACHTUNG! Die Zug-Schulter sollte tief bleiben und die Handfläche zeigt weiterhin hinter den Schützen (rückenwärts) und verbleibt senkrecht. Der Bogen-Arm hängt entspannt neben dem Körper.

B: Übung wie A), nur dass nun auch der Bogen-Arm gehoben wird.
Beide Hände sind dabei annähernd auf gleicher Höhe (Zug-Hand etwas höher) und beide Schultern bleiben tief.

Schritt 16: Übung für das Ziehen der Sehne *bzw. Zug-Druck-Rotations-Phase:*

Das Fitnessband am Zug-Ellenbogen mit einer Doppelschlaufe einhängen und mit der Bogen-Hand festhalten. Bogen-Arm ausstrecken, sodass ein leichter Zug entsteht.
Ausgangssituation für diese Übung ist nach dem Heben, d.h. der Zug-Unterarm ist waagerecht auf Nasenspitzenhöhe, beide Schultern tief. Dann wird der Ellenbogen nach hinten geführt und die Bogen-Hand gleichzeitig in Richtung Ziel gedrückt.
Arretierung der Bogen-Schulter beibehalten!
Der Zug-Unterarm behält dabei sowohl seine Ausrichtung wie auch annähernd seine Höhe (Nasenspitze). Die Schulterlinie (von oben gesehen) rotiert dabei um die Wirbelsäule. Im Spiegel alles gewissenhaft kontrollieren.

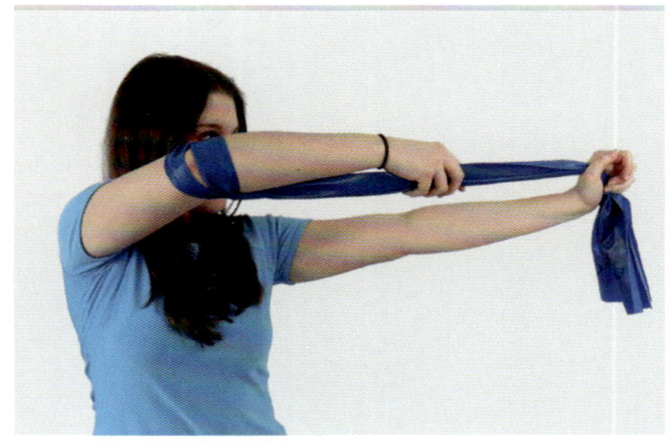

Schritt 16: Übung für die Zug-Druck-Rotationsphase.
Sie soll verdeutlichen, dass das Ziehen aus der Zug-Schulter, dem Zug-Oberarm und dem Zug-Ellenbogen kommt.
Das Zug-Handgelenk bleibt dabei völlig entspannt.

Schritt 17: Übungen für das Ankern

Zur Erinnerung (siehe *Schritt 5*): Als **Ankern** wird die Einnahme von Referenzzonen im Gesicht bezeichnet. Das Wort „Anker" soll verdeutlichen, dass die Zug-Hand ihre Kontaktzonen, sobald fix eingenommen, erst im Moment des Lösens verlässt. Auf keinen Fall vorher!

Nur wenn diese immer gleich sind, ist ein konstantes Trefferbild möglich. Um selbst minimale Abweichungen zu verhindern, ist die Einnahme von 4 Zonen günstig:

- *Der Zug-Daumen liegt unter dem Unterkiefer.*
- *Die entspannte Zug-Hand hängt sich mit der großen Schwimmhaut hinter dem Kiefer satt ein.*
- *Das Zeigefinger-Grundglied liegt waagerecht unten am Jochbein an.*
- *Die Zeigefingerspitze kommt bei gestrecktem, entspanntem Handgelenk und tiefem Haken automatisch am Mundwinkel zum Liegen.*

Folgende Übungen können helfen einen konstanten „Anker" zu finden:

A: Ankerzonen mit Hilfe ***optischer Kontrolle*** im Spiegel suchen. Zug-Hand immer wieder vom Gesicht lösen und erneut die Ankerposition einnehmen.

B: Ein ***elastisches Band*** (z.B. dünnes Hosengummiband, Fitnessband oder Ähnliches) als Schlinge oder Ring in der Bogen-Hand halten, mit den Zug-Fingern im ersten Gelenk greifen, den Bogen-Arm Richtung Ziel strecken und die Zug-Hand, Zug-Unterarm waagerecht auf Höhe der Nasenspitze, nach hinten zu den Ankerzonen bringen.

ACHTUNG! Bewegung wird vom Ellenbogen, Oberarm bzw. von der Schulter geführt und der Unterarm bleibt während der Zugbewegung annähernd waagerecht, über Schulterhöhe.

C: Übung wie B, doch diesmal liegt der Fokus auf der ***Ausrichtung*** der parallel verlaufenden Gummischnüre der Schlinge. Liegen sie fast senkrecht übereinander, ist die Ausrichtung der Zug-Hand korrekt. Dies ist wichtig, damit später beim Schießen mit Pfeil und Bogen keine Drehkräfte auf die Sehne übertragen werden.

Außerdem verringert es die Gefahr, dass der Pfeil von der Auflage fällt.

ACHTUNG! Sind die Ankerzonen eingenommen, werden sie bis zum Lösen der Sehne beibehalten.

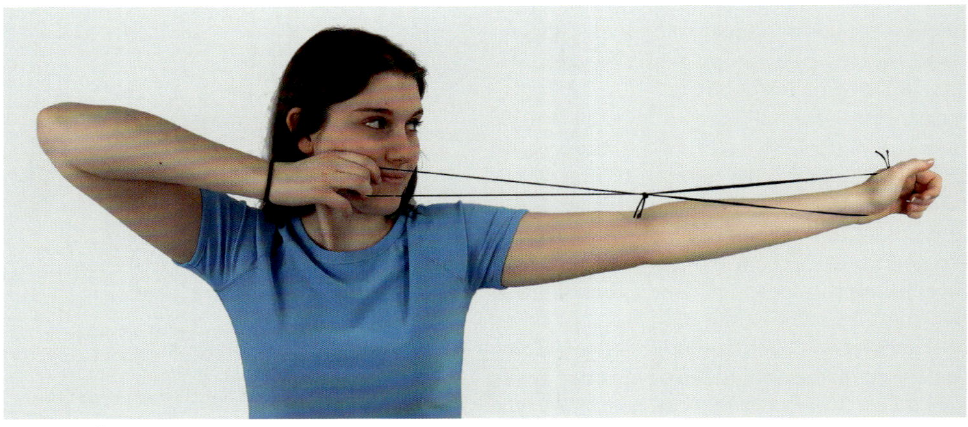

Schritt 17: Übung für das Ankern mit dünnem Gummiband.

Schritt 18: Dreiteilige Pfeilübung für Heben, Ankern und Zug-Druck-Rotationsphase

Diese Übung ist zum Vertiefen einiger der bereits erlernten Schussablauf-Details. Sie wird mit Hilfe eines Pfeils oder dünnen Stabes durchgeführt. Zur besseren Selbstkontrolle kann man sie vor einem Spiegel machen.

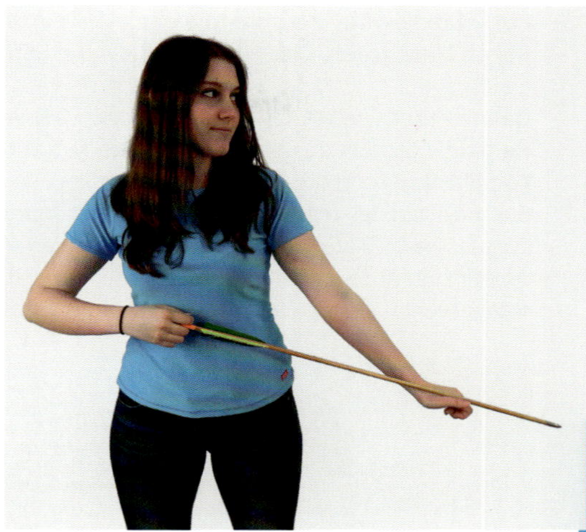

Teil 1: Untere Vorbereitung.

Teil 1: Übung zur Simulation des Hebens
Einen Pfeil oder einen dünnen Stab (ca. 90 cm lang) an der Pfeilnocke bzw. am hinteren Ende zwischen Zug-Zeigefinger und -Mittelfinger (an den Mittelgliedern) einklemmen.
Damit werden der tiefe Haken und der mediterrane Griff simuliert.

Der Pfeilschaft wird auf die Bogen-Hand in das V gelegt. Das V wird vom Mittelhandknochen des Zeigefingers und Daumen bzw. der großen Schwimmhaut gebildet.
So die Hebephase bzw. deren Ausgang (obere Vorbereitungsphase) immer wieder vor dem Spiegel üben und kontrollieren:

- *Zug-Unterarm und Pfeil waagerecht und auf Höhe der Nasenspitze?*
- *Zug-Hand liegt ungefähr beim Bogen-Ellenbogen?*
- *Treppchen der Bogen-Hand?*
- *Bogen-Ellenbogenbeuge senkrecht?*

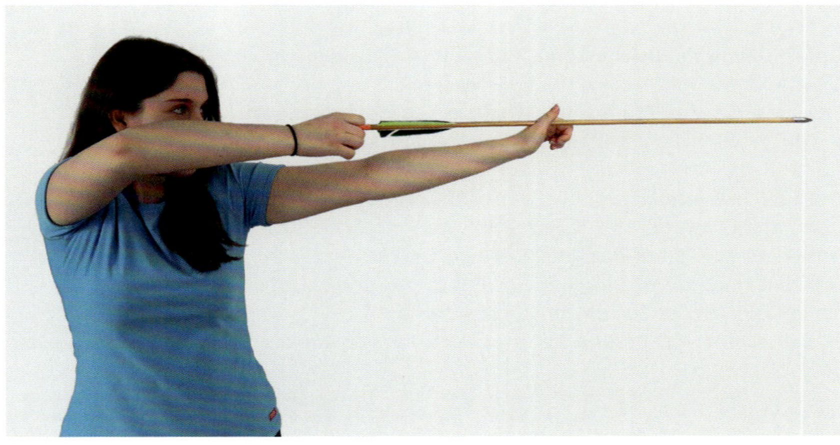

Nach dem Heben und Kontrollieren.

Schritt 18 **Teil 2: Übung für das Finden der Ankerzonen mit tiefem Haken**

Pfeil zwischen Zug-Zeige- und Mittelfinger einklemmen und Schaft auf die große Schwimmhaut der Bogen-Hand legen. Den Pfeil bzw. die Arme in die obere Vorbereitungsphase heben (*Teil 1*).

Dann immer wieder den Zug-Ellenbogen mit waagerechtem Unterarm zurückführen, bis die Zug-Hand ans Gesicht zu den 4 Ankerzonen kommt.
Zug-Ellenbogen sollte dann hinter dem Pfeil sein, d.h. beide die gleiche Ausrichtung haben. Übung durchführen, bis die Ankerzonen fast automatisch gefunden wird.
Zusatz: Beim Seitenanker bleibt der Unterarm während des Nachhintenführens auf seiner Höhe (Nasenspitze). Beim Unterkinnanker senkt er sich ab, bleibt aber trotzdem auch mehr oder weniger waagerecht. Die Zug-Hand kommt dann von unten an die Ankerzone (siehe im Kapitel *Technik*).

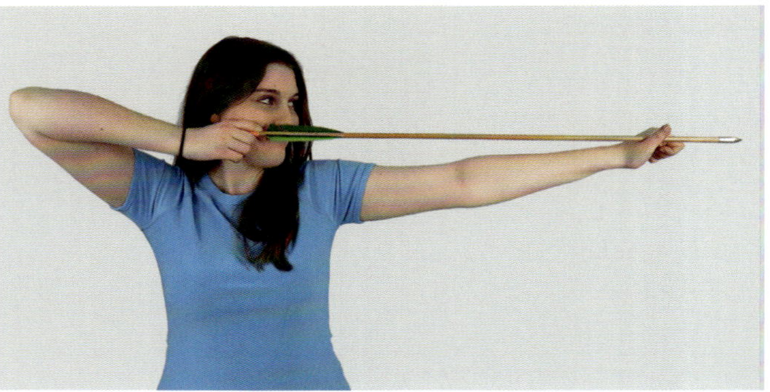

Teil 2: Ankerzonen im Gesicht wiederfinden.

Teil 3: Übung für gleichmäßige Zug- und Druckbewegung
(Zug-Druck 50-50% +Rotation der Schulterlinie)
Pfeil zwischen Zug-Zeige- und Mittelfinger einklemmen und Schaft auf die große Schwimmhaut der Bogen-Hand legen.

Den Pfeil bzw. die Arme in die obere Vorbereitungsphase heben. Dann immer wieder die Zug-Druck-Rotationsphase simulieren, wobei der Fokus auf das gleichmäßige ***Drücken in Richtung Ziel*** und das ***Zurückbringen des Zug-Ellenbogens***, unterstützt durch die Rotation in der Schulterlinie, gelegt wird.
Es sollte eine auf beiden Seiten gleichmäßige, harmonische Bewegung sein.

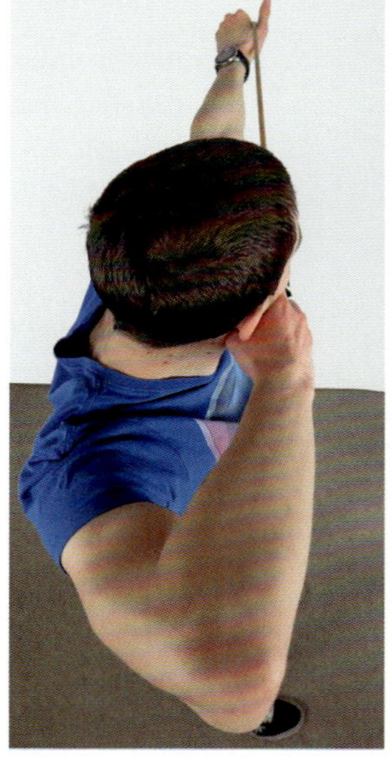

Teil 3: Gleiche Intensität in der Zug- und der Druckbewegung. Übertreiben am Anfang des Übens hilft ein besseres Gespür dafür zu bekommen.

Schritt 19: Übungen für das Lösen der Sehne sowie den gesamten Schussablauf

Beim Lösen der Sehne werden die Zug-Finger entspannt. Dies ermöglicht ein Aufschnellen der Finger durch die Sehne, so dass diese keine Ablenkung erfährt und den Pfeilflug so wenig wie möglich negativ beeinflusst. Nach dem Lösen behält der Rest des Körpers die zuvor aufgebaute Spannung bei.

ACHTUNG! Ohrringe und Piercings im Gesicht entfernen, Handgelenksschmuck (z.B. Armbänder, Uhr) sowie lange Halsketten, Schals usw. ablegen (siehe im Kapitel *Sicherheitsregeln für den Bogensport*).

A: Schritt 14 D wiederholen.
B: Ein Fitnessband in der Mitte mit den 3 Zug-Fingern halten und auf den Band-Enden stehen, sodass es außen neben dem (bei Rechtshandschützen) rechten Bein liegt und einen Zug erzeugt; Schulter tief und entspannt.
Wieder die Lockerheit im Handgelenk und dem Daumen sowie kleinen Finger kontrollieren. Anschließend versuchen die Zug-Finger einfach zu entspannen. Das Fitnessband fällt zu Boden, die Finger nehmen ihre natürliche Krümmung ein und liegen am Bein an. Übung erweitern, indem man das lockere Lösen durch direkte Beobachtung kontrolliert oder durch Ausführung mit geschlossenen Augen erspüren lernt.
C: Ist noch Spannung in Fingern und Handgelenk spürbar, hilft folgende Übung:
Die Zug-Finger (Zeige-, Mittel-, Ringfinger) werden in den nach oben ausgestreckten Bogen-Daumen als Sehnenersatz eingehängt. Dann wird der Daumen weggezogen und die Zug-Finger wie auch das Zug-Handgelenk sollten ganz entspannt sein.

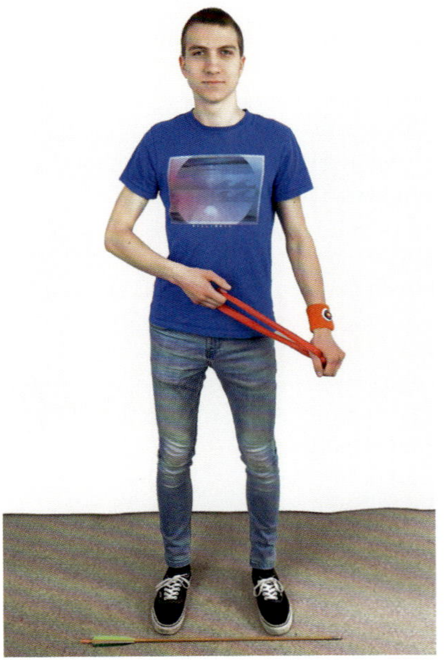

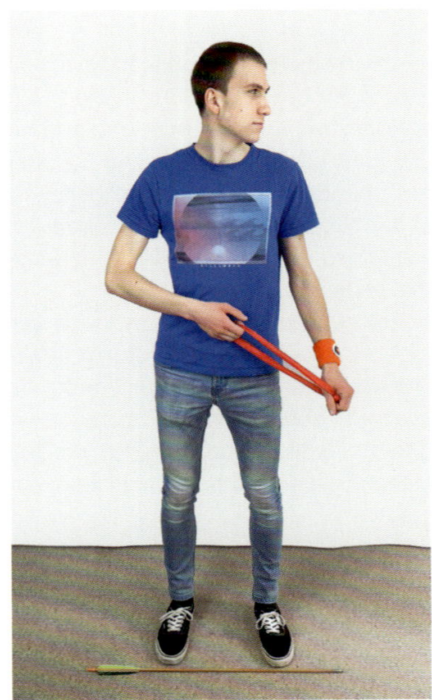

Schritt 19:

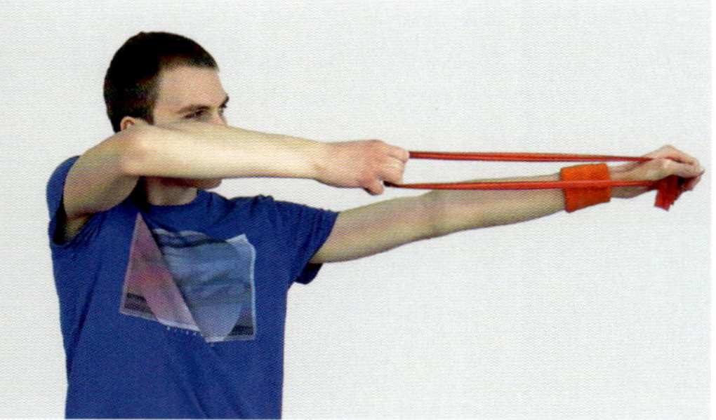
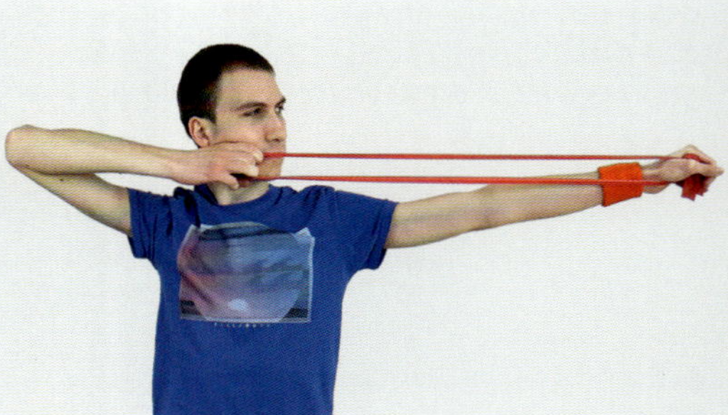

Schritt 19 E: Üben des Schussablaufes durch Zusammensetzen von Teilelementen.

D: Die Zug-Hand wird an die Ankerzonen gebracht. Anschließend wird der Zug-Ellenbogen ruckartig nach hinten geführt. Diese Übung kann mit der vorhergehenden kombiniert werden, indem die Zug-Finger in den Bogen-Daumen eingehängt werden. Fokus liegt hierbei wieder auf den entspannten Zug-Fingern, dem permanenten Kontakt zum Gesicht oder Hals und dass der Zug-Ellenbogen weitgehend seine Höhe behält.

E: Das Fitnessband wird auf der Bogen-Innenhandfläche so überkreuzt und eventuell etwas eingedreht, dass die entstandene Schlinge ca. 30 cm lang ist (Alternative: einen dünnen Gummibandring nehmen).

Nun wird das Band in der Bogen-Hand so gehalten, dass es ohne zu greifen im Druckpunkt liegt und mit den Zug-Fingern im ersten Fingergelenk eingehakt wird. Dann wird der Stand sorgfältig eingerichtet, der Kopf zum Ziel gewendet und anschließend beide Arme parallel gehoben.
Danach wird kontrolliert, ob die Bogen-Schulter tatsächlich tief und arretiert geblieben ist, die 45° („Treppchen") bei den Bogen-Hand-Knöchelchen zu sehen ist, der Bogen-Ellenbogen ausgedreht wurde und der Zug-Unterarm waagerecht auf Nasenspitzenhöhe ist.
Anschließend wird der Zug-Ellenbogen zurückgeführt, während gleichzeitig die Bogen-Hand in Richtung Ziel gedrückt wird.
Nach Erreichen der Ankerzonen bzw. nach dem Linie-Bilden von Fitnessband und Zug-Unterarm („Vollauszug") wird gezielt, d.h. der Punkt angeschaut, welcher man treffen möchte (vorzugsweise das Zentrum des Ziels/Dämpfers auf Schulterhöhe).
Dann wandert der Fokus auf das Entspannen der Zug-Finger. Nach dem Lösen des Fitnessbandes bleibt die Spannung im Körper erhalten, die Zug-Finger kommen entspannt an der Wange bzw. am Ohr zum Liegen und die Ellenbogenspitze bleibt ca. auf Schulterhöhe.

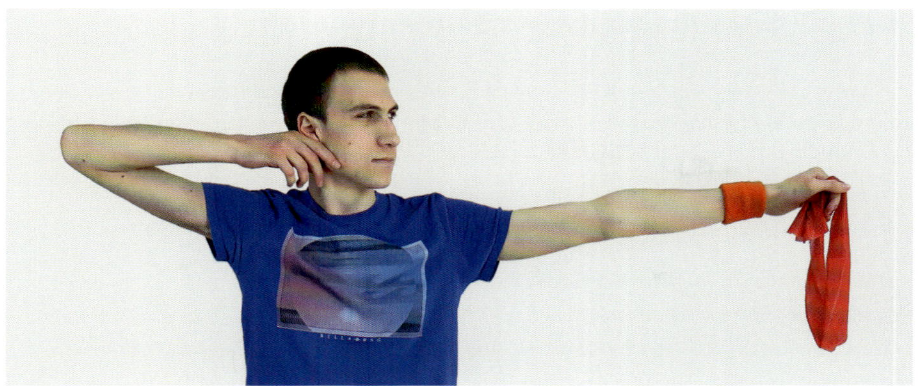

F: Übung wie zuvor, jedoch mit **Schlüsselwörtern** arbeiten:

Füße positionieren
Zug-Finger und Bogen-Hand einrichten
Stand
Zum Ziel schauen
Heben
Kontrolle
Zug-Druck-Rotation
Ankern
Vollauszug
Zielen
Zug-Finger entspannen

G: Für besonders ehrgeizige Anfänger kann die Übung *E* nach einer Weile erweitert werden. Hinzu käme nach dem „Vollauszug" und „Zielen" die „Spannungserhöhung", d.h. die Fortführung von Zug, Druck und Rotation, wobei die Schultern weit werden, ca. 2–5 mm pro Seite.

ACHTUNG! Die Ankerzonen dabei nicht verlassen (Kontrolle im Spiegel).
Durch die Spannungserhöhung sollten das "Lösen"/ „Entspannen der Finger" automatisch passieren.

Zum Schluss käme noch das **NACHHALTEN**: Eine natürliche Reaktion auf die „Spannungserhöhung", eine kurze Phase, in der man sich nicht bewegen kann, weil die Spannungen im Körper noch immer vorhanden sind.

Nach dem Nachhalten kommt das
ANALYSIEREN:
Wie war der Schussablauf?
Wie hat er ausgesehen?
Wie hat er sich angefühlt?

WICHTIG! Noch keine Trefferanalyse (beim Üben mit Bogen). Es ist egal, wo der Pfeil auf den Dämpfer trifft.

Schritt 20: Sicherheitsbewusstsein entwickeln

Bevor man eine Bogensportausrüstung in die Hand nimmt, ist es wichtig, sich über die Sicherheitsaspekte beim Umgang mit Pfeil und Bogen im Klaren zu sein, um nicht sich selbst oder andere zu gefährden. Daher **unbedingt** das Kapitel 1 *Sicherheit* durchlesen und ernst nehmen.

DAS WICHTIGSTE ZUSAMMENGEFASST:

Jeder Bogen kann töten, auch ein Kinder- und Anfängerbogen!

Selbst ein Anfängerbogen von 20 Pfund Zugstärke kann über 100 Meter weit schießen.

Nur den Pfeil einnocken und den Bogen aufziehen, wenn alle ***hinter der Schusslinie*** oder ***hinter dem Pflock sind!***

Beim Pfeileholen stets ***seitlich*** an die Scheibe herantreten.

Beim Ziehen darauf achten, dass ***niemand*** direkt ***hinter*** den Pfeilnocken ist.

Pfeile, die am Boden vor der Scheibe liegen, ***zuletzt*** nehmen.

Zum Schießen keine weite Oberbekleidung, Schals oder Schmuck tragen!

Solange man am Parcours Pfeile sucht, ***deutlich*** das Ziel markieren! Z.B. mit Rucksack, Jacke oder auffälligen Dingen wie Fitnessband.

Niemals gegen die Parcoursrichtung gehen!

Niemals ohne Pfeil die Sehne lösen! Dies kann zum Bruch des Bogens und zu Verletzungen, vor allem am Kopf und am Arm, führen.

Die gesamte Ausrüstung, vor allem Bogen inklusive Sehne und Pfeile ***regelmäßig*** auf Mängel kontrollieren!

Vor dem Training ***immer*** aufwärmen!

Ein Verein bietet eine sichere Trainingsumgebung und Hilfestellung für Anfänger. Einen Verein in der Nähe finden – siehe Linkliste im Anhang.

Schritt 21: Fachausdrücke wiederholen

Die Basisfachausdrücke das Material betreffend werden wiederholt (siehe auch unter *Glossar*).

Schritt 22: Materialaufbau und Anpassung

Wer die Möglichkeit hat, mit einem Leichtbogen, das heißt mit maximal 20 Pfund Zuggewicht bei Erwachsenen, zu üben, kann dies nach den vorangegangenen Übungsschritten tun.
Zunächst wird die Ausrüstung aufgebaut.
Bei zerlegbaren Bögen auf die korrekte Wurfarmausrichtung achten: oben, unten, vorne, hinten. Ausschließlich mit einer Spannschnur oder in manchen Vereinen vorhandenen festen Spannvorrichtung aufspannen.

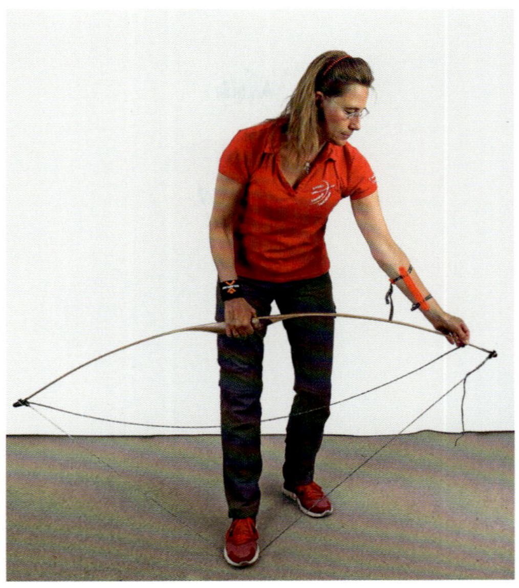

Anschließend wird alles kontrolliert:
Liegt die Sehne gut in der Bogennocke?
Sind die Pfeile in Ordnung, sind sie lang genug?
Vorsicht bei Verwechslung von Pfeilen!
Halten die Pfeilnocken gut an der Sehne?
Wenn nicht, die Sehne mit Klebeband versehen.
Ist der Nockpunktfixator an der richtigen Stelle? (ca. 0,5–1,5 cm über der Waagerechten ausgehend von der Pfeilauflage bzw. Shelf)
Stimmt die Aufspannhöhe?

Anschließend wird der Armschutz an den Bogen-Unterarm angelegt, sodass die Innenseite geschützt ist. Bei Bedenken, den Bogen-Ellenbogen betreffend, unbedingt einen langen Armschutz verwenden, der über dieses Gelenk geht.
Dies gilt auch, wenn man sich mehr als einmal die Sehne an den unteren Teil der Ellenbogenbeuge schnalzt, weil vergessen wurde, den Ellenbogen auszudrehen.
Fingerschutz ist auch bei einem Anfängerbogen, der nie mehr als 20 Pfund haben sollte, sinnvoll. Allerdings sollte man die ersten Schüsse ohne machen, da man so eine bessere Kontrolle über die Zug-Finger, d.h. den tiefen Haken und die Platzierung an der Sehne, hat.

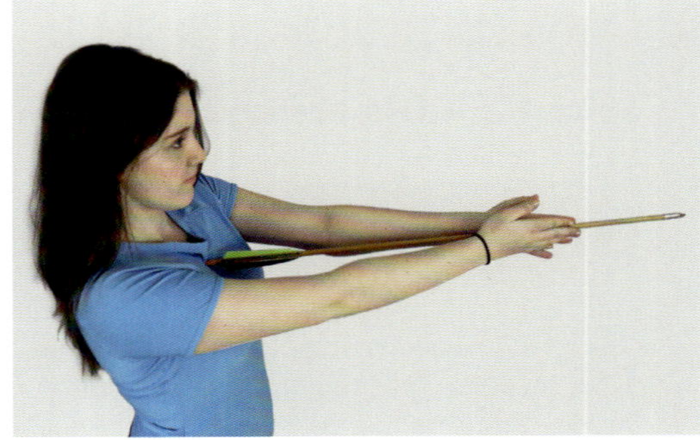

Die Pfeilspitze sollte bei dieser Messmethode wenigstens 2 Zoll (ca. 5 cm) aus den Fingern des Anfängers herausschauen.

Anschließend wird der Köcher angelegt. Handelt es sich um einen Seitenköcher, sollte der Rechtshandschütze ihn auf der rechten Seite anbringen.

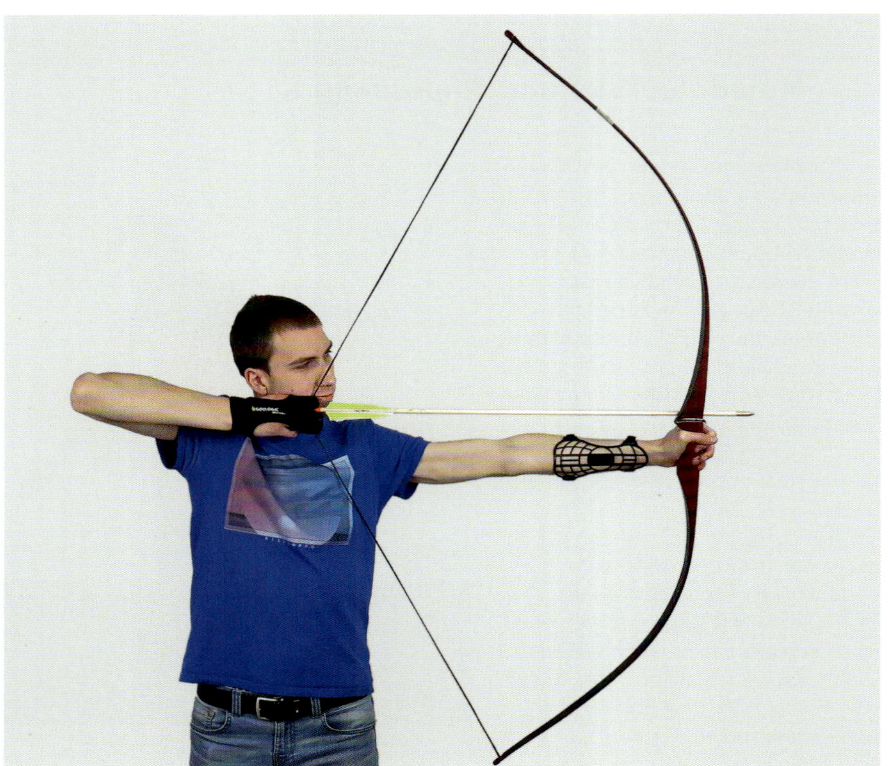

Schritt 23: Schon bei den ersten Schüssen ist es wichtig, dass der Schütze sich selbst kontrolliert und korrigiert.

Schritt 23: Die ersten Schüsse mit dem Bogen

ACHTUNG! Nur in einer gesicherten Umgebung schießen! Eine Hecke ist **kein** Pfeilfang.
Pfeile, die auf eine Betonwand auftreffen, können ungebremst zurückkommen. Sie können durch Fensterglas dringen oder über hundert(e) Meter weit fliegen.
Nur auf eine sachgemäße Zielscheibe (Dämpfer) schießen! Mit weichem Backstopp dahinter, z.B. ein locker aufgehängtes Pfeilfangnetz.
Immer die Sicherheitsregeln beachten!

Ist die Sicherheit gewährleistet, stellt sich der Schütze ca. 3–5 m vor die leere Zielscheibe/Dämpfer, d.h. ohne Auflage.

Zur Vereinfachung kann er sich eine Schusslinie als Markierung ziehen, über der er stehen kann. Nach dem Positionieren der Füße wird der Pfeil mit zwei Fingern aus dem Köcher genommen und unterhalb des Nockpunktfixators eingenockt. Der Pfeil zeigt stets zum Boden oder zum Ziel. Die Leitfeder schaut dabei weg vom Bogen, rückenwärts.
Dann werden die Zug-Finger eingerichtet. Der Zeigefinger liegt über dem Pfeil an der Sehne, Mittel- und Ringfinger unterhalb. Nun kann man üben wie in Schritt 19 D, E und F.
Von Vorteil wäre es, schräg vor sich ca. 20–30 cm vom Bogen-Arm entfernt auf der rechten Seite bei Rechtshandschützen einen Spiegel auf einem Stativ zu haben, um sich auch hier sorgfältig bei der Ausführung kontrollieren zu können.

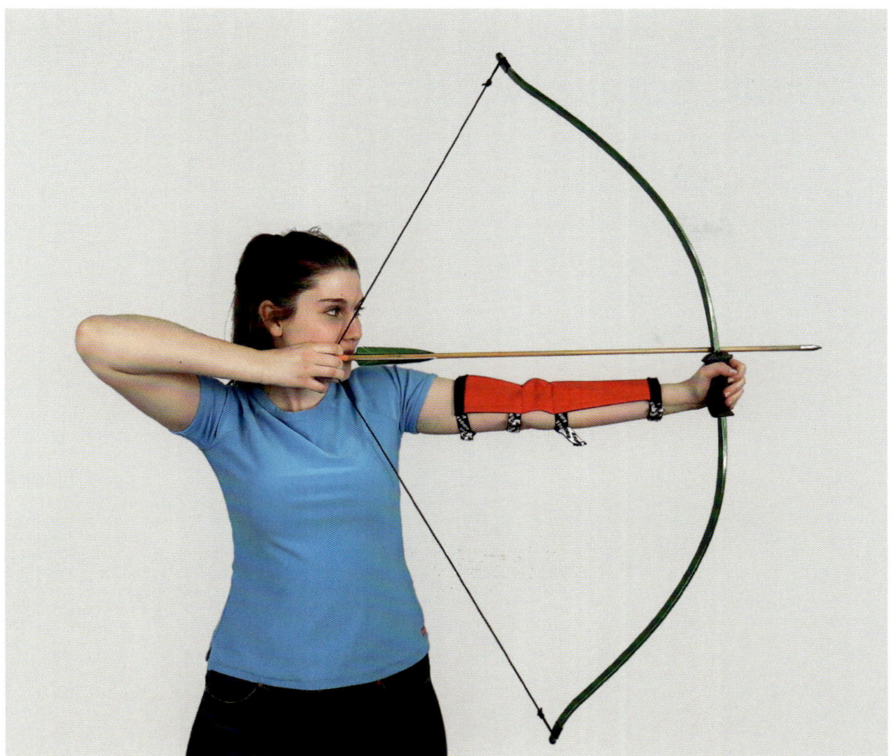

Die ersten Schüsse mit einem ***sehr*** leichten Bogen (ca. 7–10 Pfund) durchführen zu lassen, lässt dem Anfänger genügend Kraft und Zeit, um sich auf jedes Teilelement konzentrieren zu können.

Schritt 24: Positives Aufhören

Jedes Üben oder Training sollte mit einem positiven Gefühl beendet werden.
D.h. dies kann ein besonders guter Treffer oder ein gutes Schussgefühl sein, auch simuliert mit Fitnessband.
Spaß macht es auch, sich nach dem eigentlichen Üben einen Luftballon auf den leeren Dämpfer zu hängen und aufzuhören, wenn dieser vom Pfeil zerplatzt worden ist.
Günstig wäre es, wenn man sich jetzt schon überlegt, worauf man sich das nächste Mal, wenn der Übungsbogen oder das Fitnessband in die Hand genommen wird, konzentrieren möchte, z.B. den Stand, das Heben, das Lösen usw., und sich dieses notiert.

Mehr als 400 weitere Übungen zum Erlernen, Kontrollieren und Festigen des Schussablaufes siehe DAS GROSSE BUCH VOM BOGENSPORT.

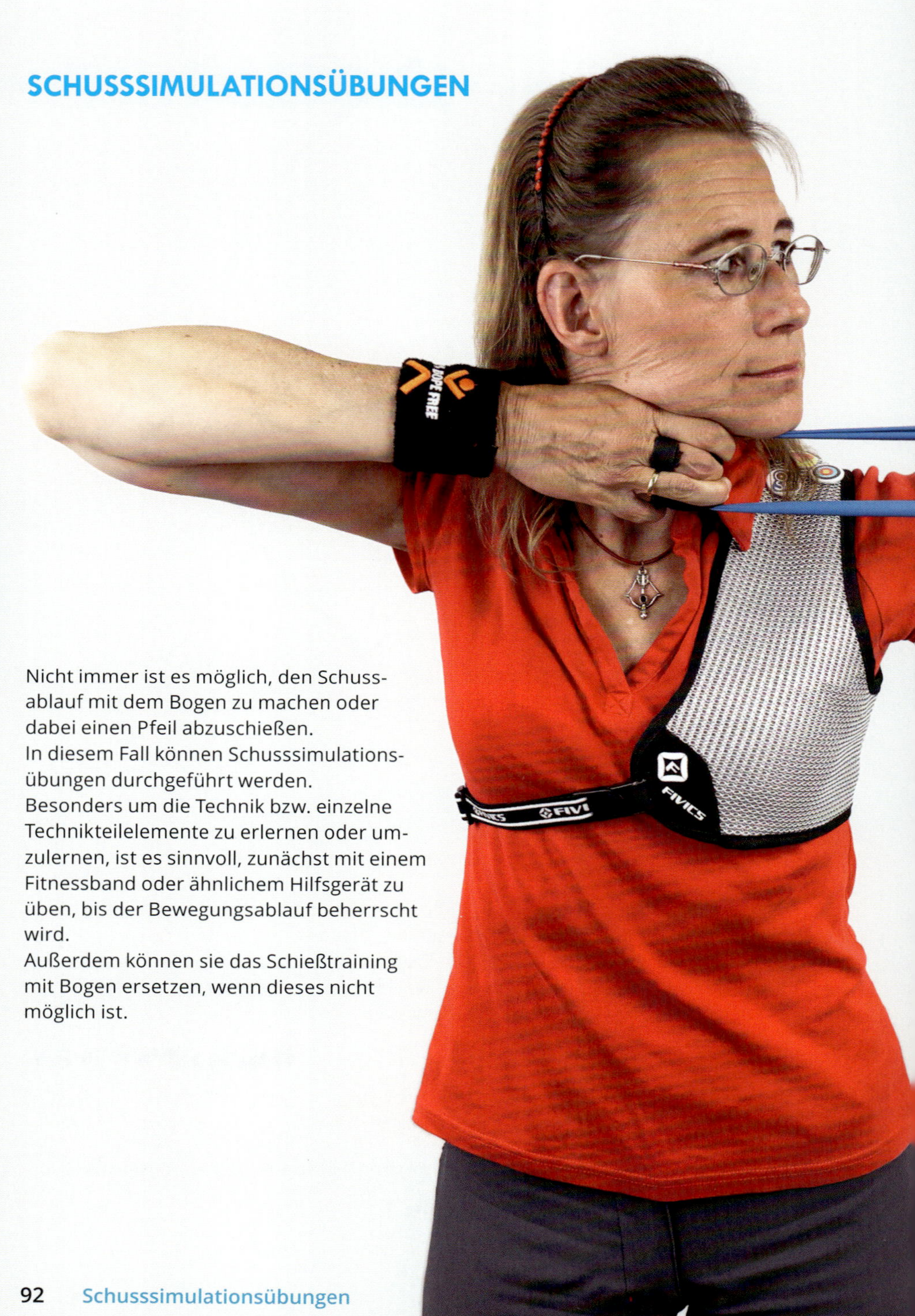

SCHUSSSIMULATIONSÜBUNGEN

Nicht immer ist es möglich, den Schussablauf mit dem Bogen zu machen oder dabei einen Pfeil abzuschießen.
In diesem Fall können Schusssimulationsübungen durchgeführt werden.
Besonders um die Technik bzw. einzelne Technikteilelemente zu erlernen oder umzulernen, ist es sinnvoll, zunächst mit einem Fitnessband oder ähnlichem Hilfsgerät zu üben, bis der Bewegungsablauf beherrscht wird.
Außerdem können sie das Schießtraining mit Bogen ersetzen, wenn dieses nicht möglich ist.

MIT FITNESSBAND

Am einfachsten lässt sich der Schussablauf mit Hilfe eines elastischen, geschlossenen Bandes, Schlauches, Schlaufe, Schlinge oder Rings durchführen.
Die Länge auf leichtem Zug sollte dann ca. der Aufspannhöhe entsprechen.
Diese Methode ermöglicht es, eine gute Simulation des Schussablaufes durchzuführen, vor allem auch die Bogen-Hand betreffend. Diese kann dadurch während des Übens spannungsfrei bleiben, d.h. auch das Halten im Druckpunkt, das Einrichten der Bogen-Handknöchelchen von 45° (Treppchen) und das mittlere Handgelenk mit entspannten Bogen-Fingern sind möglich. Das macht die Simulationsübung noch effektiver.

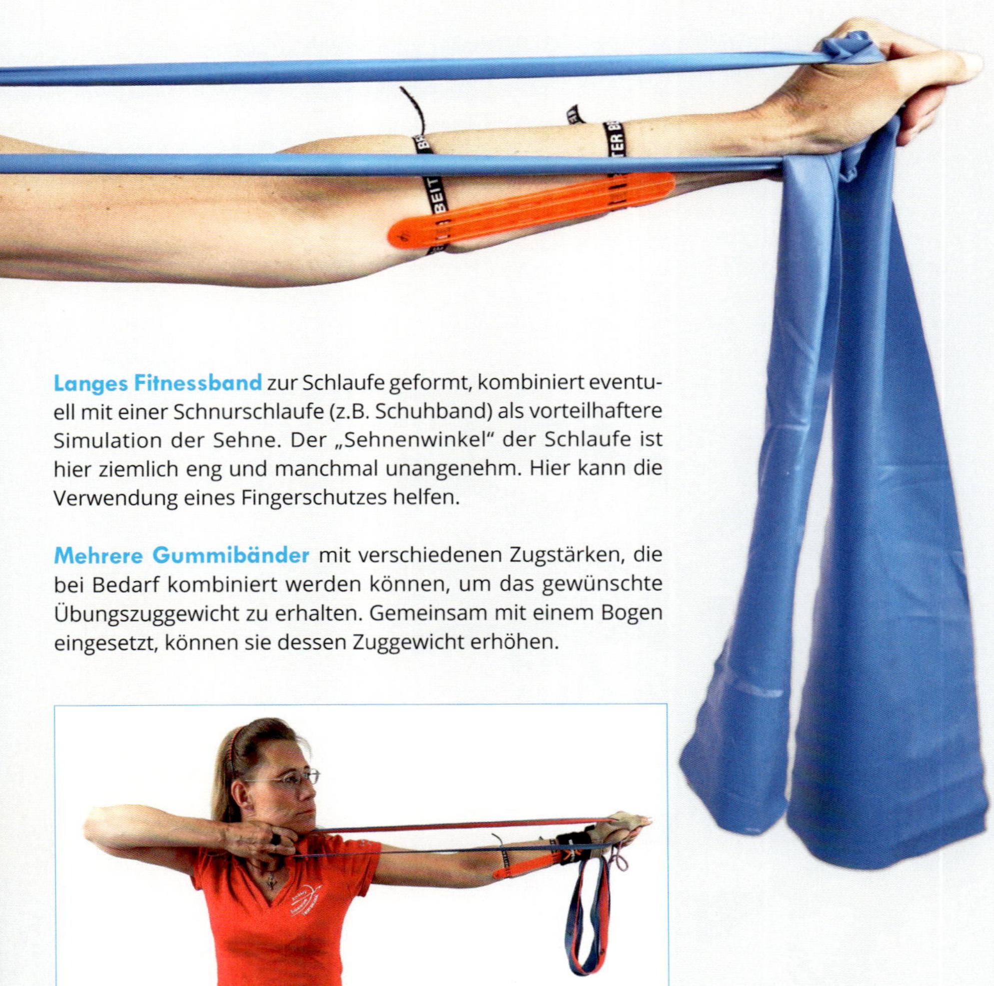

Langes Fitnessband zur Schlaufe geformt, kombiniert eventuell mit einer Schnurschlaufe (z.B. Schuhband) als vorteilhaftere Simulation der Sehne. Der „Sehnenwinkel" der Schlaufe ist hier ziemlich eng und manchmal unangenehm. Hier kann die Verwendung eines Fingerschutzes helfen.

Mehrere Gummibänder mit verschiedenen Zugstärken, die bei Bedarf kombiniert werden können, um das gewünschte Übungszuggewicht zu erhalten. Gemeinsam mit einem Bogen eingesetzt, können sie dessen Zuggewicht erhöhen.

Aus einem langen Fitnessband eine Schlaufe machen

1. Die Zug-Hand hält das Band in der Mitte und beide Enden hängen gleichlang hinunter. Die Bogen-Hand kreuzt nun die Bänder (Handfläche hinten, Daumen vorne) und hält die entstandene Schlaufe.
2. Abstand zwischen Bogen-Hand und Zug-Hand entspricht ungefähr der Aufspannhöhe des Bogens.
3. ***MÖGLICHKEIT A (OHNE KNOTEN):***
   Zug-Hand hält Schlaufe fest, Bogen-Hand dreht das „Kreuz" mehrmals ein.
   Je „rutschiger" das Band (v.a. wenn neu), desto öfter sollte eingedreht werden, damit es sich beim Zug nicht öffnet.

   MÖGLICHKEIT B (MIT KNOTEN):
   Die Enden des Bandes werden mehrere Male durch den entstandenen Ring durchgeführt/- gefädelt, bis die Reibung groß genug ist und sie sich nicht wieder von alleine lösen können.
   Eventuell mit einer zweimalig durchgeführten Gegenschlaufe für einen optimaleren Halt und besseren Simulation des Bogengriffs (der dadurch entstandene „Knoten" lässt sich sehr leicht wieder lösen). (Siehe *Abbildung*)
4. Der „Knoten" der Schlaufe wird in die Bogen-Hand (Handfläche) gelegt, während die Zug-Finger an der gegenüberliegenden Seite eingehängt werden.
   Dann wird die Bogen-Hand entsprechend dem persönlichen Schießstil eingerichtet.
   Zur besseren Simulation der Sehne kann zusätzlich eine kurze, dünne Schnurschlaufe in das Band eingehängt werden, welche anstelle des dicken Bandes gezogen wird.
   Die Länge des Bandes sollte dann angepasst werden.

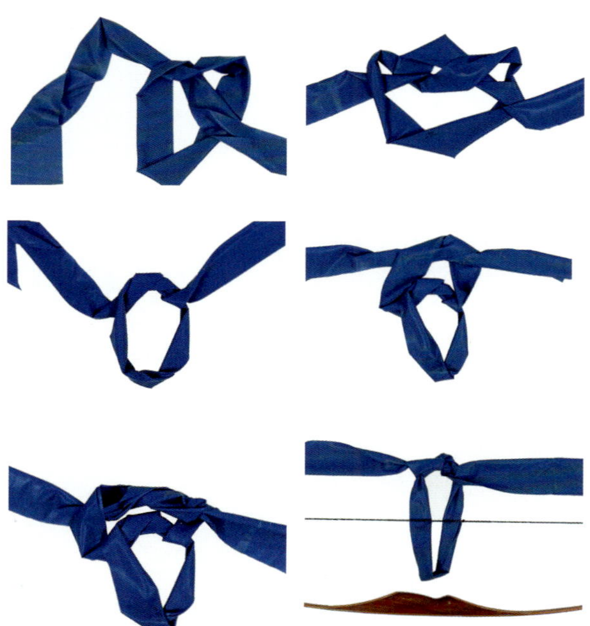

NULLSEHNE

Diese besteht aus zwei elastischen Enden (dünne Gummischnur, ca. 20–25cm lang), welche mit je einer kleinen Schlaufe in die Bogentips bei aufgespanntem Bogen eingehängt werden. Verbunden sind sie in der Mitte mit einer Schnur. Vorteil: Kein Zuggewicht, d.h. es kann sehr lange im Vollauszug gestanden und kontrolliert werden. Nachteil: Kein Gegenzug zum Gewicht (Masse) des Bogens, d.h. der Bogen-Arm trägt das Gewicht bei der Übung alleine.

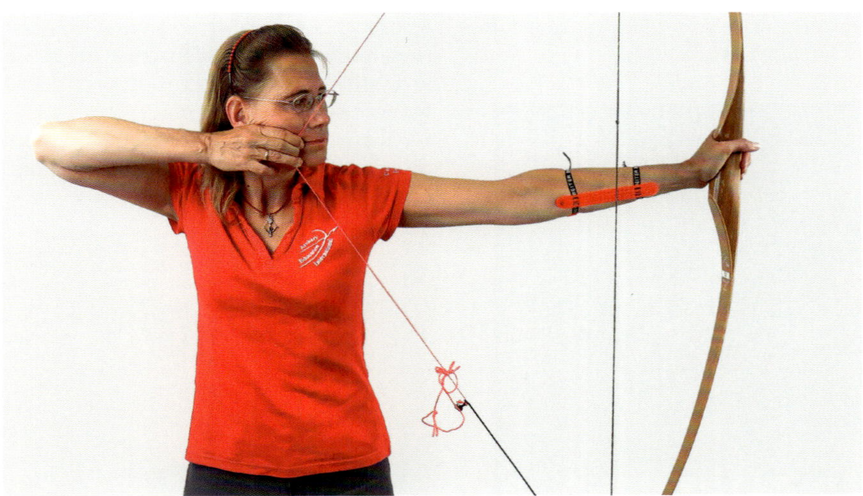

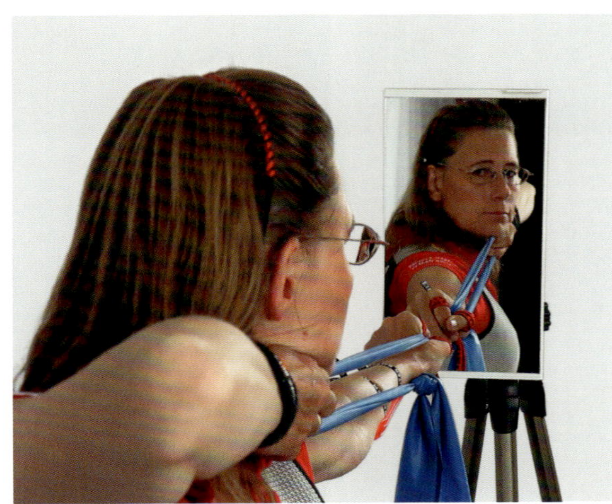

Schusssimulationsübung mit Fitnessband und der wichtigen Selbstbeobachtung im Spiegel.

Schusssimulationen mit Hilfsgerät eignen sich für ein effizientes Lernen des Schussablaufes, des Bewegungsgefühls, des Schießrhythmus und der gewünschten Körperausrichtungen, v.a. in Kombination mit einem Spiegel zur direkten Selbstbeobachtung.

Sie können wirkungsvoll in eine Trainingseinheit zu Beginn des Einschießens und in das Ausschießen integriert werden.

TECHNIKANALYSE

Technikanalyse bedeutet die bewusste Kontrolle und Beurteilung von Bewegungsausführungen der einzelnen Teilelemente sowie von Gefühlen, Winkeleinstellungen und Spannungen im Körper während des Schussablaufes.

Die einfachste Methode ist das Reflektieren des Schussablaufes inklusive des Bewegungsgefühles nach der Nachhaltephase.

Die Analyse am Ende jedes einzelnen Schussablaufes hilft dem Schützen sich immer besser spüren zu lernen, offene Potenziale, Stärken und Aha-Effekte aufzudecken sowie die Bewegungshandlung Schießen zunehmend besser verstehen zu können.

Ausführliche Beschreibung einer Videoanalyse und detailliertes Analyseblatt (Standardschussablauf-Checkliste) siehe DAS GROSSE BUCH VOM BOGENSPORT.

Schon mit einfachen Methoden und Hilfsmitteln können verschiedene Teilelemente, vor allem in Zusammenarbeit mit einem Trainingspartner, ausreichend analysiert werden.

Die wichtigste ist die Selbstbeobachtung durch ***direktes Hinsehen***, durch den Einsatz eines Spiegels oder einer Videokamera. Ein Raster im Hintergrund bzw. das Beobachten der Bewegung im Verhältnis zum Hintergrund kann dabei sehr hilfreich sein.
Voraussetzung für eine effektive Technikanalyse ist die genaue Kenntnis des Schussablaufes.

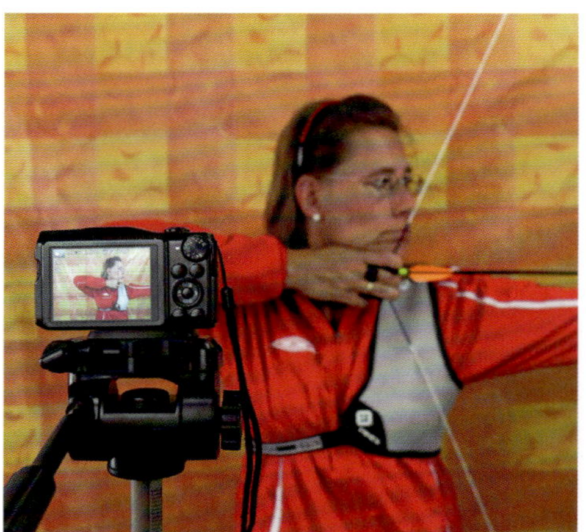

Technikanalysen mit Hilfe von Videoaufzeichnungen und Raster im Hintergrund sind hoch effektiv.
Kleinste Veränderungen können aufgezeigt werden.

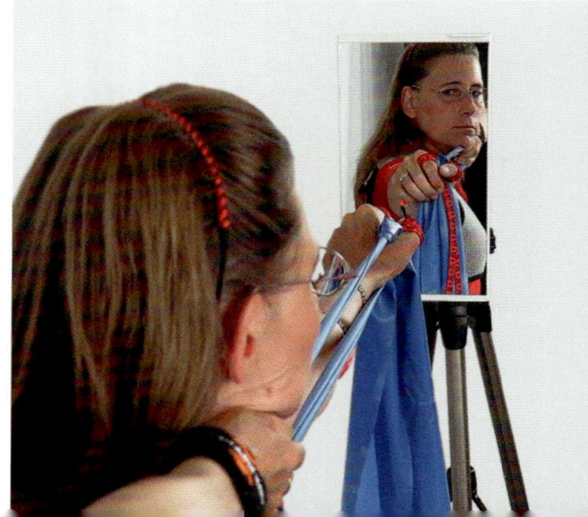

SELBSTANALYSE

Die geeignetsten Methoden der Selbstanalyse sind u.a. die Direktbeobachtung (Augen direkt auf die Handlung gerichtet mit optischen Hilfsmitteln wie z.B. Referenz-Pfeilen im Hosenbund, Hütchen mit Markierungen usw.), die Verwendung eines Spiegels auf einem Stativ und einer Videokamera bzw. Webcam mit angeschlossenem Computer.

Was immer an sich beobachtet wird, sollte mit dem Bewegungsgefühl gekoppelt werden. Nur so lernt man seinen Schussablauf wirklich kennen und ist in weiterer Folge auch fähig, Ungereimtheiten zu identifizieren und zu eliminieren. Damit das möglich ist, sollte der optische Vergleich mit dem Bewegungsgefühl unmittelbar stattfinden (spätestens nach 30 Sekunden).

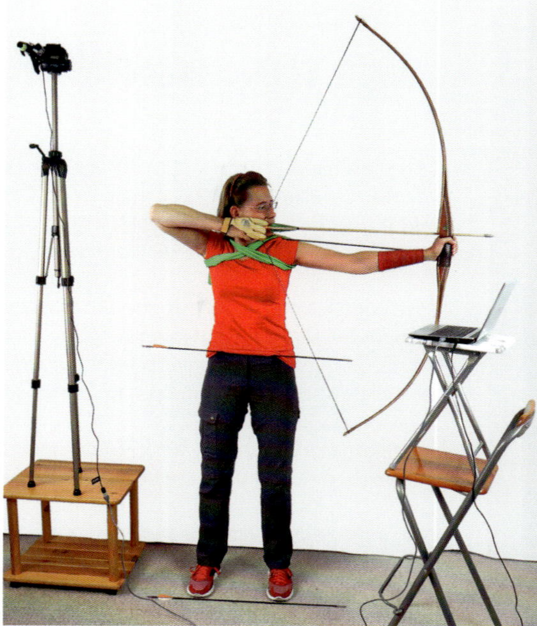

Beispiel einer computerunterstützten Video-Analyse.

BUDDYSYSTEM MIT COACH ODER TRAININGSPARTNER

Die Zusammenarbeit während des Trainings mit einer zweiten Person ist sehr hilfreich und erspart zusätzlich viel Zeit. Diese Person sollte vertrauenswürdig, mitfühlend, mitdenkend und ihrer Verantwortung bewusst sein. Sind beide dieses Doppelteams Schützen, so wird von einem Buddysystem gesprochen und der eine ist jeweils der Trainingspartner des anderen.

Damit solch eine „Partnerschaft" funktioniert, sollten die Regeln genau abgesteckt werden. Dies gilt vor allem für sehr nahestehende Personen wie Ehepartner bzw. Familienmitglieder.
Zu beachten ist immer, dass beide unterschiedliche Ziele im Bogensport verfolgen können.

Während der eine ehrgeizig ist und seinen Schussablauf perfekt lernen möchte, will der andere womöglich hauptsächlich die Natur genießen und so wenig Pfeile wie möglich verlieren.
Daher gehen prinzipiell Fragen, Analysen und Übungsvorschläge immer vom jeweiligen Schützen aus, außer es wurde vorher anders abgemacht.

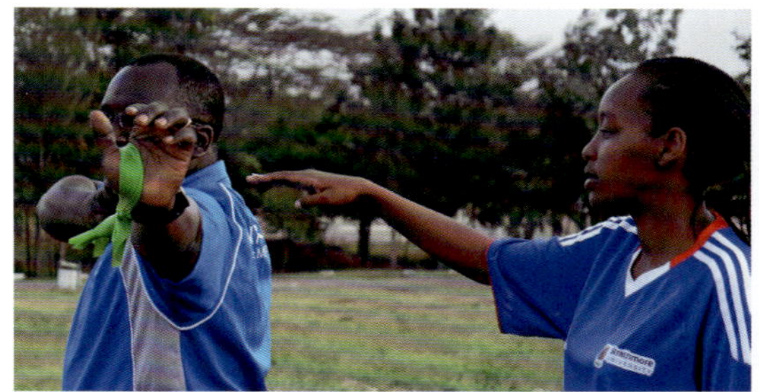

Der „Buddy" oder Trainingspartner ist eine wertvolle Hilfe beim Training. Foto: Paul Ochieng

WAS TUN, WENN...?

Zu einer Analyse gehört nicht nur die Feststellung, wie etwas ist, sondern auch das Wissen, warum es so ist bzw. welche Gegenmaßnahmen gesetzt werden können, um einen ungewollten Umstand zu ändern. Dies gilt auch z.B. bei einem guten Treffer mitten ins Gold oder in den Kill, obwohl der Schussablauf nicht wie gewünscht abgelaufen ist.

Wer einen Schuss als gut abhakt, nur weil der Pfeil ins Zentrum gegangen ist, wird in seiner Entwicklung als Bogenschütze schwer weiter kommen. Zumal die Gefahr besteht, dass dann das Unterbewusstsein die ungünstig durchgeführte Technik als zielführend einstuft und glaubt, von nun an immer so schießen zu „müssen".

Meistens landet der Pfeil nicht haargenau dort, wo ihn der Schütze haben möchte. Hier ist es für den Schützen wichtig, nach der Nachhaltephase genau in sich hinein zu spüren.

Grundlage für das Analysieren ist die genaue Kenntnis des eigenen Schussablaufes und dessen Bewegungsgefühls, welches v.a. durch sehr fokussiertes Schießen mit geschlossenen Augen erlangt werden kann. Nach Möglichkeit sollten vor dem Analysieren Unstimmigkeiten in der Ausrüstung ausgeschlossen werden können.

Die Tabellen auf den folgenden Seiten beziehen sich hauptsächlich auf das Trefferbild bzw. auf Dinge, die die Schusstechnik betreffen, und kaum auf Tuning oder Ausrüstung. Die Gegenmaßnahmen für den Schützen sind zum größten Teil für den nächsten Schuss als unmittelbare Verhaltens-Vorschläge gedacht.

Prinzipiell ist das erste, was der Schütze bei Unstimmigkeiten machen sollte, den ***stabilen Stand*** bzw. die Körperausrichtungen zu ***kontrollieren***. Ist der Stand nicht stabil, stimmen meist auch die Körperausrichtungen während des Schussablaufes nicht und dieses führt dann zu weiteren Problemen (z.B. Ungleichgewichte, inkorrekte Zug-Ellenbogenhöhe, das dadurch unmögliche saubere Lösen oder fehlendes Nachhalten).

Achtung: Alle folgenden Angaben beziehen sich auf ***Rechtshand-Bogenschützen***.
Bei Seitenstreuung sollte dieses berücksichtigt werden.

TREFFERBILD-ANALYSE

Sie ist eine Methode, um indirekt offene Potenziale im Schussablauf aufdecken zu können, ganz im Gegensatz zur Technikanalyse, welche direkt ungewollte Bewegungsmuster aufzeigt. Auch zur Materialabstimmung kann die Trefferbild-Analyse herangeführt werden.
Da es jedoch viele Ursachen für ein bestimmtes Trefferbild gibt, zeigt sich, dass ohne eine konstante Schusstechnik ein Grobtuning nur wenig und ein Feintuning gar keinen Sinn macht.

Erschwerend kommt hinzu, dass viele kleine Ungereimtheiten bzw. ganze "Fehler-Ketten" die Ursachenfindung enorm verscheiern können.

Des Weiteren können zusätzlich andere Faktoren ins Spiel kommen, wie momentaner körperlicher sowie mentaler Zustand, aber auch Lichtverhältnisse oder Wetterbedingungen (z.B. starker Wind oder Regen, usw.).
Alles hat Einfluss auf den Pfeilflug und somit auch auf das Trefferbild.

Warum ...

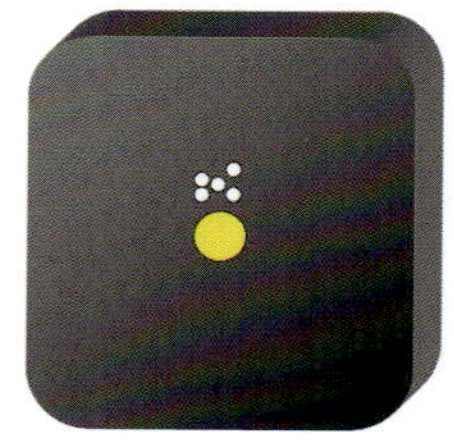

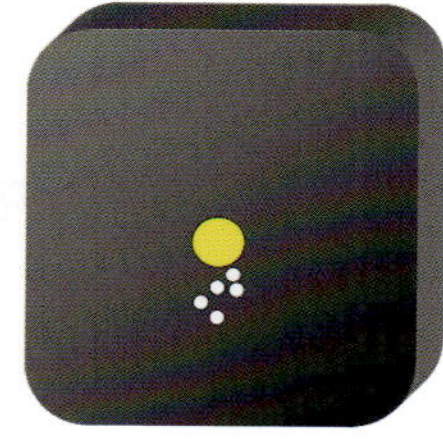

... zu hoch? ... zu tief?

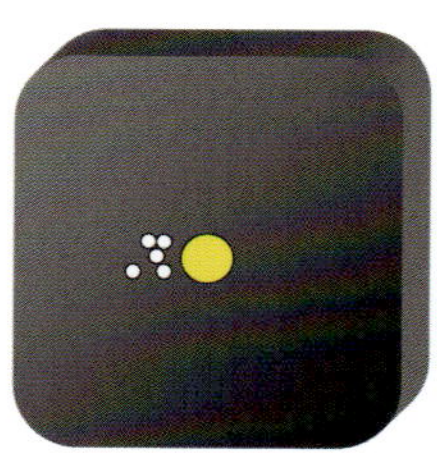

... zu weit links? ... zu weit rechts?

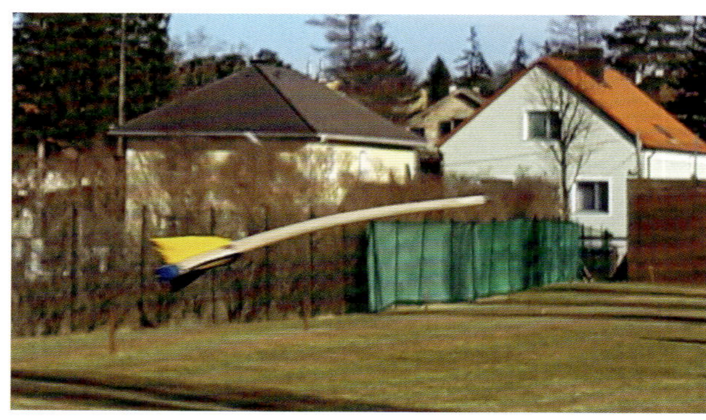

Das Flugverhalten eines Pfeils kann Rückschlüsse auf die Abstimmung des Materials untereinander und auf die Schusstechnikausführung geben.

WAS TUN, WENN…?

WAS TUN, WENN…	…DER PFEIL ZU WEIT OBEN TRIFFT?
MÖGLICHE URSACHE	**GEGENMASSNAHMEN**
Entfernung zu weit geschätzt (intuitiv oder bewusst).	Umgebung des Ziels mit einbeziehen. Intuitiv: Öfter auf verschiedene Entfernung üben.
Als intuitiv zielender Schütze über die Pfeilspitze gezielt, anstatt nur das Zentrum der Scheibe anzuschauen (häufig bei Anfängern oder Schützen, die ihrem intuitiven Zielen noch nicht ganz vertrauen)	Pfeilspitze beim Zielen wegblenden. Nur auf das Zentrum der Zielscheibe (bzw. Spot) konzentrieren.
Bei Bögen, die über die Hand geschossen werden, liegt die Bogen-Hand höher als sonst.	Hand bewusst an Griff legen. „Bild" oder Gefühl für die Griffposition entwickeln. Eventuell Markierung am Bogen machen.
Der Kopf wird während der Zug-Druck-Rotationphase weg vom Ziel geneigt.	Fokus auf die Kopfhaltung legen. Mit Hilfe eines Bildes (z.B. „Am Kopf ist ein Faden befestigt, der ihn nach oben hin gerade ausrichtet und ihn so hält.") oder Schlüsselwortes (z.B. „langer Nacken").
Mehr Gewicht am vorderen Fuß und dadurch Verlagerung der Hüfte in Richtung Ziel.	Fokus darauf legen, dass die Druckverteilung auf beiden Beinen 50% – 50% ist.
Zug-Ringfinger wird kaum eingesetzt.	Darauf achten, dass wirklich alle drei Zug-Finger den tiefen Haken machen.
Zug-Mittelfinger drückt Pfeil nach oben (weg von der Auflage).	Zug-Ellenbogenhöhe kontrollieren. Spannungen im Zug-Handgelenk vermeiden. Scherung zwischen Zug-Zeigefinger und Mittelfinger vermeiden. Kontrollieren, ob bei der Spannungserhöhung die Zug-Finger eingerollt (kontrahiert) werden.
Unterkinnanker: Ungewollte Spannung im Zug-Daumen, der dadurch zu weit oben liegt bzw. die Kopfposition beeinflusst.	Auf Entspanntheit achten.
Der Mund wurde beim Ankern geöffnet. Ankerzonen haben sich dadurch verändert (Pfeil hat sich dadurch nach oben ausgerichtet).	Mund während des Schussablaufes immer geschlossen halten. Durch die Nase atmen.

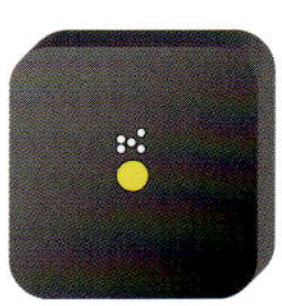

WAS TUN, WENN...	...DER PFEIL ZU WEIT OBEN TRIFFT?
MÖGLICHE URSACHE	**GEGENMASSNAHMEN**
Der Oberkörper wird während der Zug-Druck-Rotationsphase weg vom Ziel geneigt.	Mehr Druck in Richtung Ziel in der Zug-Druck-Rotationsphase ausüben.
Bogen-Schulter ist während der Hebe- oder Zug-Druck-Rotationsphase nach oben gekommen und Bogen-Arm wurde dadurch gehoben. Typisch bei zu hohem Zuggewicht.	Fokus in der Zug-Druck-Rotationsphase auf die Beibehaltung der Arretierung der Bogen-Schulter legen. Zuggewicht für einige Trainingseinheiten oder überhaupt verringern, wenn es zu hoch für die konditionellen Fähigkeiten ist.
Zug-Arm wird beim Lösen nach unten gerissen. Bogen-Arm geht dabei als Gegenbewegung nach oben.	Fokus auf die Körperausrichtung (stabiler Stand, T) und die Kräftevektoren richten. Zug-Ellenbogen bleibt auf der gleichen Ebene.
Bogen-Arm verlässt die Arretierung und wird nach vorne, in Richtung Ziel geschoben. (Längerer Auszug, höheres Zuggewicht, mehr Anfangsgeschwindigkeit).	Aufmerksamkeit in der Zug-Druck-Rotationsphase auf die Beibehaltung der Arretierung legen. Bogen-Arm kommt zwar durch die Rotation ein bisschen in Richtung Ziel, nicht jedoch durch das Hinausschieben aus der Gelenkspfanne.
Ankerpunkte liegen weiter hinten als sonst.	Konstantes Ankern mit Spiegel üben.
Ankerpunkte liegen tiefer als sonst.	Konstantes Ankern mit Spiegel üben.
Zielphase ausgelassen (typisch bei zu starkem Bogen).	Fokus auf die Zielphase nach Erreichen des Vollauszuges richten. Eventuell Zuggewicht reduzieren.
Mehr Schulterspannung als sonst.	Durch Blindschüsse Bewegungsgefühl erarbeiten.
Druckpunkt im Griff tiefer als sonst.	In der unteren Vorbereitungsphase den Fokus auf die Einrichtung legen. Bewusst die Hand an den Griff legen. Auf ein konstantes „mittleres Handgelenk" achten.
Zug-Finger verlassen während des Lösens und Nachhaltens den Kontakt zum Gesicht (Wange/Ohr).	In der Zug-Druck-Rotationsphase mehr mit der Schulter als mit dem Bizeps arbeiten. Mehr Zug-Druck machen. Fokus auf ein entspanntes Zug-Handgelenk legen.
Zug-Finger beim Lösen nicht entspannt.	Fokus auf den „tiefen Haken" im ersten Fingergelenk und Entspanntheit des Zug-Handgelenks, Daumens und kleinen Fingers legen. Zug-Finger sollten nach dem Einrichten an der Sehne zu keinem Zeitpunkt mehr kontrahiert werden, sondern bis zum Lösen statisch bleiben.

WAS TUN, WENN...?

WAS TUN, WENN...	...DER PFEIL ZU WEIT UNTEN TRIFFT?
MÖGLICHE URSACHE	**GEGENMASSNAHMEN**
Entfernung zu kurz geschätzt (intuitiv oder bewusst).	Umgebung des Ziels mit einbeziehen. Den eigenen Einschätzungen vertrauen. Unsicherheit macht den Schuss kraftlos. Intuitiv: Öfter auf verschiedene Entfernung üben.
Bei Bögen, die über die Hand geschossen werden, liegt die Bogen-Hand tiefer als sonst.	Hand bewusst an Griff legen. „Bild" oder Gefühl für die Griffposition entwickeln. Eventuell Markierung am Bogen machen.
Druckpunkt im Griff höher als sonst.	Bewusst die Hand an den Griff legen.
Bogen-Hand hält den Bogen fester als sonst, wobei der Druckpunkt nach oben verlagert wird.	Bewusste Einrichtung des Griffes. Kontrolle nach dem Heben.
Der Oberkörper wird während der Zug-Druck-Rotationsphase zum Ziel geneigt.	Fokus auf das Ziehen und die Rotation in der Zug-Druck-Rotationsphase legen.
Bogen-Schulter ist während der Hebe- oder Zug-Druck-Rotationsphase nach oben gekommen. Dadurch wurde der Bogen-Arm-Winkel nach unten verändert und/oder der Auszug verringert (typisch, wenn Bogen zu stark ist).	Fokus in der Zug-Druck-Rotationsphase auf die Beibehaltung der Arretierung haben. Eventuell Zuggewicht verringern.
Ankerpunkte liegen weiter vorne als sonst.	Konstantes Ankern mit Spiegel üben.
Ankerpunkte liegen höher als sonst.	Konstantes Ankern mit Spiegel üben.
Zielphase ausgelassen (typisch bei zu starkem Bogen).	Fokus auf die Zielphase nach Erreichen des Vollauszuges richten. Eventuell Zuggewicht reduzieren.
Zug-Ellenbogen ist höher als sonst, und der Schütze ist nicht in der optimalen Zug-Kraft-Linie. Durch die Scherkräfte, die in der Hand entstehen, geht der Bogen-Arm beim Lösen nach unten.	Fokus auf die Körperausrichtung (stabiler Stand, T) und die Kräftevektoren richten. Zug-Ellenbogen bleibt auf der gleichen Ebene.
Sehne zu früh gelöst.	Fokus auf die Erreichung des Vollauszuges und die Spannungserhöhung.
Zug-Arm/Hand/Ellenbogen beim Lösen nach unten gerissen. Bogen-Arm ging dabei ebenfalls nach unten.	Fokus auf die Weiterführung der Zug-Druck-Rotationsphase während der Spannungserhöhung legen.

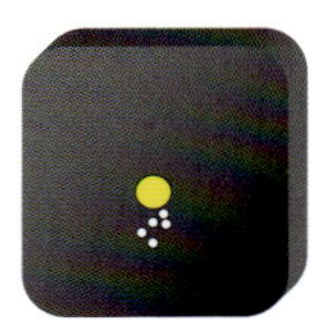

WAS TUN, WENN...	...DER PFEIL ZU WEIT UNTEN TRIFFT?
MÖGLICHE URSACHE	**GEGENMASSNAHMEN**
Bogengewicht (Masse) zu schwer.	Gewichte verringern (z.B. Entfernung von zusätzlichen Gewichten oder Stabilisatoren, benützen von leichterem Mittelstück usw.). Krafttraining.
Bogen-Arm wurde im Moment des Lösens fallengelassen.	Fokus auf die Arretierung der Bogen-Schulter und die Weiterführung der Zug-Druck-Rotationsphase während der Spannungserhöhung legen.
Weniger Schulterspannung als sonst.	Durch Blindschüsse Bewegungsgefühl erarbeiten.
Pfeil ist von der Pfeilauflage gefallen.	Kontrolle in der oberen Vorbereitungsphase. Spannungen, Kontraktionen und Verdrehungen in der Zug-Hand vermeiden.
Pfeilspitze kriecht während und nach der Zielphase ungewollt nach vorne.	Fokus auf die Zug-Druck-Rotationsphase und deren Weiterführung bei der Spannungserhöhung setzen.
Zug-Finger werden nach vorne hin geöffnet. Oft einhergehend mit dem Zusammenfallen der Körperspannung während des Lösens (meist mit Links-Treffern verbunden).	In der Zug-Druck-Rotationsphase mehr mit der Schulter als mit dem Bizeps arbeiten. Mehr Zug-Druck machen. Fokus auf ein entspanntes Zug-Handgelenk und tiefen Haken legen.
Zug-Finger beim Lösen nicht entspannt.	Fokus auf den „tiefen Haken“ im ersten Fingergelenk und Entspanntheit des Zug-Handgelenks, Daumens und kleinen Fingers legen. Zug-Finger sollten nach dem Einrichten an der Sehne zu keinem Zeitpunkt mehr kontrahiert werden, sondern bis zum Lösen statisch bleiben.
Höherer Druck auf dem Zug-Zeigefinger als sonst.	Bewusst und kontrolliert die Zug-Finger an die Sehne legen. Fokus auf Zug-Ellenbogen (Bewegungsgefühl im Vollauszug) legen, dass er nicht tiefer ist als sonst.
Druckpunkt nicht in Richtung Ziel, sondern nach unten.	Druck im Bogen stets in Richtung Ziel lassen.
Weniger Nachhalten als sonst.	Fokus auf die Beibehaltung der Körperspannung nach dem Lösen.
Sehnenfreiheit z.B. durch Kleidung, Bogen-Ellenbogen oder Armschutz gestört.	Befestigung loser Kleidungsteile, eventuell Brustschutz tragen; auf Auswärtsdrehung des Bogen-Ellenbogens und das „Treppchen“ der Bogen-Handknöchelchen achten, eventuell Aufspannhöhe kontrollieren und gegebenenfalls erhöhen.

WAS TUN, WENN...?

WAS TUN, WENN..	...DER PFEIL ZU WEIT LINKS TRIFFT?
MÖGLICHE URSACHE	**GEGENMASSNAHMEN**
Geringere Vorlage als sonst, bzw. Körper nach hinten (rückenwärts) gelehnt.	Fokus auf die Körperausrichtung legen.
Zuviel Gewicht auf den Fersen.	In den Zehenstand gehen und langsam nach unten kommen. Sobald die Fersen den Boden berühren, ist der Schwerpunkt in der Mitte des Fußes.
Bogen-Schulter blieb während des Schusses nicht arretiert. Typisch bei zu starkem Zuggewicht.	Fokus in der Zug-Druck-Rotationsphase auf die Beibehaltung der Arretierung haben. Zuggewicht verringern.
Druckpunkt liegt mehr in Richtung Bogen-Daumen als sonst.	In der unteren Vorbereitungsphase den Fokus auf die Einrichtung der Bogen-Hand legen. Bewusst die Hand an den Griff legen.
Bogen-Handgelenk gestreckter als sonst (hohes Handgelenk).	Fokus auf die Einnahme des stabileren mittleren Handgelenks legen.
Zug-Handgelenk war während der Zug-Druck-Rotationsphase weder entspannt noch gestreckt (bzw. leicht nach außen gewölbt).	Fokus auf ein entspanntes Zug-Handgelenk und tiefen Haken legen.
„Flacher Haken" (Fingerkuppen-Haken) benützt. Manchmal reicht es auch, wenn nur ein Finger (meist der Ringfinger) den „tiefen Haken" verlässt.	Fokus auf die Einrichtung der Zug-Finger an der Sehne legen. Im ersten Fingergelenk.
Zug-Hand hat während des Ankerns Abstand zum Gesicht behalten und nicht festsitzend im Gesicht geankert.	Fokus auf die korrekte Einnahme der Ankerposition (4 Zonen) legen.
Augenachse ist nicht senkrecht zum Bogen, sondern der Kopf ist zu weit nach rechts geneigt.	Einnahme eines „langen Nackens" beachten.
Bogen mehr nach links gekippt als sonst.	Fokus auf die Ausrichtung des Bogens legen.

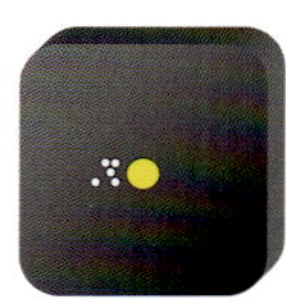

WAS TUN, WENN...	...DER PFEIL ZU WEIT LINKS TRIFFT?
MÖGLICHE URSACHE	**GEGENMASSNAHMEN**
Sehnenschatten weiter rechts als normal.	Auf die richtige Position des Sehnenschattens achten.
Brust beim Heben oder in der Zug-Druck-Rotations-phase nach oben gekommen.	Auf die Beibehaltung der „Powerstellung" achten.
Zielphase ausgelassen. (Typisch bei zu starkem Bogen).	Fokus auf die Zielphase nach Erreichen des Voll-auszuges richten. Eventuell Zuggewicht reduzieren.
Während der Zug-Druck-Rotationsphase ist mehr gedrückt als gezogen worden.	Fokus auf die Gleichverteilung von Zug und Druck während der Zug-Druck-Rotationsphase.
Zug-Finger beim Lösen nicht entspannt.	Fokus auf den „tiefen Haken" im ersten Fingergelenk und Entspanntheit des Zug-Handgelenks, Daumens und kleinen Fingers legen. Zug-Finger bleiben bis zum Lösen statisch. Der Zug kommt aus der Schulter, nicht Bizeps.
Zug-Finger verlassen das Gesicht/ den Hals während des Lösens.	Fokus auf die Arretierung der Bogen-Schulter und die Weiterführung der Zug-Druck-Rotationsphase während der Spannungserhöhung legen.
Pfeil streift an der Pfeilanlage.	Spinewert kontrollieren. Pfeil weicher machen, z.B. durch schwerere Spitzen. Zug-Finger kontrollieren. Sind sie locker und entspannt im Moment des Lösens?
Sehne streift an Brustschutz, T-Shirt oder Bogen-Arm.	Mehr Sehnenfreiheit erzeugen durch größere Oberkörpervorlage, Einhalten der 45° der Bogen-Handknöchelchen zur Waagerechten („Treppchen"), Bogen-Ellenbogen ausdrehen, voluminöse Kleidung anliegend machen.

WAS TUN, WENN…?

WAS TUN, WENN…	…DER PFEIL ZU WEIT RECHTS TRIFFT?
MÖGLICHE URSACHE	**GEGENMASSNAHMEN**
Größere Vorlage als sonst.	Fokus auf die Körperausrichtung legen.
Zuviel Gewicht auf den Ballen bzw. Zehen.	In den Zehenstand gehen und langsam nach unten kommen. Sobald die Fersen den Boden ganz berühren, ist der Schwerpunkt in der Mitte des Fußes.
Bogen-Schulter blieb während des Schusses nicht arretiert. Typisch bei zu starkem Zuggewicht.	Fokus in der Zug-Druck-Rotationsphase auf die Beibehaltung der Arretierung haben. Eventuell Zuggewicht verringern.
Druckpunkt liegt mehr in Richtung Bogen-Zeigefinger als sonst.	In der unteren Vorbereitungsphase den Fokus auf die Einrichtung der Bogen-Hand legen. Bewusst die Hand an den Griff legen.
Zug-Handgelenk war während der Zug-Druck-Rotationsphase weder entspannt noch gestreckt.	Fokus auf ein entspanntes Zug-Handgelenk und tiefen Haken legen.
Augenachse ist nicht senkrecht zum Bogen, sondern der Kopf ist zu weit nach links geneigt.	Einnahme eines „langen Nackens“ beachten.
Bogen mehr nach rechts gekippt als sonst.	Fokus auf die Ausrichtung des Bogens legen.
Während der Zug-Druck-Rotationsphase wurde mehr gezogen als gedrückt.	Fokus auf die Gleichverteilung von Zug und Druck während der Zug-Druck-Rotationsphase.
Zielphase ausgelassen. (Typisch bei zu starkem Bogen).	Fokus auf die Zielphase nach Erreichen des Vollauszuges richten. Eventuell Zuggewicht reduzieren.
Sehnenschatten ist weiter links als normal.	Auf korrekte Position des Sehnenschattens achten.
Zug-Finger verlassen das Gesicht während des Lösens.	Fokus auf den „tiefen Haken“ im ersten Fingergelenk und Entspanntheit des Zug-Handgelenks, Daumens und kleinen Fingers legen. Zug-Finger bleiben bis zum Lösen statisch. Der Zug kommt aus der Schulter, nicht Bizeps.
Zug-Hand nach vorne gelöst.	Fokus auf Spannungserhöhung vor dem Lösen.
Zusammenfallen der Körperspannung während des Lösens (meist mit tiefen Treffern verbunden).	Mehr Zug und mehr Druck in der Zug-Druck-Rotationsphase machen. Spannung während des Zielens beibehalten. Fokus auf Spannungserhöhung vor dem Lösen.
Pfeil nachgeschaut (Pfeil meist auch zu weit oben).	Visueller Fokus bleibt auch nach dem Lösen auf dem Zielpunkt.

SCHMERZEN-ANALYSE

Bei anhaltenden Schmerzen (länger als drei Tage) unbedingt ärztlichen Rat einholen.

WAS TUN, WENN...	
MÖGLICHE URSACHE	**GEGENMASSNAHMEN**
... die Sehne an die Bogen-Ellenbogen-Innenseite schlägt?	
Der Bogen-Ellenbogen war nicht ausgedreht. Kein „Treppchen“ der Bogen-Hand-Knöchelchen.	Ausdrehen des Bogen-Ellenbogens in der unteren Vorbereitungsphase und Kontrolle nach dem Heben. Auf das „Treppchen“ der Bogen-Hand-Knöchelchen achten.
... die Sehne an das Bogen-Handgelenk schlägt?	
Die Aufspannhöhe ist zu gering.	Sehne eindrehen, bzw. kürzere Sehne auf den Bogen geben.
... die Sehne an den Bogen-Unterarm schlägt?	
Kein „Treppchen“ der Bogen-Hand-Knöchelchen.	Beim Einrichten des Griffs ein „V“ (Zeigefinger und Daumen) bilden und alle Finger entspannt schließen.
Bogen-Ellenbogen nicht ausgedreht.	Ellenbogen spätestens in der oberen Vorbereitungsphase ausdrehen.
Brustkorb ist während des Schussablaufes nach oben gekommen.	„Powerstellung“ in der unteren Vorbereitungsphase einnehmen und Fokus auf dessen Beibehaltung sowie auf die Bauchatmung legen.
Der Oberkörper wurde zurück (rückenwärts) gelehnt.	Fokus auf die leichte Vorlage legen.
Aufspannhöhe eventuell zu gering.	Sehne eindrehen.
Druckpunkt im Griff in Richtung Daumen versetzt.	Bewusst den Griff der Bogen-Hand einrichten.
Die Schulterlinie ist zu geschlossen, d.h. der Zug-Ellenbogen ist außerhalb der Kraftlinie. Keine Einheit von Bogen-Arm und Schulter (Bogen-Arm nicht arretiert).	Auf die Vektoren (Richtung und Intensität) während der Zug-Druck-Rotation achten. Eventuell weniger Zug und Druck in der Zug-Druck-Rotationsphase machen.
... die Sehne an den Bogen-Oberarm schlägt?	
Bogen-Schulter wurde bauchwärts gedreht. Typisch auch bei zu hohem Zuggewicht.	Fokus auf die Beibehaltung der Arretierung der Bogen-Schulter legen. Schulterlinie und Bogen-Arm bilden eine Linie. Zuggewicht reduzieren. Krafttraining.
Oberkörper zu sehr verdreht. Schulterlinie zu sehr geschlossen.	In der Zug-Kraft-Linie operieren.

SCHMERZEN-ANALYSE

WAS TUN, WENN...	
MÖGLICHE URSACHE	**GEGENMASSNAHMEN**
	... die Sehne nach dem Lösen seitlich über das Kinn schrammt?
Ankerzonen liegen weiter hinten als sonst.	Bewusste Einnahme der Ankerzonen. Konstanz üben vor Spiegel.
Ankerzonen wurden bei der Spannungserhöhung nach hinten verlassen.	Fokus auf die Beibehaltung der Ankerzonen legen.
Zug-Finger haben sich bei der Spannungserhöhung kontrahiert und sind dadurch nach hinten gewandert.	Zug-Finger statisch lassen. Fokus auf die Fortführung der Zug-Druck-Rotationsbewegung bei der Spannungserhöhung legen.
	... die Sehne nach dem Lösen an der Nase schrammt?
Gesicht war nicht weit genug in Richtung Ziel gedreht. Kopf evtl. zu weit über den Pfeil gelegt (Kopfneigung entspricht nicht der Bogenkippung). Keinen „langen Nacken" gemacht.	Gesicht mehr in Richtung Ziel drehen. Beweglichkeitstraining im Halsbereich. Kontrollieren, ob die Bogen-Schulter wirklich tief ist, da bei hoher Schulter die Beweglichkeit eingeschränkt ist (passiert oft bei mentaler Anspannung).
	... die Sehne nach dem Lösen über die Brust schrammt?
Der Oberkörper wurde weg vom Ziel geneigt.	Mit Oberkörper senkrecht bleiben.
Der Oberkörper (Schulterlinie) war im Vollauszug offen zum Ziel.	Auf die Durchführung einer Zug-Druck-Rotationsphase und geschlossene Schulterlinie im Vollauszug achten.
Ankerzonen zu weit hinten oder kein Anker.	Auf guten Seiten- oder Unterkinnanker achten.
Der Bogen wurde nicht seitlich am Körper gehoben.	Bogen-Arm seitlich am Körper heben.
Bogen ist zu lang.	Bogenlänge anpassen.
	... die Federn die Bogen-Hand verletzen?
Nockpunktfixator zu weit unten.	Nockpunktfixator höher setzen.
Federkiele liegen offen.	Federkiele umwickeln oder den vorderen Übergang Feder zu Schaft mit einem Klebstofftropfen glatt machen.

WAS TUN, WENN...	*... der Zug-Ringfinger an der Kuppe schmerzt?*
Sehne liegt nicht im ersten Gelenk, sondern zu weit vorne auf der Fingerkuppe.	Tiefen Haken benützen. Zug-Finger bewusst einrichten. Fokus auf die Beibehaltung des tiefen Hakens für alle 3 Zug-Finger bis in den Vollauszug legen.
Spannungen in der Zug-Hand. Ein lockeres, schnelles Lösen (Aufschnellen der Zug-Finger) ist nicht möglich.	Fokus auf den tiefen Haken im ersten Fingergelenk und Entspanntheit des Zug-Handgelenks, Daumens und kleinen Fingers legen. Zug-Finger sollten nach dem Einrichten an der Sehne zu keinem Zeitpunkt mehr kontrahiert werden, sondern bis zum Lösen statisch bleiben.
Zug-Ellenbogen ist zu hoch.	Zug-Unterarm-Position nach dem Heben kontrollieren, während der Zug-Druck-Rotationsphase mit der Zug-Schulter arbeiten. Bewegungsgefühl trainieren.
	... die Zug-Finger im ersten Gelenk schmerzen?
Ein Finger wird höherem Druck ausgesetzt.	Gleichmäßiger Druck auf allen Fingern.
Entzündung im Gelenk oder andere Irritationen.	Sehne verlagern. Am Zeigefinger etwas nach vorne, am Mittelfinger etwas nach hinten, am Ringfinger etwas nach vorne. Eventuell vom Arzt abklären lassen.
	... der Zug-Zeigefinger an der zum Mittelfinger hin zugewandten Seite schmerzt?
Sehne auf den Fingerkuppen („Flacher Haken"). Zu viel Druck durch Pfeil bzw. Nockpunktfixator auf die Innenseite des Fingers.	Tiefen Haken benutzen. Zug-Finger bewusst einrichten.
Zug-Hand verdreht, d.h. Fingerausrichtung nicht 90° zur Sehne bzw. Handausrichtung nicht senkrecht.	Kontrolle nach dem Heben, ob die Zug-Hand senkrecht bzw. die „Knöchellinie" parallel zur Sehne verläuft.
Zug-Finger sind nicht entspannt.	Zug-Finger entspannt an die Sehne legen und statisch für den Rest des Schussablaufes lassen, d.h. keine Kontraktionen mehr mit den Zug-Fingern, weder beim Ziehen, noch bei der Spannungserhöhung. Ebenso Entspanntheit des Zug-Daumens und kleinen Fingers kontrollieren.
Pfeil wird eingeklemmt.	Minimaler Abstand zwischen Zug-Finger und Pfeil lassen. Zug-Ellenbogenhöhe kontrollieren.

SCHMERZEN-ANALYSE

WAS TUN, WENN...	
MÖGLICHE URSACHE	**GEGENMASSNAHMEN**
... der Rücken im Kreuz schmerzt?	
Hüfte nicht aufgestellt. Keine Körperspannung im Rumpfbereich.	„Stabilen Stand" d.h. Powerstellung einnehmen und während des gesamten Schussablaufes beibehalten. Rumpfmuskulatur trainieren.
Stehen im Hohlkreuz.	„Stabilen Stand" d.h. Powerstellung einnehmen und während des gesamten Schussablaufes beibehalten. Vor allem darauf achten, dass Bauchnabel Richtung Wirbelsäule gedrückt und die Hüfte gekippt wird.
Wenn Po herausschaut: Zeichen für zu starkes Zuggewicht.	Zuggewicht reduzieren. Krafttraining.
... die Bogen-Schulter schmerzt?	
Zu kurz aufgewärmt.	Länger Aufwärmen.
Zu hohes Zuggewicht.	Zuggewicht reduzieren. Krafttraining.
Schulter zu hoch und nicht arretiert. Geht die Arretierung während der Zug-Druck-Rotationsphase leicht verloren bzw. kann die Schulter nicht tief gehalten werden, ist das Zuggewicht des Bogens zu stark.	Fokus auf das Herunterdrücken des Bogen-Armes in der unteren Vorbereitungsphase, das „Schaufeln" beim Heben, das Kontrollieren der Arretierung nach dem Heben und deren Beibehaltung während des Rests des Schussablaufes legen. Eventuell Zuggewicht reduzieren und Krafttraining durchführen.
... wenn das Knie schmerzt?	
Beine durchgestreckt.	„Power-Stellung" einnehmen. Bauchnabel drückt gegen die Wirbelsäule. Dabei wird die Hüfte automatisch leicht aufgestellt und die Knie entsichert/entriegelt. Öfter nach dem Schuss kontrollieren, ob die Knie beim Nachhalten noch immer entriegelt sind.
Beim Stand in unebenem Gelände, bei der ein Knie wirklich gebeugt wird, ist das Knie nicht(!) in der Ausrichtung der Zehen.	Darauf achten, dass das entsprechende Knie immer über den Zehen und nicht(!) verdreht ist.

WAS TUN, WENN...	
MÖGLICHE URSACHE	**GEGENMASSNAHMEN**
	... der Ellenbogen schmerzt („Tennisarm")?
Akute Überlastung durch zu starkes Zuggewicht. Akute Überlastung durch zu hohes Gewicht (Masse) des Bogens. Entzündung.	In allen drei Fällen kann helfen: Schonen, Gewicht (Zuggewicht und Masse) reduzieren, d.h. nur mit leichtem Fitnessband trainieren, Akupressur an der schmerzenden Stelle, Massage, Dehnen. Krafttraining des Muskels, welcher das Handgelenk nach oben zieht (Unterarm auflegen und auf und ab sowie seitlich hin und her bewegen. Auf Fitnessband stehen und diagonal zur verletzten Seite ziehen.) Weißkohl- oder Topfenwickel, und so weiter. **Schnellhilfe:** Kompresse (z.B. mit einem Schweißband an Unterarmmitte. Krafttraining der Hebe-, Halte- und Streckermuskeln auf beiden Seiten.
Kein „Treppchen" der Bogen-Hand-Knöchelchen.	Auf das „Treppchen" der Bogen-Hand-Knöchelchen achten.
	... der Kopf schon nach wenigen (40–50) Schüssen schmerzt?
Bei Langbogen, Reiterbogen und Selfbow: zu starker Handschock.	Auf das „Treppchen" der Bogen-Hand-Knöchelchen achten. Eventuell Bogen wechseln, denn ein guter Bogen hat nur einen minimalen Handschock, der vom Schützen, sobald er den Bogen gewohnt ist, nicht mehr gespürt wird und daher ein Training von mehreren 100 Schuss leicht möglich ist. Beim Kauf eines Bogens unbedingt Probe schießen. Mindestens 50 Schuss machen.
Ungünstiges Greifen des Bogens.	Auf das „Treppchen" der Bogen-Hand-Knöchelchen achten.
Beim Olympic Recurve: Zu wenig Dämpfung.	Auf gute Dämpfung achten.

AUFWÄRMEN

Der Körper wird beim Bogensport, vor allem unter Benützung eines Bogens mit hohem Zuggewicht, zum Teil stark belastet. Unter Aufwärmen versteht man all jene Handlungen, die den Körper für diese bevorstehende Belastung vorbereiten und ihn dadurch in einen optimalen Leistungszustand für Training und Wettkampf führen.

Ziel des Aufwärmens ist es, die körperlichen und geistigen Leistungsfähigkeiten des Bogenschützens zu steigern. Da es auch als Verletzungsprophylaxe anzusehen ist, sollte es schon von Beginn an ein fester Bestandteil des Bogenschießtrainings sein und mindestens 15–20 min. dauern.

Viele Bogenschützen haben Erfahrungen mit anderen Sportarten und können von diesen Aufwärmübungen übernehmen und ihr eigenes Programm zusammenstellen. Was auch immer für Übungen genommen werden, wichtig ist, zumindest die Körperkerntemperatur zu erhöhen und anschließend die oberen Extremitäten, inklusive Schultergürtel, aufzuwärmen.

ALLGEMEINE REGELN

- Vor jedem Training gehört ein Aufwärmen, ob in der Halle, auf dem Platz oder im Wald (Feld/ 3D).
- Aufwärmen sollte spaßbetont sein und nicht als notwendiges Übel angesehen werden.
- Allgemeines Aufwärmen geht stets dem speziellen Aufwärmen voraus.
- Warnsignale des Körpers, wie Schmerz und Ermüdung, müssen unbedingt beachtet werden.
- Das Aufwärmen sollte prinzipiell weder anstrengend noch belastend sein, sondern nur aktivierend wirken.
- Die meisten Übungen werden mit der POWERSTELLUNG durchgeführt. Bauchnabel drückt zur Wirbelsäule, dabei wird automatisch die Hüfte leicht aufgestellt, Brustbein und Nabel kommen sich näher, die Nasenspitze kommt über die Zehen, die Kniegelenke werden entsichert, der Nacken lang gemacht, so, als ob ein Faden am Hinterkopf nach oben ziehen würde.
- Ein Fitnessband ist für das Aufwärmen unerlässlich, gehört also fix zur Bogensportausrüstung.
- Das Aufwärmprogramm sollte mindestens 15–20 Minuten (ohne Einschießen) dauern.
- Je kälter es ist, umso länger dauert das Aufwärmen. Die Kleidung sollte der Temperatur angepasst sein, sodass es z.B. bei Hitze zu keinem Wärmestau kommt und bei Kälte der Wärmeverlust niedrig gehalten wird.
- Je älter der Schütze, umso länger sollte aufgewärmt werden, da mit zunehmendem Alter die körperliche Anpassungsgeschwindigkeit sinkt.

WICHTIG: Heißes Wetter ersetzt das Aufwärmen nicht. Die Muskeln können nur durch aktive Bewegung genügend erwärmt werden.

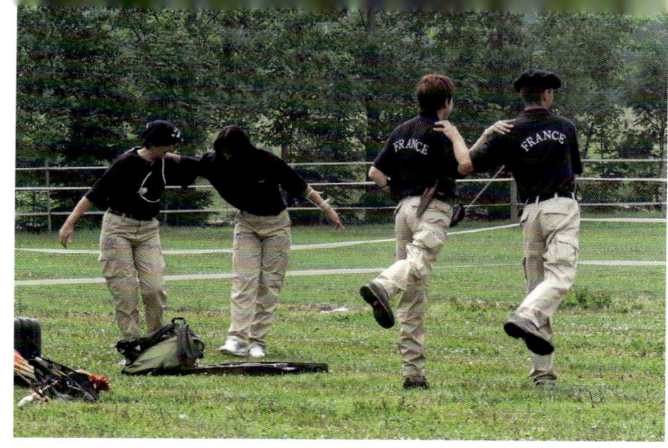

Aufwärmübungen sind fester Bestandteil jeder Trainingseinheit und machen vor allem in der Gruppe viel Spaß. Foto: Péter Nahóczki.

DIE 3 PHASEN

Das Aufwärmen im Bogensport kann aufgrund des Inhaltes wie folgt unterteilt werden:

Phase 1: Körpergrundtemperatur erhöhen.	Belastung und Intensität individuell an den Schützen anpassen und **langsam steigern**. Vor allem bei niedrigen Temperaturen und früh am Tag. Durchgänge von Spielen maximal 60–90 Sekunden, dann Pause machen.
Phase 2: Allgemeines Aufwärmen, Lockerung des gesamten Körpers, kurzes Andehnen	Übungen behutsam und langsam starten. Dann allmählich Belastung, Bewegungsumfang (Amplitude) und koordinative Anforderungen steigern. Übungen sollten rund und fließend durchgeführt werden. Übungen **führen** (nicht reißen oder schleudern). Beim Durchführen der Übungen sollte auf eine stabile Körperhaltung geachtet werden, d.h. das Einnehmen der „Powerstellung" bei Übungen, die nur oberhalb der Hüfte gemacht werden. **WICHTIG!** Regelmäßiges Atmen nicht vergessen! Bei jeder Übung 2 x 8 pro Seite oder 16 Wiederholungen anstreben. Nach Übungen für die Schulterregion immer die Arme leicht ausschlenkern, dies entspannt und erweitert den Kapselapparat. Bei den Andehn-/Anstretch-Übungen wird die Dehnposition max. 10 Sekunden gehalten und anschließend vorsichtig wieder gelöst. Nur so weit wie ein Ziehen, jedoch kein Schmerz fühlbar ist! Übungen langsam und kontrolliert ausführen.
Phase 3: Spezielles bogensportspezifisches Aufwärmen (=Einschießen).	1. Schussablauf **mental** (hauptsächlich für Fortgeschrittene). 2. Schussablauf **ohne Hilfsgerät** (pantomimisch, falls kein Hilfsgerät zur Hand) 3. Schussablauf **mit Hilfsgerät** (Fitnessband), Leichtbogen (max. 20 Pfund). 4. **Blindschüsse** (Schüsse mit geschlossenen Augen nach der Zielphase) 5. Schießen mit dem eigenen **Bogen** auf **leeren Dämpfer**. Pro Einschießübung (1.-5.) mindestens 2 x 6 Wiederholungen bzw. Pfeile. Alle Übungen, die den Schuss simulieren, werden so durchgeführt, als ob real geschossen wird, d.h. auch der zeitliche Ablauf der Schusssequenz und der Atemrhythmus sollten eingehalten werden. Blindschüsse im Wald (beim Aufwärmen am Pflock) aus Sicherheitsgründen nur mit Fitnessband machen!

ÜBUNGEN – FÜR EIN INDIVIDUELLES AUFWÄRMPROGRAMM

Die Übungen des folgenden Programms sind so gewählt, dass sie sowohl vom Hallen- und Outdoorschützen als auch vom 3D- und Feldschützen im Wald durchgeführt werden können. Daher wurde auf Übungen am Boden und Übungen mit Hilfsgeräten wie Hanteln, Bällen, Bänken, Sprossenwänden usw. verzichtet.
Diese Übungen sind eine kleine Auswahl an Vorschlägen. Wichtig ist, dass alle Körperteile, v.a. der Schulterbereich, nach dem Programm gut erwärmt sind (d.h. mindestens 3–4 Übungen pro Körperregion). Es kann ein Vorteil sein, mit Übungen für den Kopf-Schulter-Armbereich zu beginnen, da dann der Körper mehr Zeit hat, z.B. Gelenksflüssigkeit zu bilden.

PHASE 1 Übungen für die Grunderwärmung des Körpers

LAUFEN

Lockeres Einlaufen, ca. 1-5 Minuten.
Strecken- oder Am-Stand-Laufen.

HAMPELMANN

Der Schütze springt in die Höhe und öffnet und schließt seine Beine abwechselnd bei der Landung. Sind die Beine geöffnet, bilden auch die Arme (oben) eine Grätsche, werden die Beine geschlossen, werden die Arme seitlich nach unten neben den Körper (Oberschenkel) geführt.

ALBATROS

Am Stand laufen, wobei die Arme seitlich hinauf und hinunter geführt werden (Achtung, dass die Schultern unten bleiben).

KNIE-HÜPFER

Im Stand hüpfen (abwechseln ein Knie hoch über Beckenhöhe bringen, Fuß dabei hängen lassen) und Arme gegengleich mitschwingen, d.h. wenn ein Knie hoch geht, schwingen beide Arme parallel nach unten (Knie dazwischen), beim Zwischen-Hüpfer, wenn beide Füße am Boden sind, sind die Arme oben.

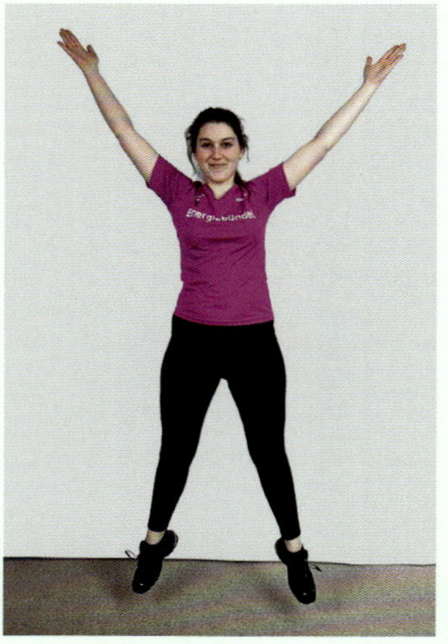

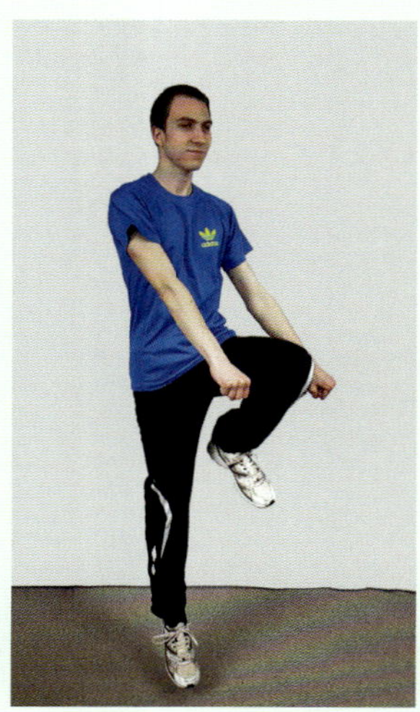

Übung „Kniehüpfer“

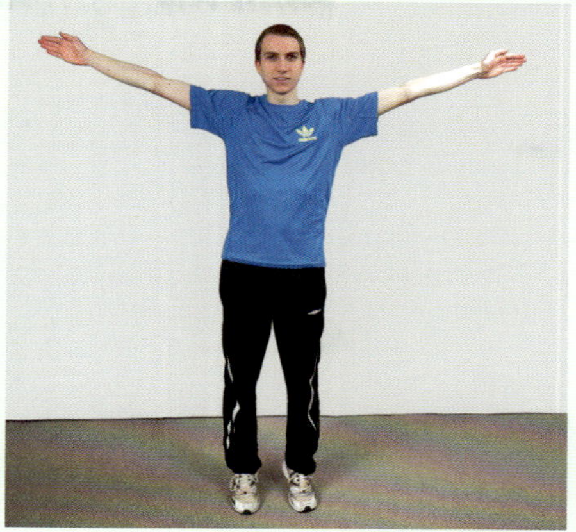

Einstimmung auf die 2. Aufwärmphase

ZEHENSTAND
Mit beiden Füßen gleichzeitig in den Zehenstand gehen. Arme schwingen *seitwärts mit nach oben* und es wird tief durch die Nase eingeatmet. Beim Ausatmen durch den Mund verlässt der Schütze den Zehenstand, beugt etwas im Knie und schwingt die Arme *seitwärts mit nach unten* und vor dem Körper aus.

TIEFER ATEMZUG
Mit beiden Füßen gleichzeitig in den Zehenstand gehen. Arme schwingen *nach vorne oben* und es wird tief durch die Nase eingeatmet. Beim Ausatmen durch den Mund verlässt der Schütze den Zehenstand, beugt tief ins Knie und schwingt die Arme nach **hinten unten** (Hände berühren fast den Boden beim Durchschwingen) locker aus.

PHASE 2 Allgemeines Aufwärmen

Alle Übungen beginnen mit der Powerstellung.

Übungen für den Kopfbereich

KOPFBEUGEN
Abwechselnd Kinn auf die Brust und vorsichtig, langsam leicht (wenig!) in den Nacken legen.

KOPFWENDEN
Abwechselnd den Kopf gerade nach rechts und links drehen. Kinn bleibt stets auf gleicher Höhe.

KOPFROLLE
Kopf wird von der Seite her über die Brust auf die andere Seite gerollt.

KOPFNICKEN
Kopf wird gerade zu einer Seite gedreht, dann mehrmals (ca. 4x) nicken. Seitenwechsel.

KOPF SCHIEBEN
Kopf gerade nach vorne und zurück schieben, Kinn bleibt auf gleicher Höhe.

ACHTUNG: Langsame Bewegung!
Kein Kopfkreisen hinter der Schulterlinie.

Übungen für Schulter und Arme

SCHULTER HEBEN
Schulter hochziehen und beim Ausatmen senken.

SCHULTER KREISEN
Schulterkreisen nach oben-rückwärts. Mit Atmung, d.h. einatmen, wenn die Schultern vorne und nach oben geführt, ausatmen, wenn sie geführt nach hinten unten gegeben werden.

HUBSCHRAUBER
Arme sind neben dem Körper und bis in die Fingerspitzen gestreckt, Daumen zeigen nach vorne. Es werden schnelle, kleine Kreise mit den gestreckten Armen gemacht, wobei immer weiter seitlich nach oben gegangen wird, bis die Hände über dem Kopf zusammen kommen. Dann werden die Daumen nach hinten gegeben und die Arme wieder unter ständigem Kreisen seitlich nach unten geführt.

Übungen für Schulter und Arme

KOORDINATIVES ARMKREISEN

Armkreisen, wobei ein Arm vorwärts und der andere rückwärts kreist. Seitenwechsel.

T-ÜBUNG

Gestreckte Arme seitlich vom Körper abspreizen (T bilden). Die Fingerspitzen der rechten und linken Hand sind so weit wie möglich voneinander entfernt (Schulter breit machen), die Daumen zeigen nach vorne. Zuerst 16x minimale Armkreisbewegungen machen und anschließend die Amplitude stetig vergrößern, bis das Maximum erreicht ist. Vorwärts und rückwärts.

SCHULTERROLLER

Beide Arme werden seitlich auf Schulterhöhe weggestreckt (T). Die Innenfläche einer Hand zeigt nach vorne, die der anderen nach hinten und die Finger sind weit gespreizt. Nun werden die Arme gegengleich gedreht, sodass die Handflächen abwechselnd Mal nach vorne, Mal nach hinten zeigen. Variation: Arme sind 90° im Ellenbogengelenk angewinkelt.

NACKENDRÜCKEN

Ausgangssituation der Arme: Hände am Kopf, hinter den Ohren, Ellenbogen auf Höhe der Handgelenke u. hinter der Schulterlinie. Hände nach oben strecken und wieder zurückführen.

STREICHEN

Ausgangssituation der Arme ist ein T. Dann wird eine Hand zur anderen geführt und mit dieser von dort aus entlang des Armes und der Schlüsselbeine bis zur Schulter gestrichen (oder Zugbewegung durchgeführt) und schließlich der Arm wieder ausgeklappt, sodass wieder das T entsteht. Bewegung wird von der Schulter bzw. Ellenbogen geführt.

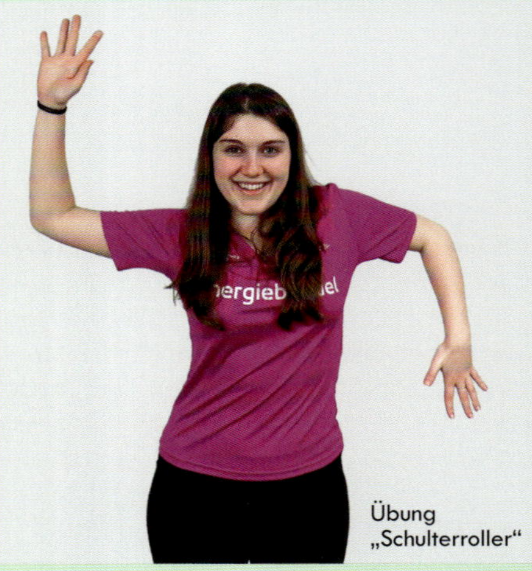

Übung „Schulterroller"

SCHULTERBLÄTTER-TANZ

1. von unten nach oben
2. von vorne nach hinten
3. von oben nach unten

Bewegungen werden mit der Atmung kombiniert.

ARME ÖFFNEN

Ausgangssituation der Arme ist ein T (Handfläche schaut zum Boden, die Daumen nach vorne).

Dann werden die Arme langsam und geführt angewinkelt (Hände kommen zu den Schlüsselbeinen) und wieder streckt. Ellenbogen bleiben stets auf Schulterhöhe. Beim Öffnen gehen die Schulterblätter zusammen.

KRAFT-MAX

Ausgangssituation: Hände werden seitlich an den Kopf hinter die Ohren gegeben. Ellenbogen sind hinter der Schulterlinie und leicht über Schulterhöhe. Dann werden Kniebeugen durchgeführt (gerader Rücken, Gesäß nach hinten, Knie bleiben hinter den Zehen). Beim Nachobenkommen Arme seitlich strecken (mit Faust) und Schulterblätter zueinander bewegen.

HAND-8er

Die Hände werden gefasst (gefaltet) und die Arme vor dem Körper gestreckt. Dann werden mit den Händen 8er beschrieben.

ARM-SCHRANKE

Die Hände werden aneinandergelegt (Daumen zeigen nach oben) und die Arme vor dem Körper gestreckt. Dann werden die Arme hinauf und hinunter bewegt.

ARM-8er

Die Arme sind auf Schulterhöhe seitlich ausgestreckt (T) u. beschreiben kleine und große Achter.

SEITEN-ARMDRÜCKEN

Isometrische Partnerübung (isometrisch = gleichbleibende Anstrengung ohne Bewegung). Die Partner stehen sich gegenüber. Die Arme sind gestreckt. Der linke Arm des einen berührt den rechten Arm des anderen von der Seite her.
Einer der Übenden hat die Arme außen, einer die Arme innen. Nun drückt derjenige seine Arme nach außen, der die Arme innen hat und der Partner hält dagegen. Dies für ca. 10 Sekunden halten, dann Seitenwechsel. Wenn kein Partner zur Verfügung steht, kann die Übung auch z.B. an einer Wand, einem Baum bzw. zwischen zwei Bäumen gemacht werden.

HÖHEN-ARMDRÜCKEN

Isometrische Partnerübung (isometrisch = gleichbleibende Anstrengung ohne Bewegung). Die Partner stehen sich gegenüber. Die Arme sind gestreckt. Der linke Arm des einen berührt den rechten Arm des anderen von oben bzw. von unten her. Einer der Übenden hat die Arme oben, einer die Arme unten. Nun drückt derjenige seine Arme nach oben, der die Arme unten hat und der Partner hält dagegen. Dies für ca. 10 Sekunden halten, dann Armpositionswechsel. Wenn kein Partner zur Verfügung steht, kann die Übung auch z.B. an einem waagerechten Ast oder stabilen, schweren Tisch gemacht werden.

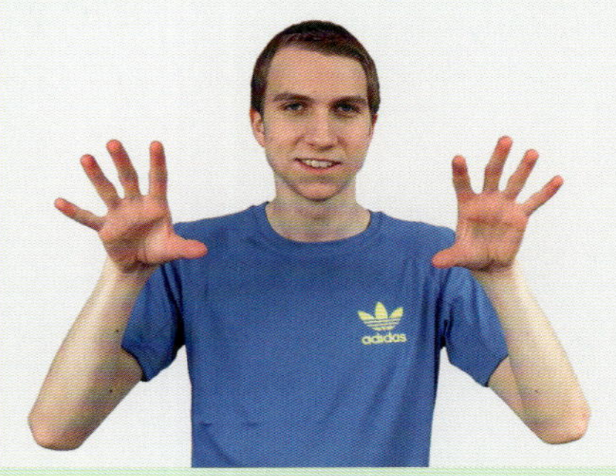

Übungen für Finger und Hände

FAUST-BLINKEN

Arme nach vorne ausstrecken. Hände bilden eine Faust. Die Faust wird nun schnell geöffnet (die Finger werden gespreizt und kräftig gestreckt) und schnell (aktiv) wieder geschlossen, wobei die Unterarme ihre Position nicht ändern.

TASTATUR

Die Arme sind vor dem Körper leicht angewinkelt und die Hände werden leicht nach vor und zurück geführt. Die Finger werden dabei schnell bewegt, so, als ob sie Buchstaben in eine Tastatur mit dem Zehn-Finger-System eingeben.

HANDGELENKS-8er

Hände vor dem Körper auf Brusthöhe falten und langsam, in beiden Richtungen 8er beschreiben (einmal rechter, einmal linker Daumen oben).

FINGERSPREIZEN

Arme nach vorne ausstrecken. Handflächen zeigen nach vorne. Die Finger werden gespreizt und kräftig gestreckt. Dies wird kurz gehalten (ca. 3 Sekunden) und dann wieder entspannt, wobei die Unterarme ihre Position nicht ändern.

WINKEN

Arme nach vorne ausstrecken. Handflächen zeigen nach vorne, die Finger sind gestreckt und leicht gespreizt. Dann mit den Händen winken, wobei die Unterarme ihre Position nicht ändern.

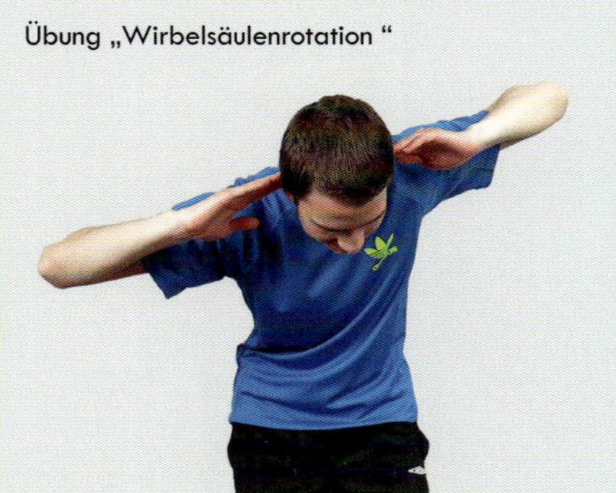

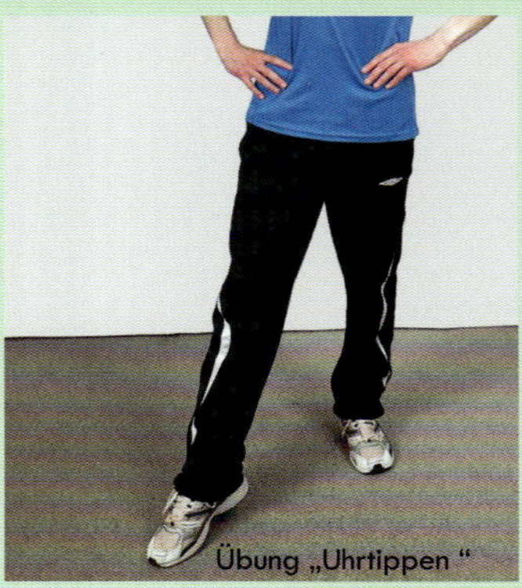

Übungen für Oberkörper, Rumpf und Hüfte

OBERKÖRPERROTATION

Arme sind leicht angewinkelt und werden auf Schulterhöhe vor den Körper gehoben, so als ob sie einen großen Ball halten würden. Dann wird oberhalb der Hüfte rotiert, ohne dass sich die Hüfte bewegt.

WIRBELSÄULENROTATION

Die Hände sind am Kopf hinter den Ohren, Ellenbogen auf Höhe der Handgelenke u. hinter der Schulterlinie. Dann werden die Knie etwas gebeugt, der Oberkörper mit geradem Rücken leicht nach vorne gelehnt, wobei das Gesäß deutlich hinter die Fersen kommt. Anschließend werden langsame und kontrollierte Drehbewegungen oberhalb der Hüfte durchgeführt.

OBERKÖRPERBEUGE

Hände am Kopf hinter den Ohren, Ellenbogen auf Höhe der Handgelenke. Dann werden die Knie etwas gebeugt, der Oberkörper mit geradem Rücken leicht nach vorne gelehnt, wobei das Gesäß deutlich hinter die Fersen kommt. Anschließend werden langsame und kontrollierte Beugebewegungen durchgeführt, jedoch nur so tief, wie Rücken noch gestreckt bleiben kann.

HÜFTKREISEN

Die Hände werden in die Hüfte gestemmt und die Knie etwas gebeugt. Dann mit der Hüfte rechts und links herum einen Kreis beschreiben.

Übungen für die unteren Extremitäten

FUSS-, KNIE- UND BEINKREISEN

Hände in die Hüfte stemmen. Dann der Reihe nach mit Fuß, dann Knie und anschließend Hüfte langsame, kreisende Bewegungen nach beiden Seiten zur Mobilisation der Gelenke machen. Seitenwechsel.
Beim *Fußkreisen* berühren die Zehen des kreisenden Fußes gerade noch den Boden.
Beim *Kniekreisen* wird das Knie soweit gehoben, dass der Oberschenkel waagerecht ist und das Wadenbein und der Fuß locker hängen können.
Beim *Beinkreisen* kann als Variation auch mit dem Knie ein 8er in der Luft beschrieben werden.

UHR TIPPEN

Mit gestrecktem Bein tippen die Zehenspitzen auf ein imaginäres Zifferblatt am Boden, wobei der Coach die Stunde ansagen kann. Bein wechseln.

KNIEBEUGE

Hände sind am Kopf hinter den Ohren, die Ellenbogen auf Höhe der Handgelenke und hinter der Schulterlinie.

ACHTUNG: Rücken so gestreckt wie möglich, Knie über dem Sprunggelenk, Gesäß geht beim Hinuntergehen nach hinten.

An-Dehnen / -Stretchen

SCHULTER-ANDEHNUNG
Ein Arm wird quer zur Brust gestreckt, der andere hakt unterhalb des Ellenbogengelenkes ein und zieht nach hinten. Seitenwechsel.

TRIZEPS-ANDEHNUNG
Eine Hand wird von oben auf die Wirbelsäule zwischen die Schulterblätter gelegt. Die andere Hand fasst den Ellenbogen und drückt ihn sanft entlang der Wirbelsäule nach unten.

UNTERARM-ANDEHNUNG
Die Arme werden seitlich neben dem Körper nach oben gestreckt. Die Handflächen zeigen nach oben, die Daumen nach hinten. Handflächen werden zur Decke/ zum Himmel gedrückt. *Variation:* Eine Handfläche zeigt gegen Himmel, während die andere mit seitl. gesenktem Arm mit der Handfläche (Daumen zeigt n. vorne) Richtung Boden drückt.

HANDGELENKS-ANDEHNUNG
Die Hände werden in die Hüfte gestemmt und zwar so, dass die Handaußenfläche die Taille berührt und die Finger nach hinten zeigen. Nun werden die Ellenbogen **ganz sanft** rückenwärts gegeben.

KÖRPERSTRECKUNG UND FINGER-ANDEHNUNG
Die Finger der Hände werden vor dem Körper ineinander verschränkt, nach außen gedreht und mit gestreckten Armen über den Kopf geführt. Dort werden die Innenflächen der Hände in Richtung Himmel gedrückt.

KOPF HÄNGEN LASSEN
Mit leicht gebeugten Knien rollt der Übende seinen Kopf über die Brust nach unten, bis er ca. auf Oberschenkelhöhe ist. Die Arme werden hängen gelassen und sanft nach unten gewippt. Dann wieder langsam nach oben rollen.

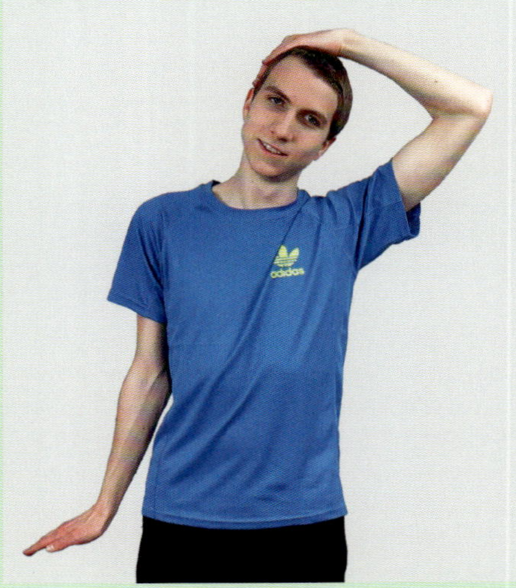

SEITLICHE HALS-ANDEHNUNG
Eine Hand fasst über den Kopf oberhalb des gegenüberliegenden Ohrs und hält den Kopf sanft zur Seite. Der gegenüberliegende Arm hängt seitlich neben dem Körper. Seine Hand ist aufgestellt (Handfläche zeigt zum Boden) und der Handballen drückt zum Boden. Seitenwechsel.

STRECKEN-BEUGEN
Die Finger der Hände werden vor dem Körper ineinander verschränkt, nach außen gedreht und mit gestreckten Armen über den Kopf geführt. Nach der vollständigen Streckung wird nun der Oberkörper gebeugt und die Handflächen werden in Richtung Boden gedrückt. Dann geht es wieder in die Streckung.

KOPF-WENDEN-ANDEHNUNG
Kopf so weit wie möglich zu einer Seite drehen. Eventuell mit der Hand (von der Seite, in die geschaut wird) vorsichtig am Kinn die Drehung unterstützen und mit der anderen Hand die Schulter zurück und tief halten, damit diese nicht mit dreht. Hüfte bewegt sich nicht. Seitenwechsel.

NACKEN-ANDEHNUNG

Kopf auf die Brust legen. Die Hände falten und auf den Hinterkopf legen. Gewicht der Arme wirken lassen.

BRUSTMUSKEL- UND HÜFTBEUGER-ANDEHNUNG

Der Übende stellt sich seitlich neben eine senkrechte Kante oder einen Baum. Der Arm, welcher näher zur Kante ist, wird seitlich bis zur Schulterhöhe hinter der Kante gehoben und im Ellenbogengelenk nach oben gebeugt. Handfläche schaut nach vorne. Nun legt er den Unterarm an die Kante und drückt den Oberkörper nach vorne. Parallel dazu macht das Bein der gleichen Seite einen Ausfallschritt nach vorne. Beide Beine sind gebeugt, der Fuß auf der Gegenseite steht auf den Zehen. Die Hüfte der Gegenseite wird nach vorne geschoben. Seitenwechsel.

OBERKÖRPER-ANDEHNUNG

Ein Arm wird seitlich über den Kopf gestreckt und zieht nach oben in die Diagonale, wobei der Oberkörper etwas mit zur Seite geneigt wird. Kurz halten. Anschließend wird der Oberkörper weiter zur Seite in die Waagerechte gedreht und drückt leicht zum Boden.

ACHTUNG: Verletzte Muskeln, Sehnen oder Bänder **nicht** dehnen!
Die unbeweglichere Seite zuerst dehnen.

Unterwegs auf dem 3D- oder Feld-Turnier

Durch die längere Wegstrecke zum 1. Ziel ist der Körper meist schon gut aufgewärmt. Dann kann man gleich mit den Fitnessband Übungen (siehe rechts) beginnen.

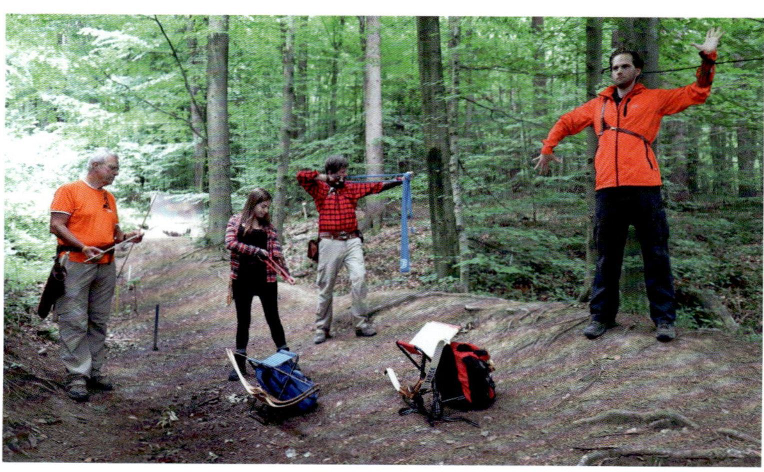

PHASE 3 Bogenspezifisches Aufwärmen

Übungen mit dem Fitnessband

FITNESSBAND ÜBER DEN KOPF FÜHREN

Das Fitnessband etwas über schulterbreit spannen und mit gestreckten Armen von ca. Oberschenkelvorderseite über den Kopf zur Oberschenkelhinterseite vor- und zurückführen.

ZUG-DRUCK-ROTATIONSSIMULATION

Das Fitnessband auf einer Seite 8 x vom Ende der oberen Vorbereitungsphase bis zum Vollauszug ziehen und wieder zurückführen. Dann Seitenwechsel. 2x.

ARM-8er MIT FITNESSBAND

Eine Hand liegt hinter dem Körper und fixiert das Band durch Zug nach unten. Die andere Hand ist hinten ca. auf Schulterhöhe, hält das andere Ende auf Zug und beschreibt eine *stehende Acht*. Richtungs- und Armwechsel.
Variation: *Liegende Acht.*

WICHTIG: Übungen mit dem Fitnessband stets leicht vorgespannt beginnen sowie langsam und kontrolliert ausführen.
Anfänger sollten ein leicht dehnbares Band benützen und viele Wiederholungen machen.
Trainierte Schützen können Bänder mit hohem Widerstand für die Übung nehmen und dafür weniger Wiederholungen machen.

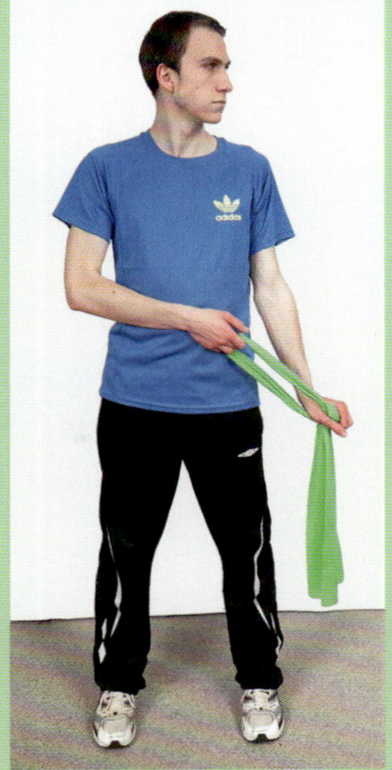

Schussablauf mit Fitnessband

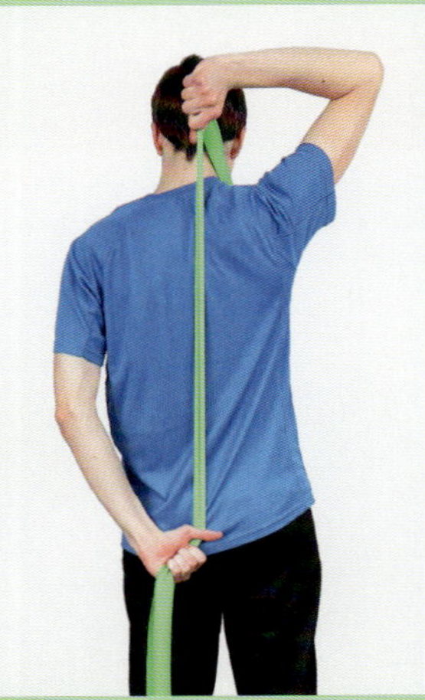

Übung „Arm 8er mit Fitnessband“

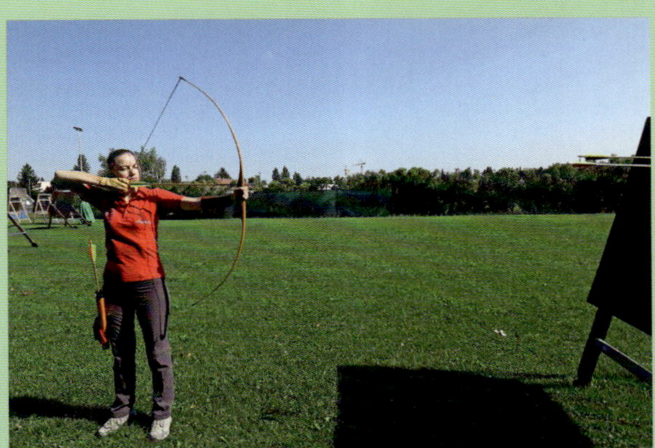

Einschießen mit geschlossenen Augen, erleichtert das optimale Schießgefühl wieder zu erlangen.

3D- UND FELDSCHIESSEN

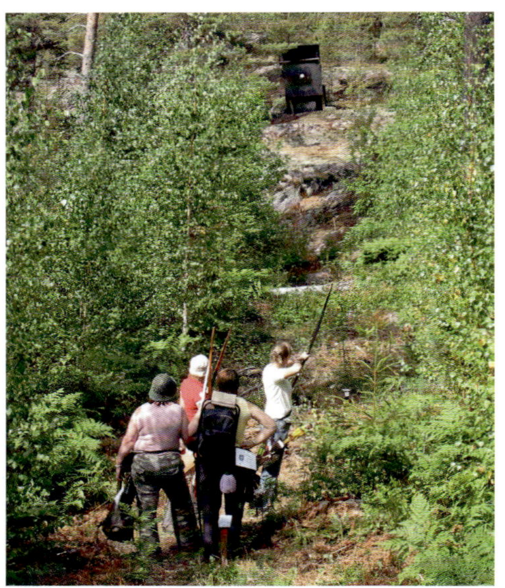

Auf 3D- oder Feldparcouren werden Entfernungen zwischen 2 und 72 m, manchmal auch noch weiter, geschossen.

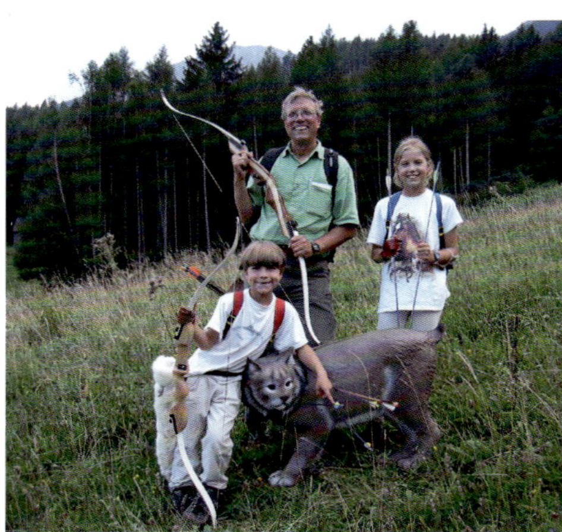

3D-Bogensport ist eine Freizeitbeschäftigung, die der ganzen Familie Spaß macht, ganz gleich welches Leistungsniveau der einzelne hat oder welcher Bogen geschossen wird.

Das 3D- und Feldschießen sind Sportarten, die in natürlichem Gelände mit mehr oder weniger großen Steigungen und meist hohem Waldanteil ausgeübt werden und daher, v.a. bei Naturliebhabern und Erholung suchenden (Stadt-) Menschen, ein schönes Hobby darstellen.

Auf speziell präparierten Parcours stehen Ziele unterschiedlicher Art und Entfernung. Die Schützen gehen auf einem markierten Weg, stehen zum Schießen an einem farblich gekennzeichneten Pflock und schießen auf ein nummeriertes Ziel. Die Ziele werden von den Schützen entweder der Reihe nach beschossen oder zwei Schützen stehen nebeneinander am selben(!) Pflock.

Haben alle Mitglieder der Gruppe das eine Ziel beschossen, wird gemeinsam zu dieser Scheibe (3D-Tier oder Dämpfer mit Auflage) gegangen, eventuell Punkte gezählt, die Pfeile gezogen und anschließend gemeinsam zum nächsten Ziel gewechselt.

Der Parcours sollte aus Sicherheitsgründen bis zum letzten Ziel fertig gegangen werden, außer man kommt zu einem sichtlich sicheren Forstweg oder einer Straße, auf dem/r man gefahrlos zum Ausgangspunkt zurückkehren kann. Niemals darf ein Parcours gegen die gekennzeichnete Gehrichtung benützt werden (Lebensgefahr!).
Siehe weitere wichtige(!) Sicherheitsaspekte unter *Spezielle Sicherheit und Verhaltensweisen am Parcours.*

Beide Disziplinen können als sehr gesellig betrachtet werden, die man mit der ganzen Familie und/oder Freunden in kleinen Gruppen ausüben kann. Dass Mitglieder der Gruppe ein unterschiedliches Leistungsniveau haben

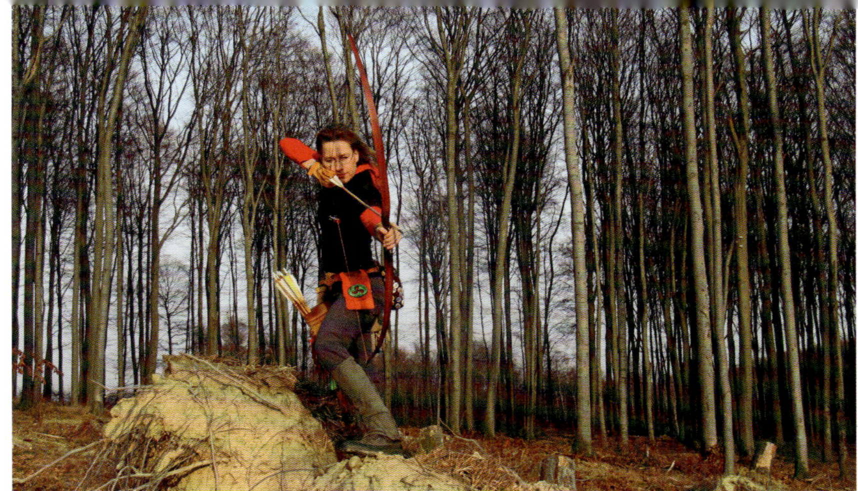

(von Anfänger bis Weltklasse-Schützen) oder unterschiedliche Bögen schießen (Self- bis Compoundbogen), spielt dabei keine Rolle, da auf unterschiedliche Entfernungen von markierten Abschusspflöcken geschossen werden kann.

Die Art und Weise, wie das 3D- und Feldschießen vonstatten geht, fördert enorm die Konzentrationsfähigkeit eines Schützen. Der Wechsel von sich angeregt unterhalten (während des Pfeileziehens, des Pfeilesuchens sowie auf dem Weg zum neuen Pflock), und am Pflock sich schnell wieder der Aufgabe zuwenden, je nach Disziplin einen bis vier gute Schussabläufe zu vollbringen, ist eine gute Übung für das Versenken in sein Ziel und das Abschalten von störenden Einflüssen.

Leider gibt es auch einige Nachteile, wenn man durch den Wald und unwegsames Gelände streift. Nicht nur als Anfänger muss man ein häufiges Danebenschießen und einen hohen Pfeilverlust in Kauf nehmen. Pfeile verschwinden in der Grasnarbe oder im Unterholz, da ein Pfeilfang oft nur unzureichend gegeben ist. Abpraller auf dem Rücken eines 3D-Ziels oder an der Oberkante einer Feldscheibe lassen Pfeile unvorstellbare Wege fliegen, sodass selbst erfahrene Sucher ihre Pfeile nicht wieder finden.

Stark gehbeeinträchtigte Menschen stoßen leider beim 3D- und Feldschießen z.T. schnell an ihre Grenzen. Es gibt kaum Parcours, die leicht zu begehen oder gar rollstuhlgerecht sind.

Die größte Anziehungskraft von Feld- und noch mehr von 3D-Schießen geht von der Abwechslung aus. Der Schütze geht stundenlang an der frischen Luft durch unterschiedliches Gelände (dicht bewaldet, offen, steil, entlang eines Gewässers usw.) und wechselt permanent das Ziel (3D-Tier, Größe der Auflagen) sowie die Entfernung.

Jeder Parcours hat seine eigenen, besonderen Reize und Herausforderungen (u.a. Entfernung, Neigung, Lichtverhältnisse, optische und akustische Ablenkungen usw.).
Selbst wenn öfter derselbe Parcours begangen wird, ändern sich die Begebenheiten jedes Mal. Licht- und Schattenspiele der verschiedenen Tages- und Jahreszeiten, die wachsende Flora oder das Wetter (Sonnenschein, Schnee, Regen usw.) lassen jeden Schuss anders erscheinen.

Da die Situationen beim 3D- und Feldschießen weit vielfältiger sind, im Gegensatz zum Schießen in der Ebene und der stets gleichen Entfernungen, erfordert es zur erfolgreichen Ausführung dieser Bogensport-Disziplinen ein besonderes, zusätzliches Training.

WAS IST 3D-BOGENSPORT ?

3D ist eine Disziplin des Bogensports, die auf einem speziell dafür ausgerichteten Parcours in abwechslungsreichem, natürlichem Gelände ausgeübt wird. Dabei wird auf dreidimensionale, z.T. sehr real aussehende Tierattrappen geschossen, die aus einem besonderen Kunststoff bestehen, sodass die Pfeile nicht beschädigt werden, gut stecken bleiben und leicht zu ziehen sind.
Die lebensecht wirkenden, naturgetreuen Tierattrappen reichen u.a. von Fischen, verschiedenen Reptilien, Vögeln, Hirschartigen, Wildschwein, Raub- und kleinen Nagetieren bis hin zu großen Mammuts, Dinosaurier oder Fantasie-Tieren wie Drachen und Monster.

Die Ziele (meist 28 bis 30 Tiere pro Parcours) stehen in unbekannter Entfernung (ca. 2–60 m) zu den Abschlusspflöcken.
Gewöhnlich gibt es 3 verschiedenfarbige Pflöcke mit unterschiedichen Entfernungen zum Ziel.

Es wird mit maximal 3 Pfeilen versucht, das Ziel zu treffen (sogenannte 3-Pfeil-Runde). Sobald ein Pfeil des Schützen im Tier steckt, hört dieser mit dem Schießen auf, geht zurück in den Sicherheitsbereich (mindestens 3 m hinter(!) den Pflock) und der Nächste in der Gruppe kommt dran.
Wenn alle Gruppenmitglieder geschossen haben, geht man gemeinsam zur Scheibe und, sofern man möchte, wertet die Pfeile und notiert die Ringzahlen.

Jedes 3D-Tier hat in der Regel mindestens 3 Trefferzonen:

- Körper: Alles außer Horn, Geweih, Sockel
- Leben: Symbolisiert den Lungenbereich; auch „Großes Kill“, „Blatt“oder „Außenkill“.
- Kill: Symbolisiert die Herz-Zone.
- Innenkill (Superkill oder Spot)

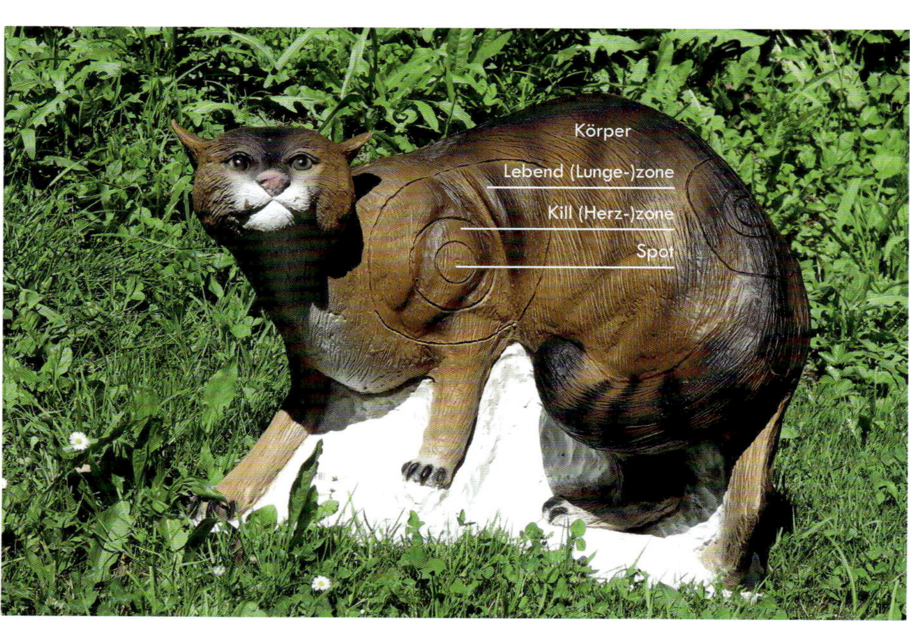

Zählweise bei einer sogenannten 3-Pfeil-Runde, („Skandinavische Wertung“):

Wer mit dem 1. Pfeil trifft, bekommt bei einem Kill-Treffer 20, bei einem Leben-Treffer 18 und bei einem Körper-Treffer 16 Punkte.
Wer erst mit dem 2. Pfeil trifft, bekommt bei einem Kill-Treffer 14, bei einem Leben-Treffer 12 und bei einem Körper-Treffer 10 Punkte.
Wer erst mit dem 3. Pfeil trifft, bekommt bei einem Kill-Treffer 8, bei einem Leben-Treffer 6 und bei einem Körper-Treffer 4 Punkte.

Es gibt noch weitere Varianten:
1-Pfeil-Runde (Hunterrunde),
Zwei-Pfeil-Runden und Doppelhunter.
Die Zählweisen variieren je nach Verband oder Verein.

Im 3D-Bereich gibt es viele verschiede Möglichkeiten an Wettkämpfen teilzunehmen, auch solche, für die man sich nicht qualifizieren braucht. Bevor man jedoch an eine Turnierteilnahme denkt, sollte man sich unbedingt vorher gut über die jeweiligen Regeln informieren.

Je nach Veranstalter kann die Anzahl der zu schießenden Pfeile, die maximalen Entfernungen, die Wertung (Anzahl der Trefferzonen und Punkte pro Zone; Linie angerissen oder durchtrennt), der Stand zum Pflock, das erlaubte Material usw. stark variieren.

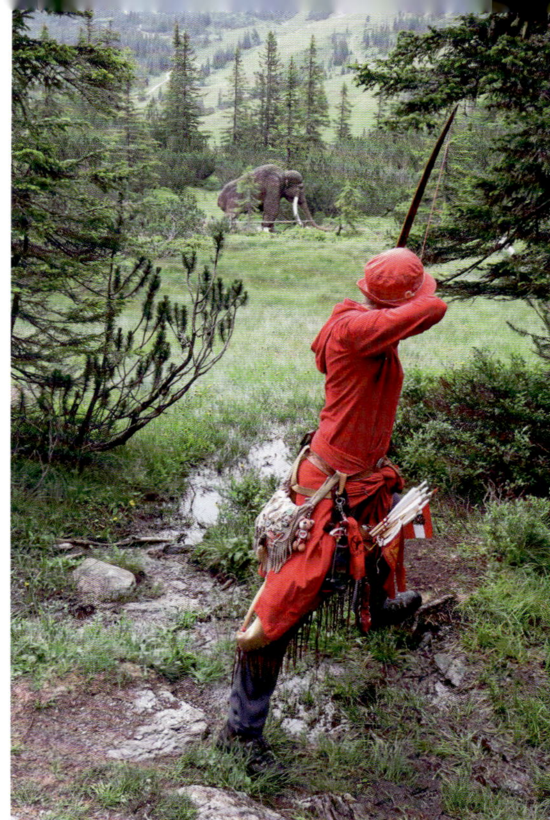

3D-Ziele variieren in Größe und Gestalt.
Eines der imponierendsten Ziele der Welt ist das 3 m hohe Mammut auf der Planneralm in Österreich.
Bei Turnieren wird darauf hin und wieder auf Distanzen von über 100 m geschossen.

Auch im Winter bei Schnee und Kälte ist die Begehung eines Parcours gut möglich und eine ganz andere Herausforderung als in den anderen Jahreszeiten.

WAS IST FELDSCHIESSEN ?

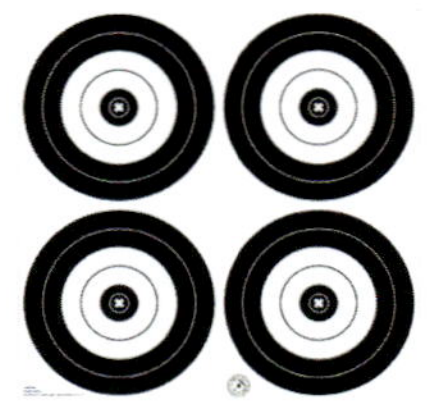

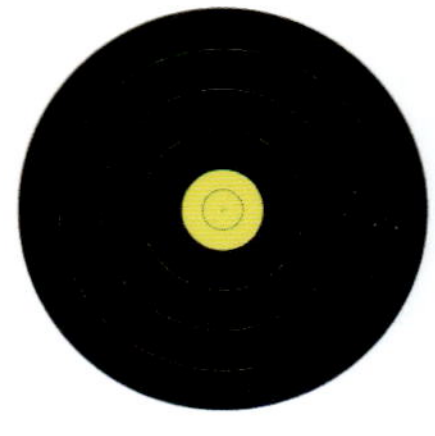

Das Feldschießen ist dem 3D-Sport vom Ablauf her sehr ähnlich. Wie auch beim „3D" wird es im natürlichen Gelände auf einem speziellen Feldparcours und in Gruppen ausgeübt.

Der eigentliche Unterschied liegt darin, dass auf Dämpfer mit unterschiedlich großen und gefärbten Auflagen (je nach Verband und Runde schwarz-gelb, schwarz-weiß, schwarz-weiß-schwarz, Tierbilder) geschossen wird und es pro Ziel mehrere Wertungspfeile gibt: Drei bei WA oder vier bei IFAA.

Die Papierauflagen sind unterschiedlich groß (die runden Trefferzonen variieren von 20–80 cm im Durchmesser) mit den Trefferzonen **6, 5, 4, 3, 2, 1** bei WA und **5–4–3** bei IFAA.

Die Tierbildrunden unterliegen den verschiedenen Wertungen von 3D. Die Entfernungen sind beim Feldschießen der IFAA bekannt (zwischen 6 bis 72 m), während sie bei der WA einmal bekannt und einmal unbekannt sind und je nach Bogenklasse bis zu 45/55 m bzw. 50/60 m reichen. Die Anzahl der Scheiben variiert je nach Weltverband zwischen 24 und 28.

Das Feldschießen ist ein hervorragendes Training für das 3D-Schießen, da es in ähnlichem Gelände stattfindet jedoch mehrere Wertungspfeile pro Ziel geschossen werden. Der gute 3D-Schütze benötigt in der Regel nur einen Pfeil, bis er die Tier-Scheibe trifft, während ein Feldschütze immer 3 Pfeile bei WA und sogar 4 Pfeile bei IFAA gut schießen muss und alle gewertet werden.

Der Konzentrationsanspruch ist daher deutlich höher als bei 3D. Außerdem sind die Trefferzonen kleiner und derjenige, der näher zum Scheibenzentrum ist, bekommt mehr Punkte.
"Ungerechtigkeiten", wie z.B. die gleiche Punktezahl bekommen, egal, ob der Pfeil ca. 0,5 cm außerhalb der Lebenzone(Blatt) oder gerade noch in Huf-Nähe am Hinterbein gelandet ist, gibt es beim Feldschießen nicht.

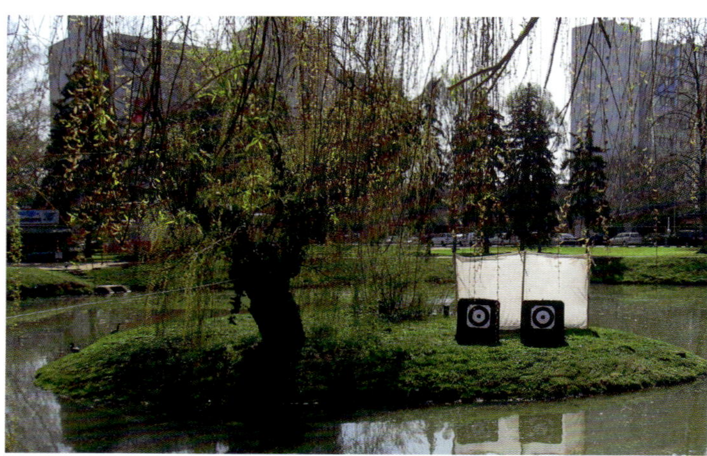

Schuss über einen See auf eine Feldscheibe.

SCHIESSEN IN UNEBENEM GELÄNDE

Auf einem Parcours herrschen selten Bedingungen wie beim „Nullschuss“ (Stand eben, Ziel auf Schulterhöhe und nahe Entfernung). Auf interessant gestellten Parcours wechseln sich nahe und weite Schüsse, kombiniert mit verschiedenen Stand- und Schussneigungen (bergab, bergauf, am Hang entlang), von Scheibe zu Scheibe ab, sodass sich der Schütze jedes Mal an andere Verhältnisse anzupassen hat.

Um den Schussablauf optimal ausführen zu können, sollte der Schütze sich viel Zeit in der Vorschussphase lassen. Dies bedeutet vor allem mit Bedacht die Füße positionieren, eine der Schusssituation angepassten Haltung einnehmen bzw. andere taktische Maßnahmen anwenden.

Versäumnisse hier können drastische Folgen für den Pfeilflug und das Trefferbild haben. Während der Parcoursbegehung sollten unbedingt(!) die zusätzlichen Sicherheitsregeln, welche speziell für 3D- und Feldschießen gelten, beachtet werden.
(*Siehe Sicherheit und Verhalten auf dem Parcours, Seite 136*).

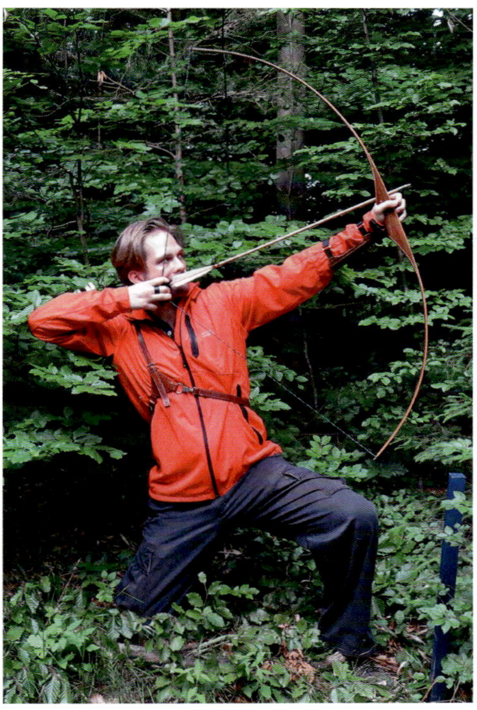

In schwierigem Gelände, wenn der Parcours besonders „jagdlich“ gesteckt ist, ist das Knien manchmal die einzige Möglichkeit einen geeigneten Schusskanal zu finden.

Vorschussphase im Gelände

Im Gegensatz zum Indoor- und Outdoorschießen (Schießen auf ebenem Platz) verlängert sich die Vorschussphase auf einem Parcours beträchtlich. Damit der Schütze optimal auf die Aufgabe bzw. Ausführung des Schussablaufes vorbereitet ist, sollte er Umgebung bzw. Umstände des bevorstehenden Schusses sorgsam analysieren.
Hierzu kann eine Art ***Checkliste*** hilfreich sein, die am besten auswendig gelernt und vor jedem Schuss angewandt wird. Die Vorschussphase ist eine wichtige Vorbereitung für den bevorstehenden Schuss und sollte daher auch mit großer Aufmerksamkeit durchgeführt werden.

Beispiel einer Vorschussphasen-Checkliste
(Anfänger)

1. UMGEBUNG ANALYSIEREN

(Einfluss auf Technikausführung, Entfernungsschätzen oder Pfeilflug)

- Bergauf-/ Bergabschuss? Neigungsgrad?
- Am Hang entlang?
- Neigung der Abschussposition
- Ziel hinter einem optischen Hindernis?
- Schuss über eine Senke oder einen Graben?
- Licht- und Sichtverhältnisse des Schusses, z.B. Schuss vom Hellen ins Dunkle?
- Wind (Stärke/ Richtung/ Rhythmus)?
- Regen oder Schneefall?
- Hindernisse für Bogen oder Schütze?
- Hindernisse in der Flugbahn?

2. AUSRÜSTUNG KONTROLLIEREN

3. ENTFERNUNG SCHÄTZEN

4. ZIELPUNKT BESTIMMEN

z.B. Punkt im Kill, je kleiner, desto besser.

5. STAND VOREINRICHTEN

- Füße positionieren (abhängig von Gelände, Schussneigungen und Situation am Pflock).
- Auf stabile Fußpositionierung achten. Steine, Äste, Zapfen unter den Schuhen wegräumen.
- Hüfte in Schussebene bringen.

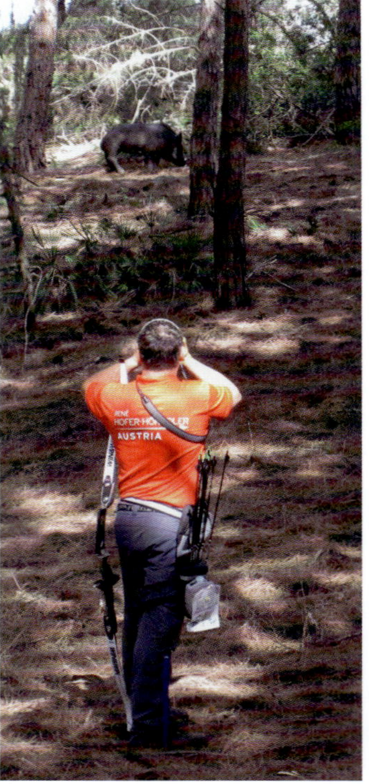

Die Vorschussphase ist eine wichtige Vorbereitung auf den Schuss im Gelände. Hierzu gehört auch die genaue Festlegung des Zielpunktes.

Sehr detaillierte Vorschussphasen-Checkliste in:
DAS GROSSE BUCH VOM BOGENSPORT.

DER STAND IM GELÄNDE

Auf Parcours sind die meisten Abschusspositionen uneben (Steine, Wurzeln). Oft muss von Hindernissen aus geschossen werden (z.B. Pflock steht hinterm Baum oder Felsen, auf einem Baumstumpf) und meist noch bergab oder bergauf.
Dies bedeutet, dass der Stand im Gelände zwangsläufig vom Stand des Standardschussablaufes abweicht.

Daher sollte der Schütze üben, sich auf der einen Seite so unabhängig wie möglich von der Fußpositionierung zu machen und auf der anderen Seite sie so sorgsam wählen lernen, dass größtmögliche Stabilität gewährleistet ist.

DIE WICHTIGSTEN REGELN FÜR DAS SCHIESSEN IN UNEBENEM GELÄNDE

So gut es geht...

- *Stabile Fußposition sorgsam auswählen.*
- *Beide Sohlen haben vollen Bodenkontakt*
- *Füße parallel zum Ziel ausrichten*
- *Hüfte in der Schussebene ausrichten.*
- *Schulter-Hüft-Trapez (von der Bauchseite her gesehen), beibehalten.*

BERGAUF- UND BERGABSCHIESSEN

Bei Bergauf- und Bergabschüssen sollte also, zusätzlich zur ***Hüftausrichtung in Schussebene,*** versucht werden, das gleichschenklige Trapez, welches von der Schulter und der Hüfte mit Wirbelsäule als Mitte gebildet wird, beizubehalten.

D.h. wenn die Schulter-(Bogen-)Arm-Linie bei Bergauf- und Bergabschüssen parallel zur Schussneigung gebracht wird, sollte auch die Hüfte entsprechend gekippt werden.

Dies kann zu Beginn oder am Ende der Vorbereitungsphase passieren, sollte jedoch immer an der gleichen Stelle des Schussablaufes gemacht werden (Kontrolle und Rhythmus).

Wenn das gleichmäßige ***Schulter-Hüft-Trapez*** eingehalten wird, bleibt der Schwerpunkt gleich und dadurch auch der Druckpunkt.
Zusätzlich erleichtert es die Beibehaltung des **T**s, die Aktivierung der gewünschten Muskulatur und das Kommen in den Vollauszug.

Zur Erleichterung der Beibehaltung des gleichmäßigen Schulter-Hüft-Trapezes, hilft es, vom schulterbreiten Stand zum doppelt-schulterbreiten Stand zu wechseln. Dabei werden die Füße eventuell auch etwas nach außen gedreht (bis 45°). Dies stabilisiert im Fußgelenk und verhindert ein ungewolltes Abknicken im Fußgelenk nach außen.

Sobald man auf einer Seite das Knie beugt, ist es wichtig, dieses über den Zehen zu lassen. Wenn nicht, wird das Knie verdreht, was zu Schmerzen und Verletzungen führen kann.

ACHTUNG: Wenn das Schulter-Hüft-Trapez nicht eingehalten wird, kann es zu Schmerzen führen, da der Hüftknochen und der Brustkorb sich manchmal schnell zu nahe kommen. Wenn das **Schulter-T** (Schulterlinie-Wirbelsäule) nicht eingehalten wird, verändert sich der Auszug je nach Winkel wesentlich, sodass auch die Anfangsgeschwindigkeit von Schuss zu Schuss erheblich variiert.

Der Stand im Gelände

Beim **GEMÄSSIGTEN BERGABSCHIESSEN** gibt es, grob gesehen, zwei Standvariationen, welche von der Neigung am Abschusspflock und der Flugbahn abhängig sind.

1. Beugung im vorderen, dem **BOGEN-KNIE:**

Diese Variation wird benutzt, wenn die Geländeneigung am Pflock weniger als die Schussneigung ist (z.B. bei einem 35° Schuss ist der Untergrund am Pflock nur leicht bergab, mehr oder weniger waagerecht oder gar bergauf bei einer Zielentfernung von ca. 20 m).
Dann wird der doppelt-schulterbreite Stand (mit Fußausrichtung von ca. 35°–45° nach außen) eingenommen, das Bogen-Knie gebeugt und die Hüfte so gekippt, dass die Linie zwischen Bogen- und Zug-Hüftkopf sich, so gut es geht, in der Schussneigung ausrichtet.

Das Zug-Bein ist mehr oder weniger gestreckt (nicht durchgestreckt!). Das Gewicht bzw. der Schwerpunkt ist dabei etwas auf die Bogenseite hin verschoben.

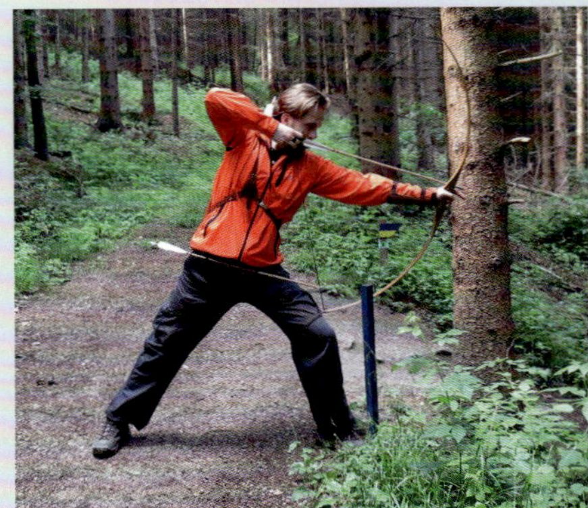

Stand waagerecht, Schuss bergab

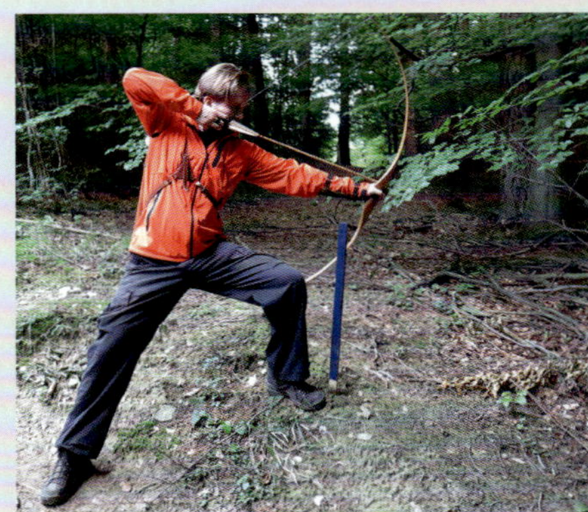

Stand bergauf, Schuss bergab

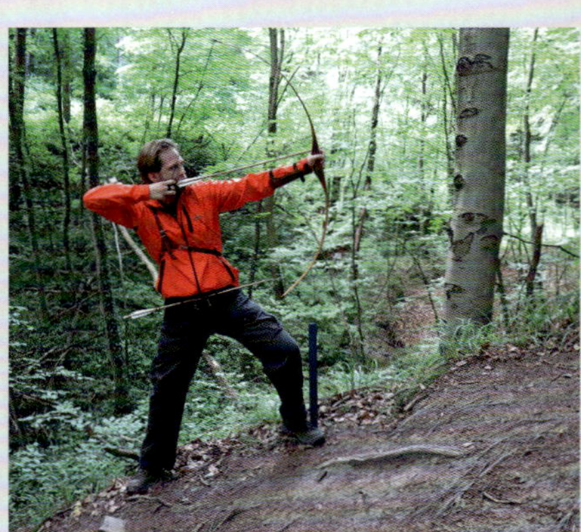

Stand bergauf, Schuss bergauf

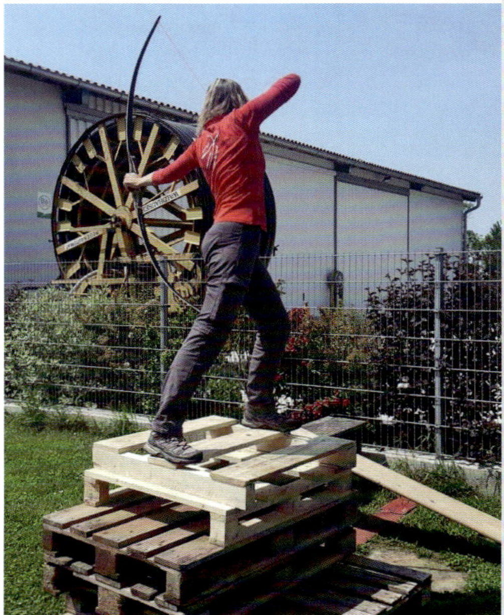

Stand waagerecht, Schuss steil bergab
Foto: Martina Jedelsky

2. Beugung im hinteren, dem **ZUG-KNIE:**

Dies wird verwendet, wenn die Geländeneigung am Pflock derjenigen der Schussneigung mehr oder weniger entspricht. Hier könnte zwar auch der Stand des Standardschussablaufes eingenommen werden, jedoch hätte man das Gefühl in Richtung Ziel zu kippen.
Besser ist es, wieder den doppelt-schulterbreiten Stand (mit Fußausrichtung von ca. 35°–45° nach außen) einzunehmen und diesmal das ***Zug-Knie zu beugen und das Bogen-Bein zu strecken.*** Die Hüfte wird durch diese Haltung fast automatisch in die Geländeneigung bzw. Schussneigung gebracht.

Bei **SEHR STEILEN BERGABSCHÜSSEN** kann es passieren, dass der untere Wurfarm oder die Sehne in Konflikt mit dem Körper kommt und so ein Vollauszug unmöglich wird. Hier kann das vordere Bein so weit gebeugt werden, dass der untere Wurfarm dahinter Platz hat (evt. kombiniert mit einem Ausfallschritt des Bogen-Beines). Das hintere Bein strecken.
Bei noch steileren Schüssen kann der Bogen mit etwas Vorlage (bauchwärts) senkrecht vor dem Körper gehalten werden.
Hier sollte der Fokus besonders auf die Körper- und Bogenausrichtung gelegt werden (z.B. dass der untere Wurfarm nicht an das Knie schlägt).
Eine weitere Möglichkeit ist es, mit dem Rücken zum Ziel zu stehen und sich nach hinten unten zu beugen.

Bei **SENKRECHTEN BERGABSCHÜSSEN** nach unten kann der Schütze einen 100%igen offenen Stand mit etwas Vorlage (bauchwärts) einnehmen und den Bogen parallel zur Hüfte halten. Wichtig: so gut es geht, den Vollauszug einnehmen.

Mit **BERGAUFSCHÜSSEN** verhält es sich wie bei den Bergabschüssen, nur dass das Knie sowie die Hüftneigung auf der Gegenseite verändert werden. Beispiel: Bei sehr steilen Schüssen wird das Zug-Bein sehr stark gebeugt und das Bogen-Bein gestreckt.

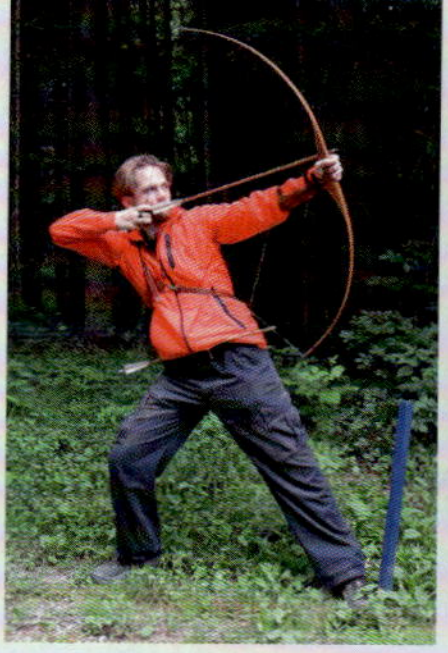

Stand waagerecht,
Schuss bergauf

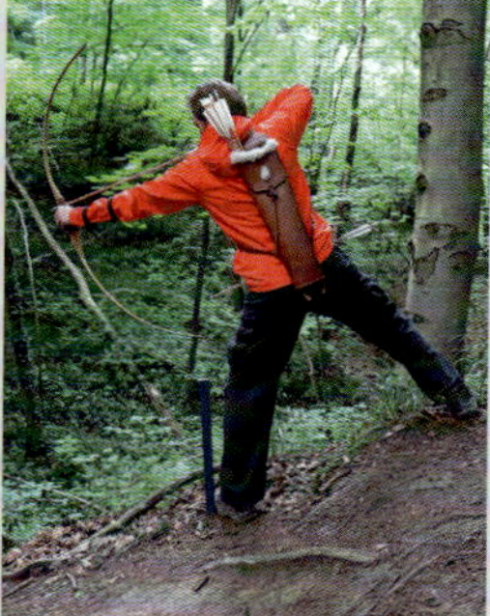

Stand bergab,
Schuss bergab

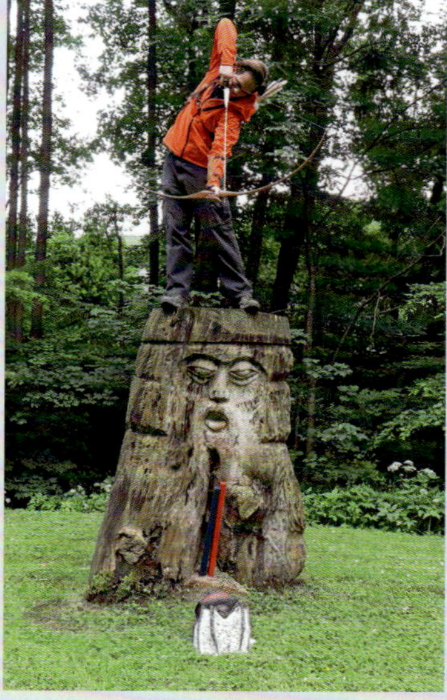

Stand waagerecht, Schuss senkrecht bergab

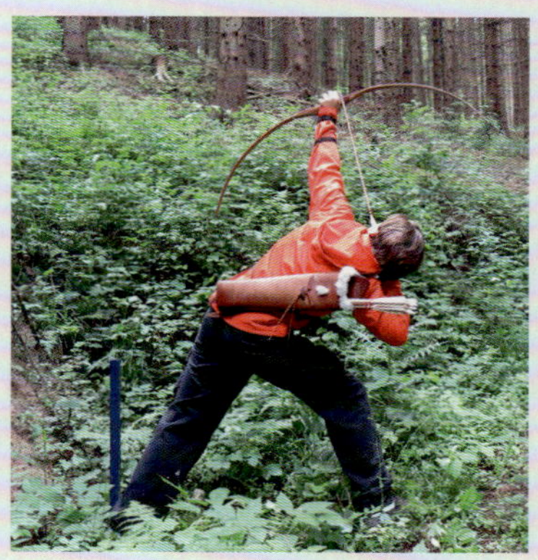

Stand waagerecht, Schuss steil bergauf

Schießen am Hang

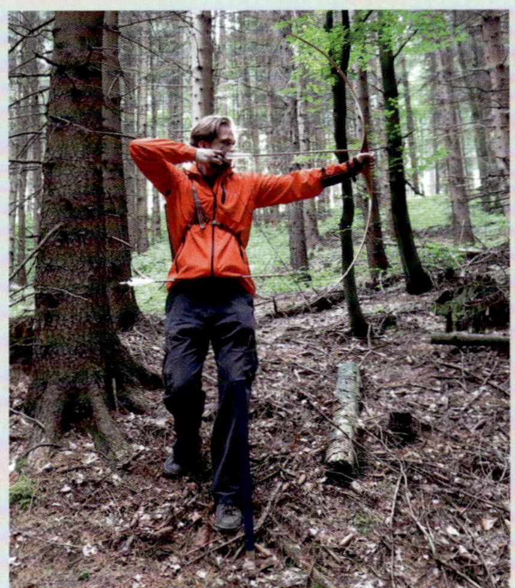

Hang rückenwärts, Schuss waagrecht.

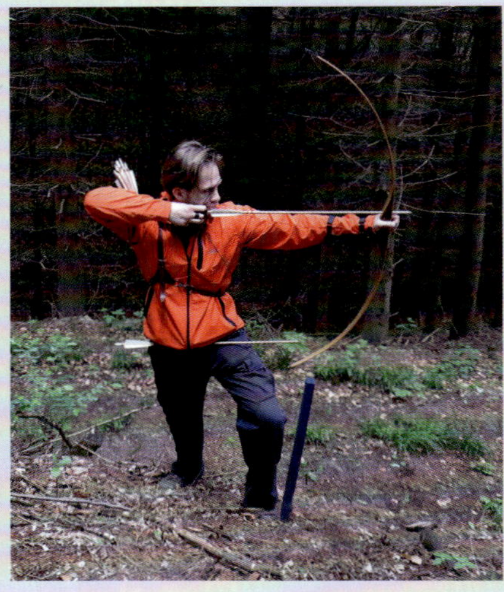

Hang bauchwärts, Schuss waagerecht

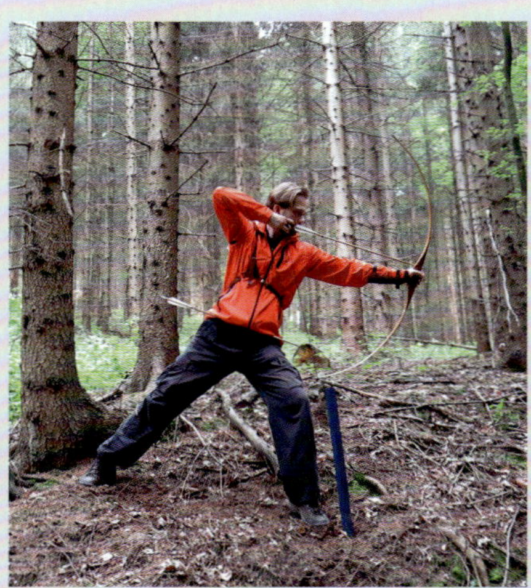

Hang rückenwärts, Schuss bergab.

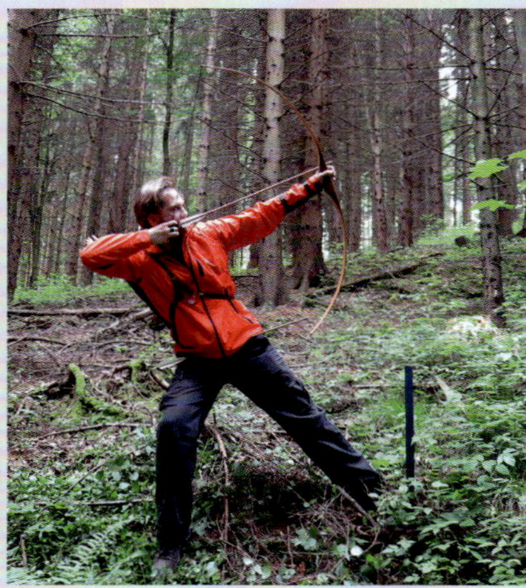

Hang rückenwärts, Schuss bergauf

DER SCHUSS AM HANG

Ist entlang eines Hanges zu schießen, kann dieses sehr anspruchsvoll sein. Oft tendiert der Schütze dazu, sich zum Ausgleich der hangentsprechenden Fußneigung entweder nach vorne oder nach hinten zu lehnen. Beides hat deutliche Konsequenzen für die Körper- und Bogenhaltung und somit die Pfeilflugrichtung.

Um diesem zu entgehen, kann der Schütze bei einem mehr oder weniger waagerechten Geradeausschuss (Ziel ca. auf Schulterhöhe) ein Bein vor (bauchwärts) zum Abstützen, das andere leicht hinter den Körper (rückenwärts) stellen, damit der Schwerpunkt einigermaßen in der Körpermitte bleibt.
Die Knie werden dabei in dem Maße angewinkelt, dass sie die Neigung ausgleichen und der Oberkörper aufrecht ist. Meist ist es von Vorteil, das Bogen-Bein bauchwärts zu stellen, damit der Bogen genügend Platz hat. Die Hüfte wird in der Schussebene ausgerichtet.

Bei Bergabschüssen entlang eines Hanges kann der Schütze weit in die Grätsche gehen (doppelt-hüftbreiter Stand) und, wie oben erwähnt, mit einem Bein nach vorne und mit dem anderen hinten abstützen.

Tendenziell ist es einfacher, wenn das ***Bogen-Bein vor dem Körper*** ist, da dieses wegen dem Bergabschuss auch gebeugt wird. Die Hüfte wird wieder, so gut es geht, der Schussneigung entsprechend gekippt (Schulter-Hüft-Trapez!) und in der Schussebene ausgerichtet.
Beim Bergaufschuss verhält es sich gegengleich .

Horizontale Beeinträchtigungen

Da der Pfeil im Flug eine mehr oder weniger starke Kurve beschreibt, kommt der Pfeil von oben ins Ziel. Das verlangt, dass der Bereich oberhalb des Ziels ohne störende Hindernisse, z.B. Äste (vor allem bei Bergaufschüssen!) sein sollte.

Äste im Gold/Kill oder knapp darunter stören nicht bzw. nur bei sehr nahen Entfernungen und starken Bögen.

Aber **ACHTUNG**(!): Solche Äste oder auch Büsche können den Pfeil unbewusst (wie von Geisterhand) nach oben drücken und somit den Bogen-Armwinkel zu steil einstellen.

Ist ein horizontales Hindernis da, ist es von Vorteil, wenn man sich die genaue Flugbahn vorstellt (dies braucht unter Umständen viel Übung, bis es gekonnt wird) und anschließend entscheidet, wie man an das Hindernis herangeht.

Eventuell kann man mit einem Ausfallschritt oder durch geeignetes Füße positionieren dem Hindernis ganz ausweichen, sich mehr Platz für die Flugbahn verschaffen oder über das Hindernis hinweg, bzw. durch z.B. Knien unter dem Hindernis hindurch schießen.

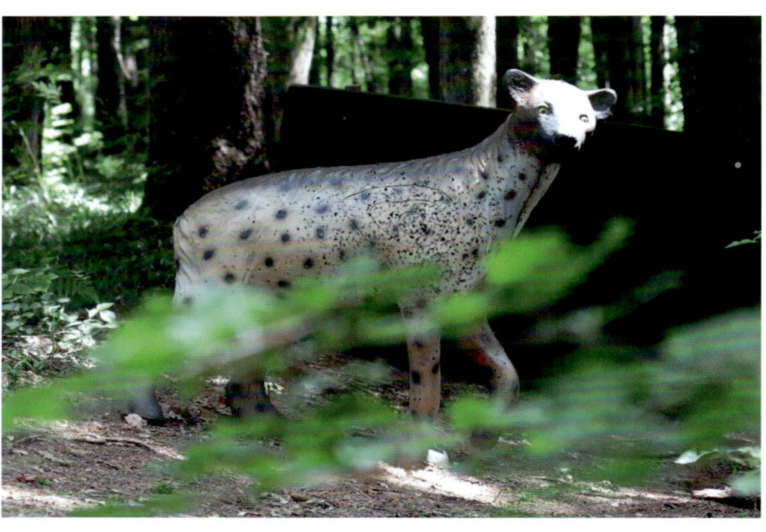

Blätter und Äste unterhalb der Killzone stören den Pfeilflug nicht, aber wenn sie in der Sichtlinie zum Ziel sind, können sie dafür verantwortlich sein, dass der Schütze den Bogen-Arm unterbewusst zu sehr hebt.

Ein weiteres Problem können Sträucher oder Äste sein, die nahe am Abschusspflock stehen. Sie können beim Heben, beim Bogenausrichten oder im Moment des Abschusses störend wirken.

Dies sollte daher ebenfalls unbedingt vorher in der ***Vorschussphase*** kontrolliert werden. Bei Schüssen mit sehr nahem Hindernis zur Abschussposition hin ist es meist ratsam, über dieses hinweg zu schießen.

Die erwähnten horizontalen Beeinträchtigungen sollten alle bei der Geländeanalyse in der Vorschussphase beachtet werden. Meistens kommen sie nur auf heimischen Parcours bzw. Turnieren vor und nur sehr selten bei internationalen oder nationalen Meisterschaften.

Sie sind unfair gegenüber Schützen mit schwächeren Bögen und daher nach den internationalen Wettkampfordnungen regelwidrig.

Optische, akustische, taktile und gedankliche Ablenkungen

Oft passiert es, dass der Schütze kurz vor, aber v.a. auch während des Schusses von Dingen abgelenkt wird, die einen ungünstigen Einfluss auf die Schussausführungs- bzw. Trefferleistung haben.
Bei optischen, akustischen und manchen gedanklichen Ablenkung kann man sagen, je mehr der Fokus (auch unbewusst) auf die Ablenkung gelegt wird, um so mehr verlagert sich das Trefferbild dorthin. Das kann so weit gehen, dass ein Baum, der sogar 2 m außerhalb der Schussebene ist, getroffen wird, nur weil der ganze Fokus auf den Baum gegangen ist („Oje, bloß diesen Baum nicht treffen").
Daher ist es wichtig, sich mit den Ablenkungen in der Vorschussphase auseinanderzusetzen und ungünstige Reize auszuschalten bzw. wegzublenden.

Taktile Ablenkungen treten meist erst während des Schussablaufes auf. Daher sollten sie, so gut es geht, durch taktische Maßnahmen (z.B. durch das Tragen von langer Kleidung, Haarspangen und Hut bzw. Verwendung von Insektenschutzmittel) vermieden werden.

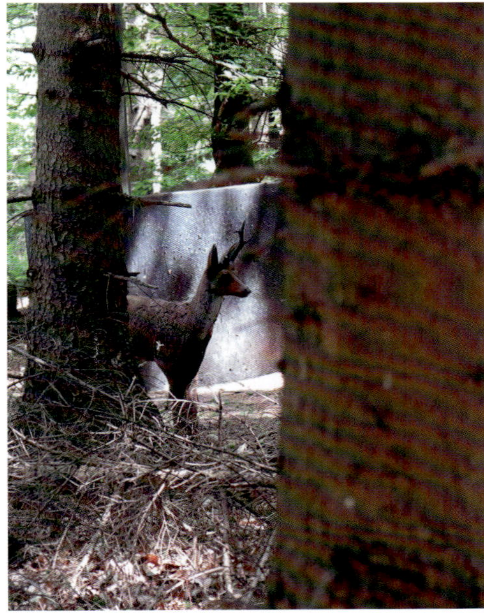

Beispiel einer optischen Ablenkung. Bäume nahe des Schusskanals können den Schützen negativ beeinflussen, selbst dann, wenn der Trefferbereich völlig frei ist.

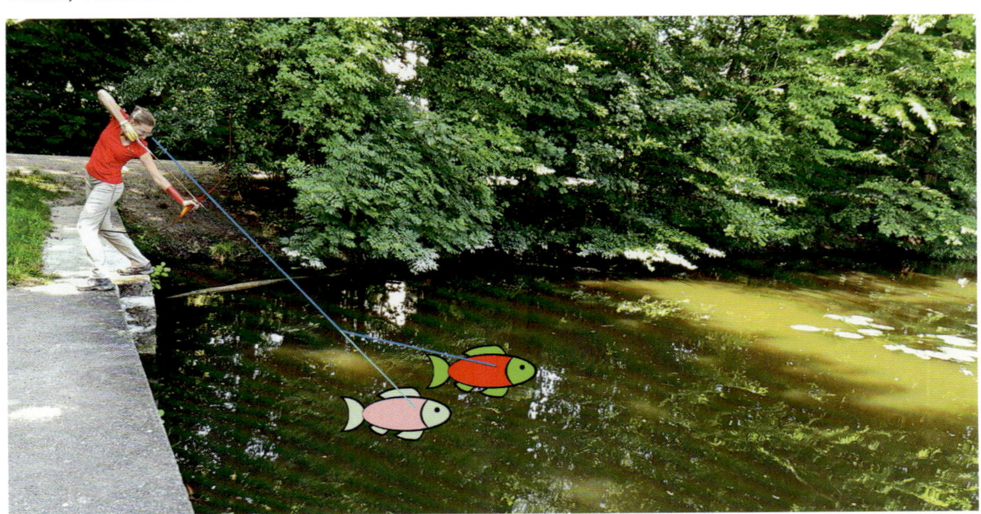

Der Fisch erscheint weiter weg und höher, als er tatsächlich ist.

Spezielle Sicherheit und Verhaltensweisen am Parcours

Das Gehen auf einem Parcours kann für Schützen wie Nichtbeteiligte lebensgefährlich werden, wenn man sich nicht an bestimmte Regeln hält. Hier sind die wichtigsten aufgezählt. Siehe auch Kapitel 1 *Sicherheit*.

- Anmelden vor der Parcoursbegehung.
- **Auffällige Kleidung tragen.**
- Aufwärmen nie vergessen!
- Während ein Schütze schießt, steht der Rest der Gruppe mit genügend Abstand **hinter** diesem. (nicht seitlich!).
- **Niemals** dürfen zwei Schützen gleichzeitig von unterschiedlichen Entfernungen schießen! **(Lebensgefahr!)**
- **Niemals gegen die Parcoursrichtung gehen (Lebensgefahr!).**
- Pfeile stets im Köcher tragen und nicht in der Hand. Niemals mit eingelegtem Pfeil herumgehen.
- Nur dann den Pfeil einnocken, an der Sehne ziehen, wenn man sicher ist, dass die Schussbahn und das Gebiet hinter und seitlich der Scheibe frei sind.
- Ist der Bereich hinter oder direkt neben einer Scheibe nicht einsehbar, z.B. wenn ein Ziel auf einer Kuppe steht oder der Schießkanal durch einen Hecken-Tunnel geht, darf nicht geschossen werden, auch wenn der Parcours so gestellt wurde. Es besteht Lebensgefahr für Personen, die sich eventuell „unsichtbar" für den Schützen in der Nähe des Ziels befinden oder sich plötzlich in der Schussebene und Erreichbarkeit des Pfeils aufhalten. Ein Aufmerksammachen, durch z.B. lautes Rufen, reicht hier nicht aus.
- Den Bogen nicht über Schulterhöhe ausziehen. Dies gilt vor allem für Bergabschüsse. Erst den Stand der Umgebung anpassen (Hüfte kippen) und dann in den Vollauszug gehen, niemals umgekehrt.

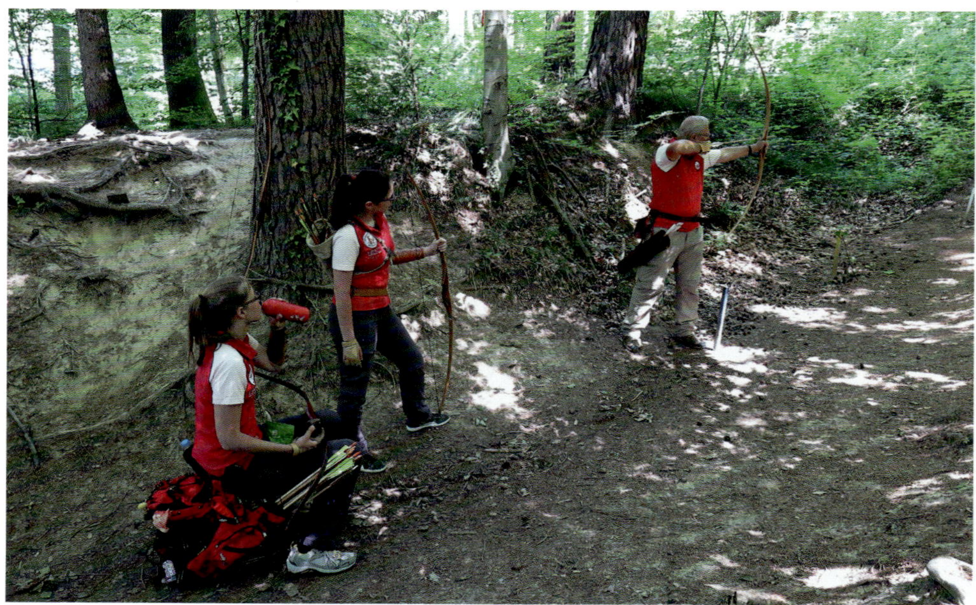

Während ein Schütze am Pflock steht und schießt, stehen alle anderen Gruppenmitglieder in genügendem Sicherheitsabstand hinter dem Schützen.

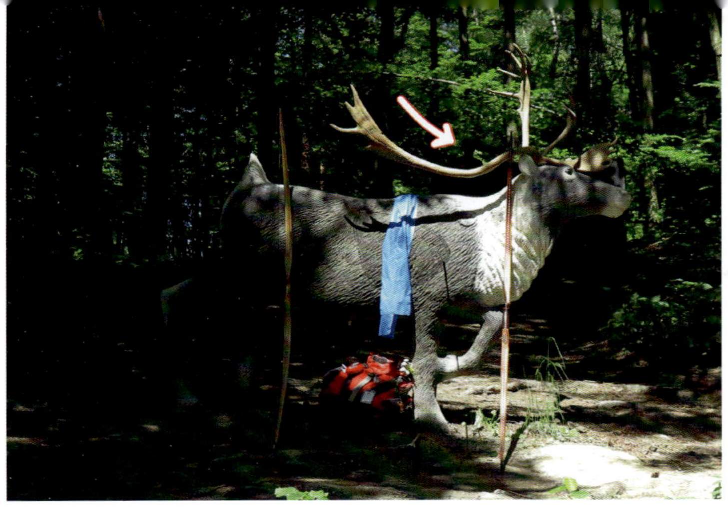

Je nach Entfernung und Lichtverhältnissen ist es für nachkommende Gruppen unmöglich, pfeilsuchende Schützen hinter dem Ziel zu entdecken.
Daher immer(!) gut sichtbar das Ziel als „besetzt" markieren.
Pfeil markiert die Position der Person hinter dem Ziel.

- Nur von den Abschusspflöcken der Scheiben/3D-Tiere schießen, bzw. in der Verbindungslinie zum Ziel bleiben.
- Als Anfänger sollte nur aus naher Distanz (z.B. 5–15 m) geschossen werden, sodass das Ziel mehr oder weniger sicher getroffen wird.
- Erst **nachdem jeder** geschossen hat, geht die Gruppe **gemeinsam** nach vorne zum Ziel.
- Wenn Pfeile gesucht werden, sollte **unbedingt ein Schütze vor der Scheibe** bleiben.
  Falls man alleine unterwegs ist: Kleidungsstücke (Jacken, rotes Halstuch, oder auffallende gefärbte Fitnessbänder auf das Ziel legen), sodass für Nachkommende klar ist, dass dieses noch nicht frei ist.

- Holzpfeile, die in Bäumen stecken werden am besten mit einer Zange ganz vorne gehalten und vorsichtig herausgedreht. Dies schont den Baum und den Pfeil.
- **ACHTUNG!** Je nach Stärke des Bogens, steckt der Pfeil ziemlich fest im Ziel oder Baum. Beim Ziehen kann er plötzlich mit großer Wucht herauskommen und die im Wege stehenden Körperteile wie Oberschenkel, Bauch, usw. verletzen.

- Nichts im Wald zurücklassen. Kaputte Pfeile, v.a. Karbonpfeile, stellen ein hohes Gesundheitsrisiko für die Tierwelt dar.

- Nach Beendigung der Runde Austragen bzw. Abmelden.

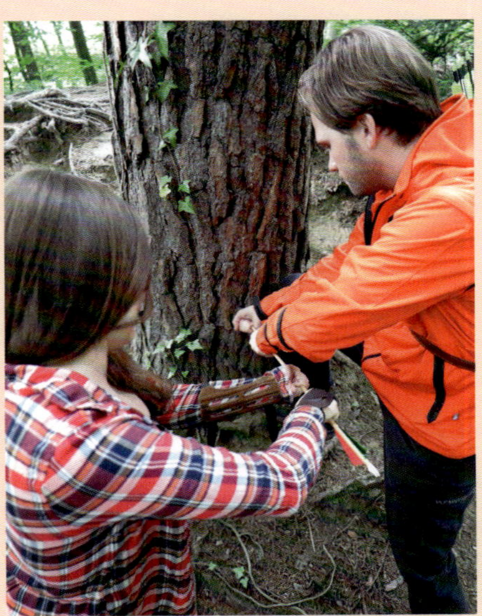

Pfeile mit vier Händen aus einem Baum zu ziehen, ist immer die erste Wahl.

3D- UND FELDTRAINING AUF DEM (EINSCHIESS-)PLATZ

Auf dem ebenen Schießplatz können vor allem Technik (inklusive Vorschussphase), verschiedene Entfernungen und verschiedene Pfeilrunden trainiert werden.

3D- UND FELDTRAINING AUF DEM 3D- ODER FELDPARCOURS

Das Parcourstraining ist entscheidend für die Entwicklung als 3D- und/oder Feldschütze. Wichtig ist, dass auch hier das Aufwärmen und Einschießen durchgeführt wird. Hat man genügend Zeit, macht es Sinn, auch die verschiedenen Entfernungen erst nochmal am Einschießplatz zu üben, bevor in den Wald gegangen wird. Dies macht, durch die höhere Schusszahl, das Training effektiver.

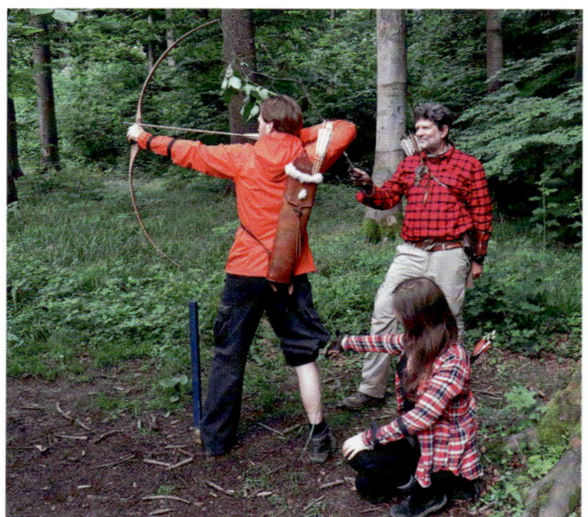

Training unter erschwerten Bedingungen..

Am 3D-Parcours selbst sollte nur ein Treffer pro Ziel geschossen werden, außer man hat das OK des Parcoursbetreibers.
Zu einem wirklich effektiven 3D Training (kein wettkampfnahes Training) sollten 3-4 Pfeile aus verschiedenen Entfernungen geschossen werden.
Auf einem Feldparcours sollten für ein effizientes Training je nach Trainingsziel und zu übender Disziplin (verbandsabhängig) immer mindestens 3-4 Pfeile geschossen werden.

WICHTIG: Training auf dem Parcours: Fokus während des Schusses zu 100% auf die Technikausführung. Das Unterbewusstsein macht parallel dazu Entfernungsschätztraining (bei Schützen mit intuitiver Zielmethode).

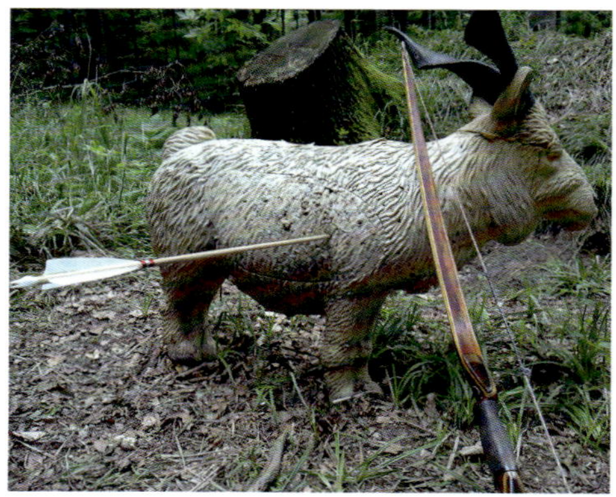

Das Parcourstraining immer mit einem guten Trefferbild beenden (zur Not auch aus 2 m Entfernung geschossen).

ENTFERNUNGEN SCHÄTZEN

Um ein Ziel treffen zu können, sollte der Schütze dessen Entfernung kennen. Ist diese nicht bekannt, muss er sie schätzen. Dies kann er unbewusst oder bewusst tun.
Egal, für welche Methode er sich entscheidet, Entfernungsschätzen sollte regelmäßig geübt werden.
Hat der Schütze einige Erfahrung im Schätzen, kann er sich mit sehr hoher Wahrscheinlichkeit darauf verlassen, dass seine erste, spontane Schätzung der Realität sehr nahe kommt.

Aber **ACHTUNG:** Ohne gleichmäßig durchgeführten Schussablauf ist das Wissen um die Entfernung, und sei es noch so genau, wenig wert.

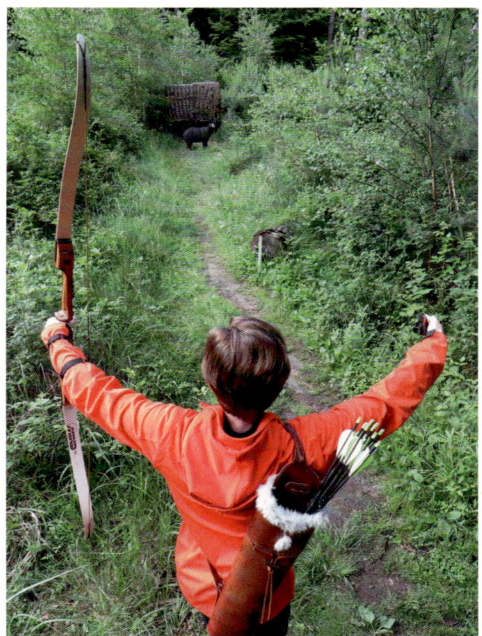

Bewusster Einsatz des 2. Strahlensatzes.

INTUITIVES, UNBEWUSSTES EINSCHÄTZEN DER ENTFERNUNG

DURCH **A.** Das binokulare Sehen (beide Augen offen!)

B. Vergleich von Erfahrungswerten (unbewusster Einsatz des 2. Strahlensatzes).

C. Bewusster Einsatz des 2. Strahlensatzes zur Unterstützung des Unterbewusstseins. Wenn man ein Objekt in unmittelbarer Nähe vor sich hat, kann abgeschätzt werden, wie groß bzw. klein es in weiter Entfernung aussieht. Dies kann zum Einschätzen der Entfernung zu Hilfe genommen werden. Mit den Armen wird dabei die tatsächliche Größe eines Tieres symbolisiert, so, als ob man direkt davor stünde. Dann sieht man zum Ziel. Das Unterbewusste verarbeitet das kleinere Bild mit dem Strahlensatz und kann so die Entfernung abschätzen.

D. Unbewusstes Aufteilen der Gesamtentfernung in Teilstücke, die anschließend, ebenfalls vom Unterbewusstsein, wieder addiert werden. Schwierigkeit: Je weniger die Fläche zwischen Abschusspflock und Ziel strukturiert ist, desto schwieriger die Einschätzung der Entfernung.

In allen 4 Fällen meldet das Auge dem Gehirn die geschätzte Entfernung. Das Nervensystem aktiviert die Muskeln und das Körper-Bogensystem (Bogen-Armwinkel im Verhältnis zum Körper bzw. Ziel) wird während der Hebephase des Schussablaufes in die korrekte Position gebracht.

ÜBUNGEN FÜRS BEWUSSTE ENTFERNUNGSSCHÄTZEN

10-METER-METHODE

In 10 Meter-Schritten rechnen und aufaddieren.

Variation: 5m Schritte

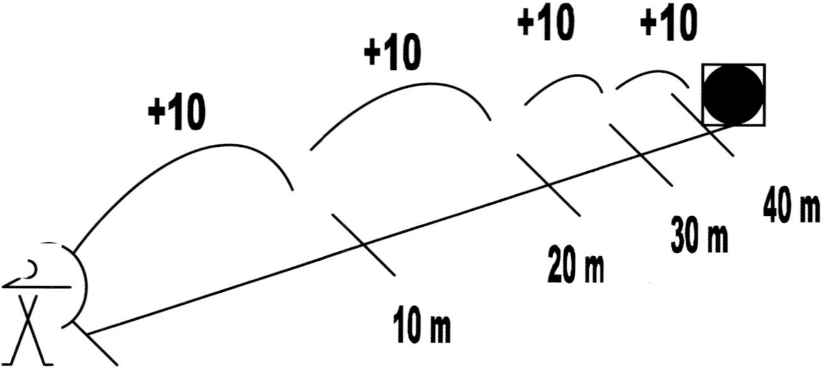

HALBIERUNGS-METHODE

Strecke Pflock-Ziel halbieren, die dem Schützen näher gelegene Teilstrecke nochmals halbieren und eventuell nochmals halbieren. Teilabschnitte dann zusammenzählen.

1/2 + 1/4 + 1/8 + 1/8 = 1

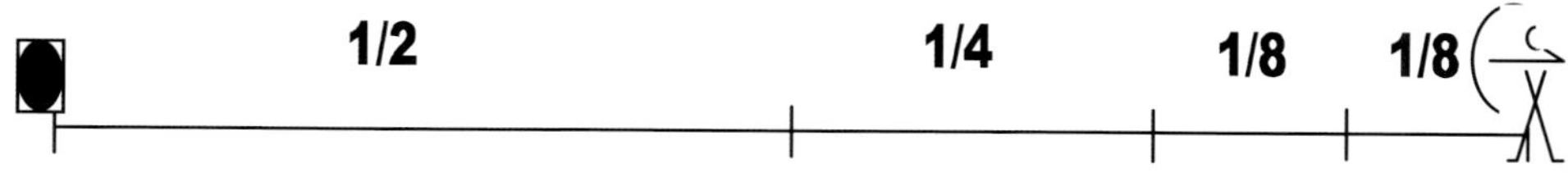

Viele weitere 3D-Trainings- und Entfernungsschätzmethoden sowie taktische Tipps für eine Parcoursbegehung im: DAS GROSSE BUCH VOM BOGENSPORT.

ERSCHWERNISSE BEIM ENTFERNUNGSSCHÄTZEN

Was beim intuitiven Einschätzen der Entfernung zu Fehlern führen kann, wie z.B. eine Kuppe oder diffuse Lichtverhältnisse, kann auch bei den bewusst eingesetzten Schätzmethoden zu Schwierigkeiten führen. Durch gezieltes Üben kann man jedoch Fehleinschätzungen verringern.

Tipps zum Umgang mit Erschwernissen

- Durch bestimmte Lichteffekte werden Ziele kürzer geschätzt, als sie tatsächlich sind: Z.B. bei klarem Wetter, kontrastreichem Licht, Helligkeit und bei Schüsse vom Hellen ins Dunkle.

-> ***Lieber etwas zum Geschätzten dazugeben.***

- Durch bestimmte Lichteffekte werden Ziele weiter weg geschätzt, als sie tatsächlich sind: Z.B. bei Nebel und Regen, bei diffusem Licht, in der Morgen- und Abend-Dämmerung und bei Schüssen vom Dunklen ins Helle.

-> ***Lieber etwas vom Geschätzten abziehen.***

- Schussentfernungen über optische Hindernisse wie Büsche, Hügelkuppen, Felsen, Grasbüschel, hohe Blumen, Felsen, umgestürzte Bäume usw. können nur sehr schwer eingeschätzt werden, da das Auge das Gelände dahinter nicht abschätzen kann. Es weiß nicht, ob zwischen der wahrgenommenen Barriere und dem Ziel z.B. 3, 5 oder 8 m liegen. Als Folge erscheint das Ziel meist näher, als es ist.

-> ***Versuchen, die Barriere(n) auszublenden und nur das Ziel anzuschauen und mit der Strahlensatz-Visualisierung das Entfernungsschätzen unterstützen.***

- Bei Schüssen über eine Senke oder einen Graben wird gerne jene Strecke gemessen, die man zu Fuß zurücklegen würde. So schätzt das Unterbewusstsein die Strecke zum Ziel wesentlich weiter, als sie in Wirklichkeit ist. Um die tatsächliche Strecke, die mehr oder weniger direkte Luftlinie, besser bestimmen zu können,

-> ***den Graben mit der Hand abdecken, damit nur noch das Ziel gesehen wird, und mit der Strahlensatz-Visualisierung das Schätzen unterstützen.***

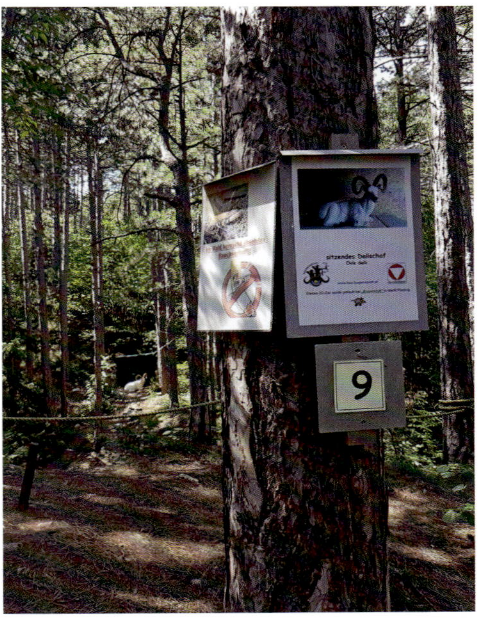

Schüsse über Senken oder Kuppen können das Entfernungsschätzen erschweren, da das Unterbewusstsein hauptsächlich den „Landweg" als Referenz benutzt.

JUNGE BOGENSCHÜTZEN TRAINIEREN

Ziel des Coachs oder Elternteil sollte bei Jugendlichen und Kindern nicht nur sein, ihnen die Grundkenntnisse des Bogensports (inklusive Basistechnik, Materialkunde und Sicherheit) beizubringen, sondern vor allem den Spaß daran zu fördern.
Dies hilft dem jungen Schützen Selbstvertrauen und Selbstsicherheit aufzubauen und fördert zudem seine Konzentrations- und Lernfähigkeit.

KINDGERECHTES MATERIAL

Zum Kinder- und Jugendtraining gehört auch eine dem Körperbau und Alter angepasste Ausrüstung.
Die ***Bögen*** sollten maximal Körperlänge besitzen und die Zugkraft von ca. 10–30 lb (je nach Alter und körperlicher Entwicklung) nicht überschreiten.
Die ***Pfeile*** dürfen zu Beginn gute 3–4 Zoll zu lang sein, da es in der Wachstumsphase zu einem rasanten Anstieg der Auszugslänge kommen kann, was, falls nicht rechtzeitig bemerkt, zu einem Sicherheitsrisiko für den Schützen werden kann.

Tab oder Schießhandschuh sollten der Fingerlänge der jungen Sportler angepasst sein. Aus hygienischen Gründen sollte dies die erste eigene Anschaffung sein.
Auch der ***Armschutz*** sollte den kürzeren Unterarmen der Schützen entsprechen.
Der ***Köcher***, vor allem ein Seitenköcher, sollte nicht zu schwer sein, da er eine Schieflage der Körperausrichtung bewirken kann.

Viel mehr zum Thema Bogenschießen mit Kindern und Jugendlichen (Didaktik, Pädagogik, usw.) siehe: DAS GROSSE BUCH VOM BOGENSPORT.

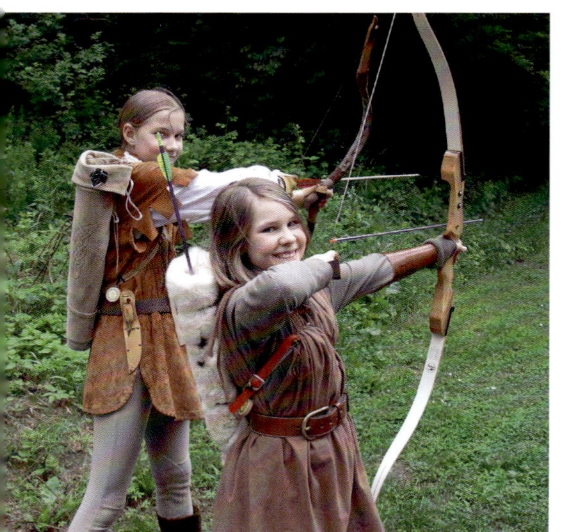

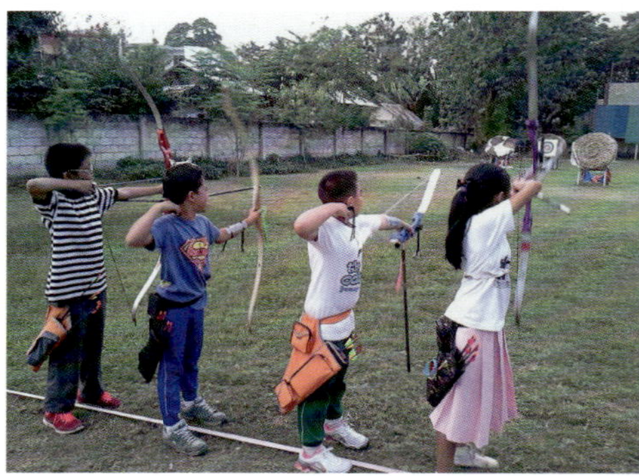

Kinder brauchen kindgerechtes Material, das zu ihrer Größe und konditionellen Fähigkeiten passt.
Foto: Joy Honculada Mariño

Kinder lieben es in fremde Rollen zu schlüpfen. Beliebte Vorbilder sind z.B. Merida, Robin Hood oder Elben.

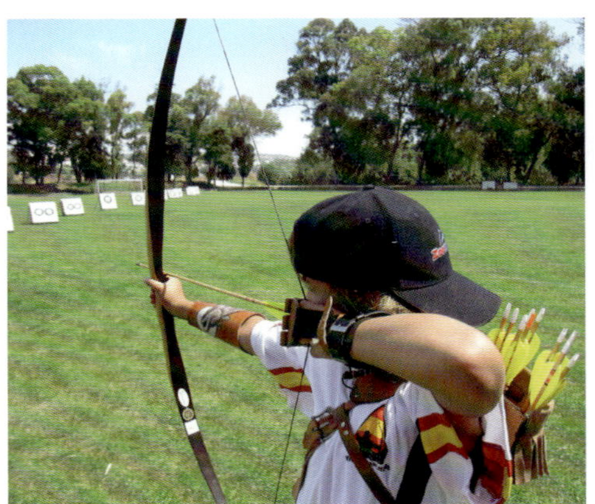

Der Bogensport lehrt junge Bogenschützen hohe Konzentrationsfähigkeit.

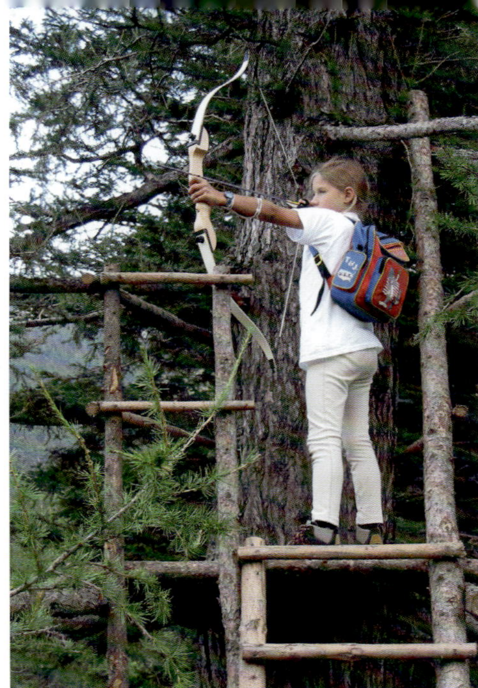

Im Bogensport können Kinder auch viele nichtbogensportspezifische Fähigkeiten erwerben, besonders, wenn das Training abwechslungsreich gestaltet wird. Dabei sorgt der Coach dafür, dass die Kinder weder über- noch unterfordert sind.

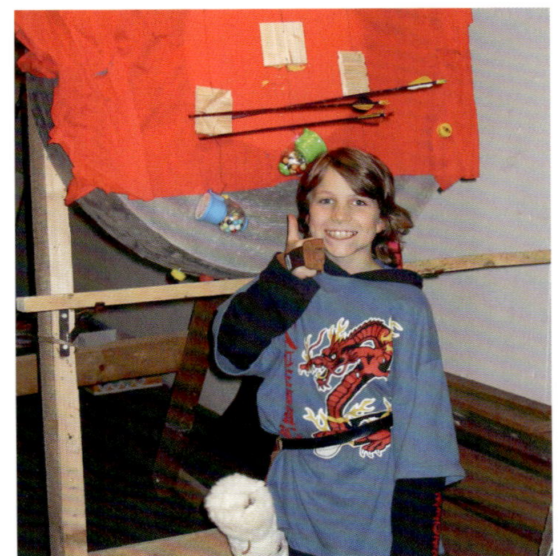

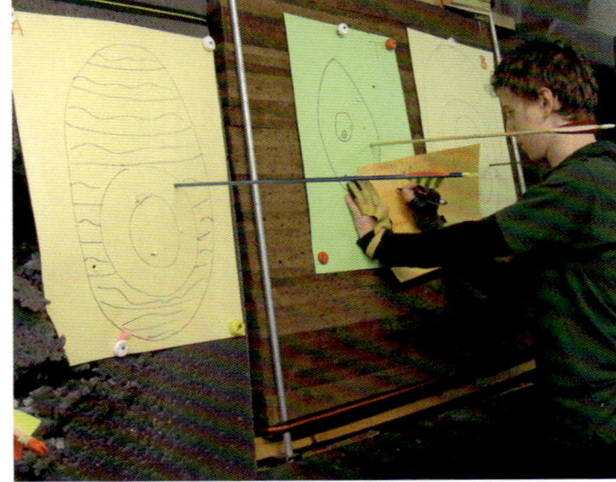

Bogensportspiele sind wichtiger Bestandteil des Kinder- und Jugendtrainings. Außergewöhnliche Ziele haben (v.a. wenn selbst gemacht) beim Training wie auch bei einem Turnier eine besondere Anziehungskraft.

BOGENSPORTSPIELE

Spiele können dazu dienen, Geschicklichkeit und Können der Teilnehmer unter Beweis zu stellen oder ihr Glück sowie ihre taktische Handlungsfähigkeit herauszufordern.
Dabei wird nebenher nicht nur das Gewinnen, Verlieren und die realistische Selbsteinschätzung gelernt, sondern auch die Frustrationstoleranzgrenze erhöht bzw. Gleichmütigkeit angeeignet.
Besonders wertvoll ist der soziale Aspekt des Spielens, da Fairness, Teamwork und das Miteinander-Erleben im Vordergrund stehen.

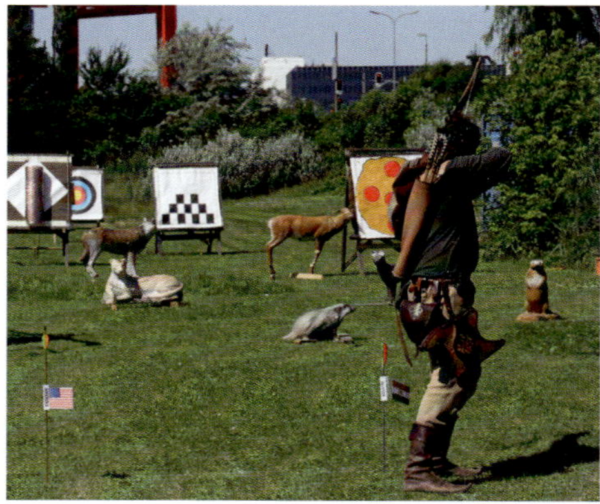

Bogensportspiele beugen Monotonie im Trainingsalltag vor und lehren den Schützen Umgang mit Stress.

Jedes der unten aufgeführten Spiele sollte vor Spielbeginn dem jeweiligen Trainingszustand, sprich Können der Teilnehmer, der Bogenklasse und der Anzahl der Spieler angeglichen werden.

Dies kann geschehen, indem die Auflagen vergrößert oder verkleinert werden, die Entfernung variiert, die Anzahl der Pfeile pro Passe erhöht bzw. verringert oder der Umfang verändert wird.
Die Angaben in der Spielanleitung sind nur Richtwerte und können nach Belieben geändert werden.
Je nach Trainingsziel können auch ganze Trainingseinheiten nach dem Einschießen mit Spielen gefüllt werden.

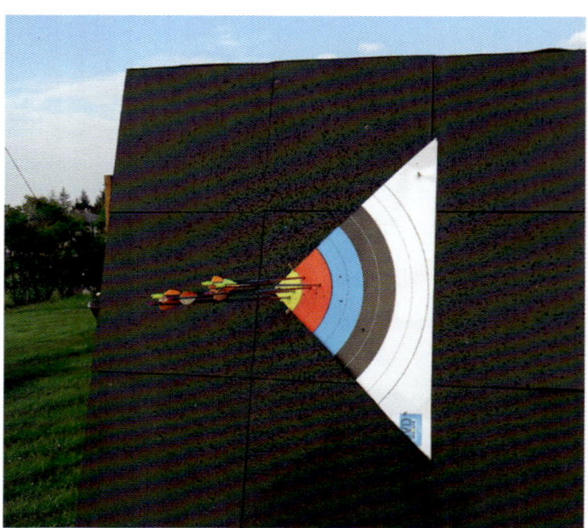

Leichte Variation mit großem Effekt. Die geviertelte Auflage übt realistische Selbsteinschätzung, Taktik und Frustrationstoleranz.

Obwohl manchmal anders dargestellt, können praktisch alle Spiele auch als Teamspiele durchgeführt werden, indem die Leistungen von einzelnen Schützen zusammengezählt werden.

Viel Spaß beim Ausprobieren!!!

ACHTUNG: Stets auf Sicherheit achten.
Z.B. einen ausreichend großen Dämpfer/ Backstopp verwenden, besonders wenn gewünschte Trefferzonen nahe des Auflagenrandes sind.

Spielanleitungen

Für alle folgenden Spiele werden Scheibenständer mit Dämpfern benötigt. Sie sind für die Halle sowie für den Outdoorplatz bzw. Einschießscheiben eines 3D- oder Feldparcours geeignet.

Spiele mit WA-Auflagen

KUCHEN

Material: Scheiben, Bögen, Pfeile, 80 cm, 60 cm oder 40 cm WA-Auflage.
Spiel-Idee: Den Pfeil in das eigene „Stück Kuchen" bringen.
Anzahl der Schützen: Einzelschützen, Anzahl egal, 2-6 pro Scheibe.

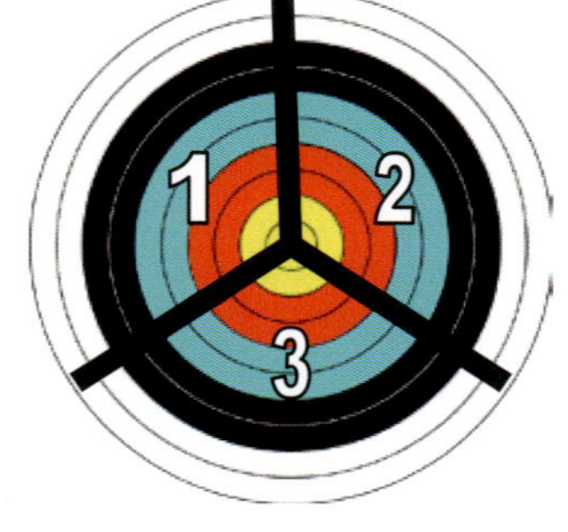

Anzahl der Pfeile pro Passe: 3 Pfeile pro Bogenschütze und Passe. Anzahl der Passen hängt von der Anzahl der Schützen pro Scheibe (Vielfaches davon) ab.
Regeln: Die Auflage wird in so viele gleichmäßige Stücke unterteilt, wie es Anzahl an Schützen pro Scheibe gibt. Den Segmenten werden Nummern gegeben.
Jeder Schütze bekommt davon eine Nummer. In diesem Segment beginnt er zu schießen. Nach jeder Passe schießt der Schütze in ein anderes Segment (z.B. in das nächstliegende im Uhrzeigersinn). Nur die Treffer im korrekten Segment werden gewertet.
Herausforderung und Fokus: Maximale Genauigkeit, Taktieren, realistische Selbsteinschätzung.
Variation: Die Ringzahl, die ein Pfeil beim Treffen in ein falsches Segment errungen hat, wird abgezogen.

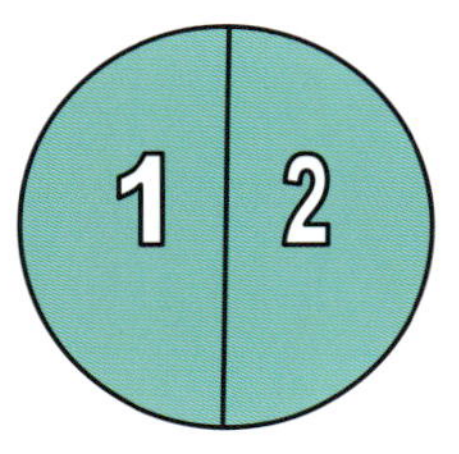

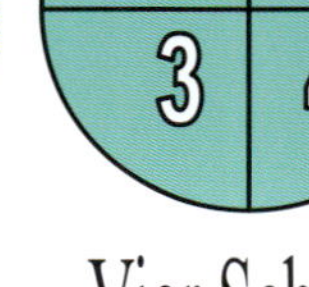

Zwei Schützen

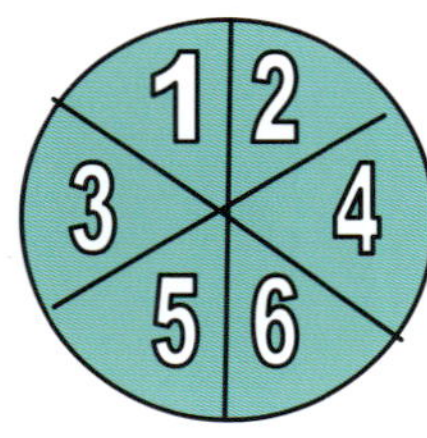

Vier Schützen

1 2 3 4 5 6

Sechs Schützen

Spiele mit WA-Auflagen

SIX-PACK

Material: Scheiben, Bögen, Pfeile, 80 cm, 60 cm oder 40 cm WA-Auflage.

Spiel-Idee: So lange schießen, bis alle Pfeile im Gold sind.
Anzahl der Schützen: Einzelschützen, Anzahl egal, max. 2 pro Auflage.
Anzahl der Pfeile pro Passe: Bis zu 6 Pfeile pro Bogenschütze und Passe.
Regeln: Der Bogenschütze schießt seine 6 Pfeile. Pfeile, die im Gold stecken, bleiben dort. Die anderen werden gezogen und in der nächsten Passe geschossen. Dies wird solange weitergeführt, bis alle 6 Pfeile eines Schützen im Gold stecken.

Herausforderung und Fokus: Maximale Genauigkeit, realistische Selbsteinschätzung, Stärkung des Selbstvertrauens, Erstellung eines mentalen Bildes, wie es aussieht, eine perfekte Passe (alle Pfeile im Gold) zu schießen.

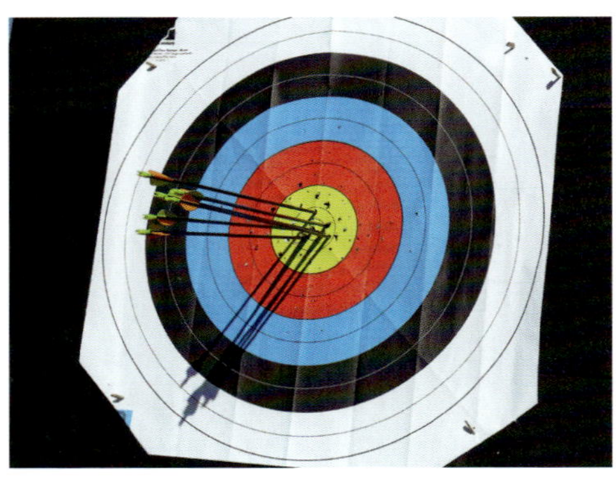

TOXOPHILUS

Material: Scheiben, Bögen, Pfeile, 80 cm, 60 cm oder 40 cm WA-Auflage, Blatt Papier, Schreibstifte.
Spiel-Idee: Als erster seinen Toxophilus vollenden (fertigzeichnen), Head-to-Head-Schießen.
Anzahl der Schützen: Einzelschützen, 2er- oder 3er-Teams.
Anzahl der Pfeile pro Passe: Einzelschützen 3 Pfeile, bei 2er-Teams 2 Pfeile, bei 3er-Teams 1 Pfeil pro Bogenschütze und Passe.
Regeln: Nach Beendigung einer Passe werden die Ergebnisse verglichen. Der Schütze oder das Team mit dem höheren Score darf einen Strich in der eigenen Zeichnung machen. Insgesamt sind es 5 Linien (Erweiterung möglich durch Zeichnen von Füßen, Händen, Nase, Auge, Pfeil, Sehne).
Gewinner ist, wer als erster seinen Toxophilus fertigstellen konnte.
Herausforderung und Fokus:
Maximale Genauigkeit, Head-to-Head-Wettkampf, Frustrationstoleranz.

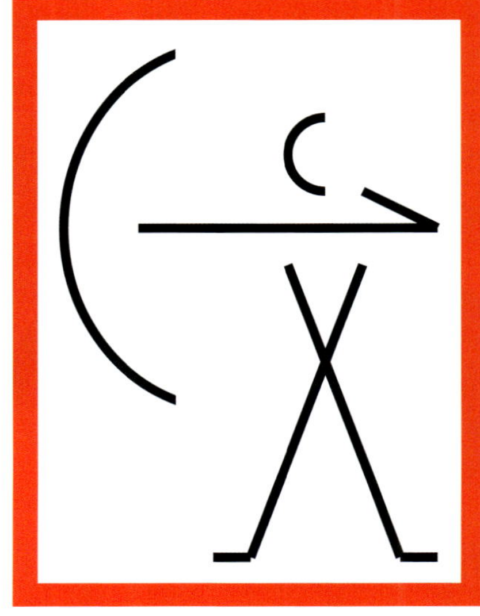

Spiele mit Spezial-Auflagen

NEW YORK

Material: Scheiben, Bögen, Pfeile, selbst gezeichnete „New-York"-Auflage, Fernglas.

Spiel-Idee: Linienschießen üben.
Anzahl der Schützen: Einzelschützen, 2er-Teams oder 3er-Teams.
Anzahl der Pfeile pro Passe: Einzelschützen 3 Pfeile, bei 2er-Teams 2 Pfeile, bei 3er-Teams 1 Pfeil pro Bogenschütze und Passe.
Regeln: Ziel ist es, jeden Wolkenkratzer 1x zu treffen. Sieger ist, wer dies zuerst schafft.
Herausforderung und Fokus:
Richtungsgenauigkeit, Taktieren.

Variation 1: Die Reihenfolge von links nach rechts muss eingehalten werden.
Variation 2: Die Breite der Wolkenkratzer kann verschieden sein.

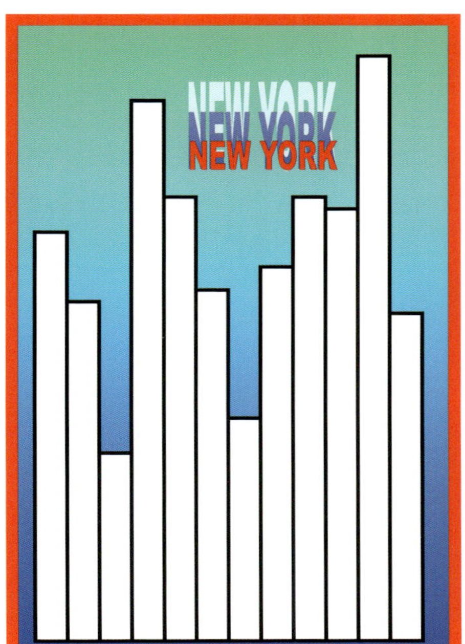

WESPENTAILLE

Material: Scheiben, Bögen, Pfeile, 1-2 m lange Schnur oder Faden, Maßband, Blatt Papier zum Notieren der Umfänge.
Spiel-Idee: Die Pfeile so klein wie möglich gruppieren.
Anzahl der Schützen: Einzelschützen oder 3er-Teams.
Anzahl der Pfeile pro Passe: Einzelschützen 3 Pfeile, bei 3er-Teams 1 Pfeil pro Bogenschütze und Passe.
Regeln: Jeder Schütze oder jedes Team schießt seine 3 Pfeile. Dann wird die Schnur oder der Faden genommen und der Umfang, den die 3 Pfeile bilden, gemessen. Wird Head-to-Head geschossen, bekommt der Gewinner einen Punkt. Gewinner ist, wer die meisten Punkte am Schluss hat.
Bei mehreren untereinander wettstreitenden Gegnern können entweder die Zentimeter in Punkte umgewandelt werden oder entsprechend der Reihung (abhängig von der Anzahl der Schützen bzw. Teams) Punkte vergeben werden (niedrigster Umfang erhält z.B. 1 Punkt x Gegner, der größte Umfang 1 Punkt).

Herausforderung und Fokus: Maximale Genauigkeit, hohe Konzentrationsausdauer, realistische Selbsteinschätzung, „Ausreißer" vermeiden.

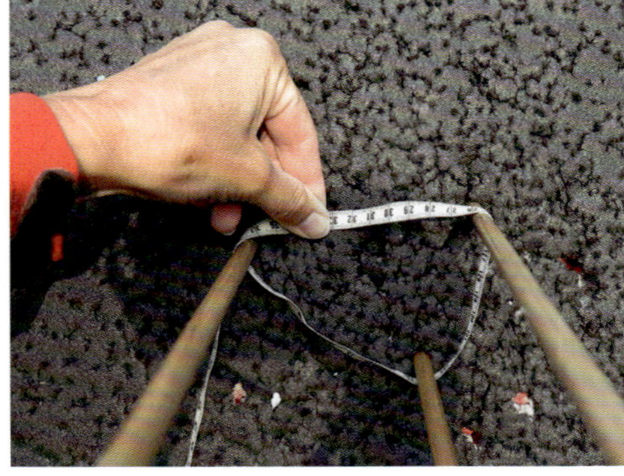

Spiele für den 3D-Parcours

FLOHJAGD

Material: 3D-Parcours oder 3D-Ziele am Einschießplatz, Bögen, Pfeile, Scorekarte, Schreibstift, Fernglas.
Spiel-Idee: So nah wie möglich an den Pfeil des Flohjägers zu kommen.
Anzahl der Schützen: Einzelschützen, max. 6 pro Ziel.
Anzahl der Pfeile pro Passe:
1 Pfeil pro Bogenschütze und Passe.
Regeln: Zu Beginn wird entschieden, wer bei dem ersten 3D-Ziel der Flohjäger ist, dann geht es reihum. Der Flohjäger schießt als Erster auf das Ziel. Wohin ist egal. Dann versuchen die anderen Schützen, so nah wie möglich an diesen Pfeil heranzukommen. Wer am nahesten ist, erhält einen Punkt, die anderen keinen. Gewinner ist der, der zum Schluss die meisten Punkte sammeln konnte. Von Vorteil ist es, wenn die Anzahl der 3DZiele ein Vielfaches von der Schützenanzahl ist. Haben mehrere Schützen zum Schluss die gleiche Anzahl an Punkten, kann ein Shoot-Off veranstaltet werden.
Herausforderung und Fokus:
Maximale Genauigkeit, Taktieren, Fokussierung, Frustrationstoleranz.

Variation: Jeder Schütze bekommt nach der Entfernung des eigenen Pfeils zum Pfeil des Flohjägers, Punkte. Der entfernteste Pfeil bekommt dabei nur 1 Punkt.

JAGDTROPHÄE

Material: 3D-Parcours oder 3D-Ziele, Bögen, Pfeile, Scorekarte, Schreibstift, Fernglas.
Spiel-Idee: Begrenzten Bereich eines 3D-Zieles treffen.
Anzahl der Schützen: Einzelschützen, max. 6 pro Ziel.
Anzahl der Pfeile pro Passe:
1 Pfeil pro Bogenschütze und Passe.
Regeln: Zu Beginn wird entschieden, wer beim ersten 3D-Ziel der Jagdhüter ist, dann geht es reihum. Der Jagdhüter entscheidet, wohin auf das Ziel geschossen wird (z.B. Vorderlauf, Hinterschinken, Hals, Ohr, Kopf). Dann versuchen alle Schützen, diesen Bereich zu treffen. Der Jagdhüter entscheidet, ob jemand in die Zone, die er wollte, getroffen hat oder nicht. Wer getroffen hat, erhält einen Punkt. Sieger ist, wer zum Schluss die meisten Punkte gesammelt hat.
Herausforderung und Fokus:
Maximale Genauigkeit, Taktieren, Fokussierung, Festlegung eines (ungewöhnlichen) Zielpunktes, Aiming-Off, Frustrationstoleranz, Hunterrunde, Target-Kapitän-Rolle.

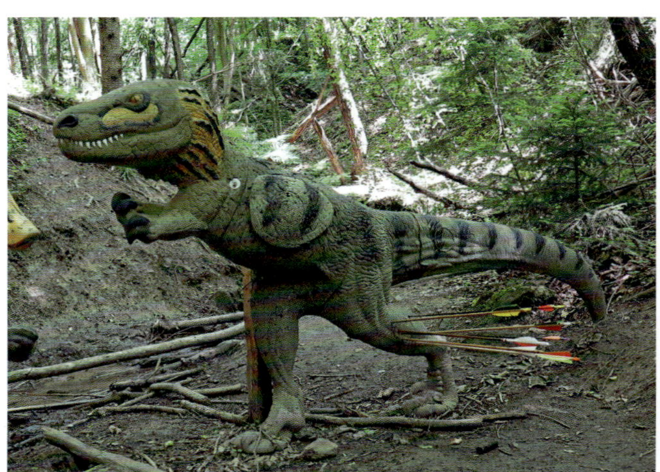

Spezielles Spiel nur für den Outdoor- bzw. Einschießplatz

ARCHERY-BALL

Material: Bögen, Pfeile mit Bluntspitzen (gekauft oder aus Plastik-Weinkorken selber gemacht), 2 Kinderbälle ca. 23 cm Durchmesser (nicht zu satt aufgeblasen, da sonst bei mittigem Treffer der Pfeil zurückkommen kann), Markierung für die Ziellinie. Nur für traditionelle Bögen geeignet.

Spiel-Idee: Teambewerb. Den Ball so schnell wie möglich über die Ziellinie zu bekommen.
Entfernung zur Ziellinie: Variabel (ca. 30-50 m), hängt vom Leistungsstand der Schützen und der Bogenklasse ab.
Anzahl der Schützen:
2 Teams aus 1-4 Mitgliedern, d.h. 2-8 Schützen.
Anzahl der Pfeile pro Passe: Einzelschützen 6 Pfeile, bei 2er-Teams 4 Pfeile, bei 3er-Teams 3 Pfeile, bei 4er-Teams 2 pro Bogenschütze.

Regeln: Zunächst werden die Teams bestimmt oder ausgelost. Dann wird die Ziellinie festgelegt und markiert, z.B. durch zwei Pfeile im Boden, ein Markierungsband oder Ähnliches.
Die Bälle werden ca. 5 m von der Schusslinie entfernt und ca. 3-4 m (je nach insgesamter Teilnehmerzahl) auseinander auf dem Rasen platziert. Nun entscheidet jedes Team für sich, in welcher Weise es schießen möchte: zeitgleich oder hintereinander, abwechselnd oder ein Schütze schießt zuerst alle seine Pfeile, bevor der nächste drankommt und so weiter. Das Team, welches seinen Ball zuerst über die Ziellinie bekommt, erhält einen Punkt.
Herausforderung und Fokus: Maximale Genauigkeit, Teamschießen, Taktik, Bergabschüsse.

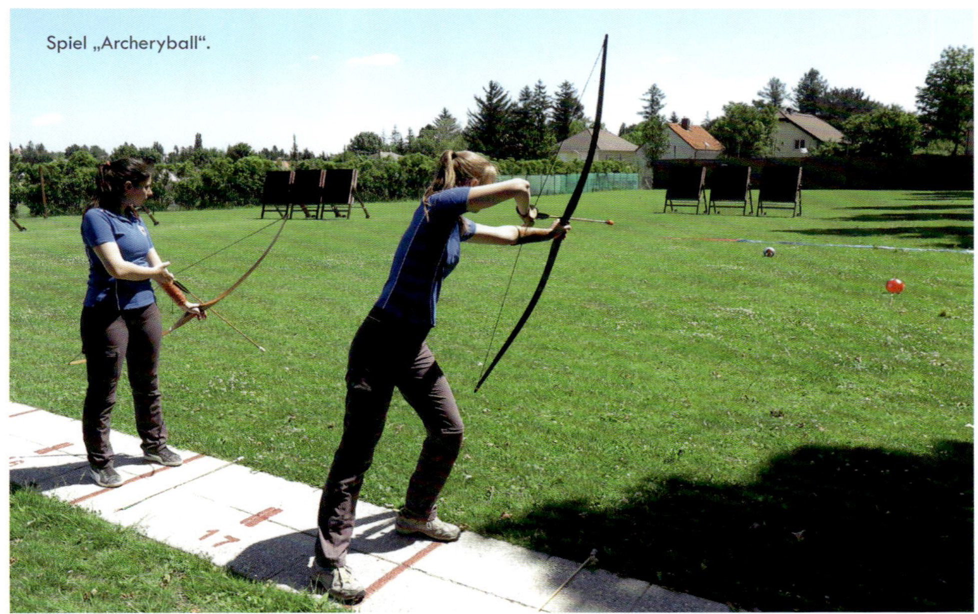
Spiel „Archeryball".

Weitere 57 Spiele für alle Bereiche plus Trickschießvorschläge und Anleitung für ein Super-Mix-Trainingsturnier in: DAS GROSSE BUCH VOM BOGENSPORT. www.bogenschiessen.de/bogensportbuch

WETTKÄMPFE

4

Wettkämpfe sind eine wunderbare Seite des Bogensports. Da es sich um eine Individual-Sportart handelt, bei der man oft auch alleine trainiert, ist ein Turnier eine hervorragende Möglichkeit, andere Schützen kennenzulernen, Gedanken und Erfahrungen auszutauschen, und zu sehen, wo man die eigene, momentane Leistung im Vergleich zu anderen einordnen kann. Turniere gibt es fast jedes Wochenende rund ums Jahr, sofern man sich als Bogenschütze nicht auf eine Disziplin (z.B. Outdoor, Indoor, 3D, Feld oder Clout) spezialisiert, sondern sich auch traut, andere Arten dieses Sports auszuprobieren. Die meisten davon sind für jeden offen, was das Starterfeld so interessant macht.

Für viele Schützen ist die Wettkampfteilnahme eine schöne Art, ihre Freizeit zu verbringen, egal welches Level der Schütze oder das Turnier hat. Hier kann man Kameradschaft erleben, neue Erkenntnisse sammeln, neue Verhaltensweisen an sich selbst feststellen und v.a. viel Spaß haben.

Wenn man Spaß daran hat, sich mit anderen zu messen und bereit ist die Mitschützen weniger als zu bekämpfende Konkurrenten zu sehen, sondern als Freunde mit dem gleichen Hobby, akzeptieren kann, auch mal weniger Erfolg zu haben – dann sind Turniere eine gute Sache!

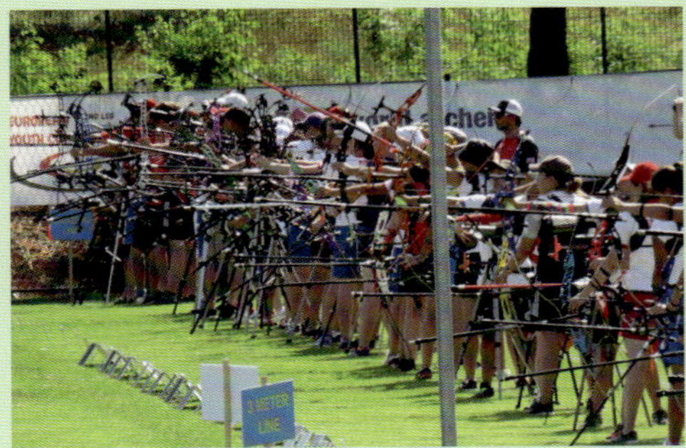

Outdoorturniere mit dem Olympic Recurve sind auf der ganzen Welt sehr verbreitet.

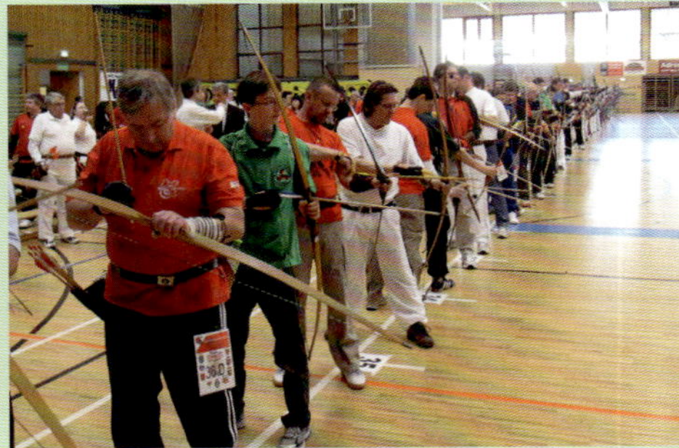

Hallenwettkämpfe stellen ganz andere Anforderungen an die Schützen als zum Beispiel ein 3D- oder Feldturnier.

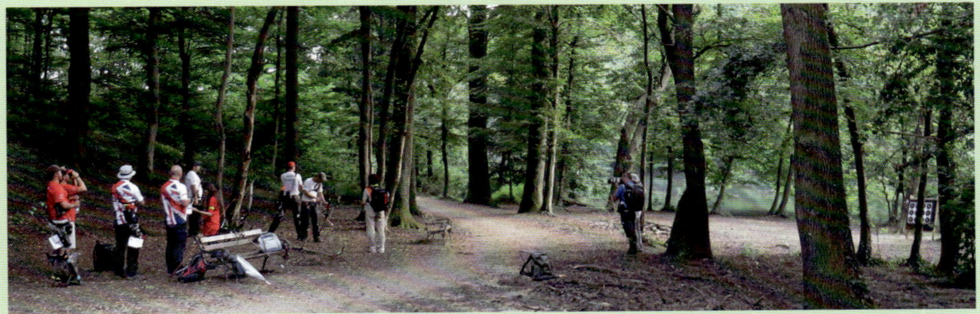

Feldturniere sind durch ihre Mehrpfeilpassen (3 bei WA-, 4 bei IFAA-Modus) konditionell wie von der Konzentration her weit anspruchsvoller als 3D-Turniere. Hinzu kommt, dass die Treffer zentrisch bewertet werden.

WETTKAMPFABLAUF

Für Neueinsteiger kann das erste Turnier zu einem großen Abenteuer, allerdings auch zu einer Herausforderung werden. Damit es vor allem ein großartiges und schönes Erlebnis wird, ist es gut, im Vorhinein zu wissen, was einen erwartet.

Für die mutigen Schützen, die sich als erstes aus ihrem Bogensportbekanntenkreis zu einem Turnier wagen und ohne Begleitung eines erfahrenen Turniergehers sind, wird hier ein kurzer Überblick über den Ablauf eines Turniers gegeben.

Die allermeisten Turniere sind offen, d.h. jeder, der einen Bogen halten kann, darf auch daran teilnehmen. Dementsprechend kann man dort Schützen mit völlig unterschiedlichem Niveau finden, vom blutigen Anfänger bis zum mehrfachen Welt- und Europameister.

Wichtig für jeden(!) Teilnehmer ist es, sich im Vorhinein über die Turnierregeln bzw. den Wettkampfmodus zu informieren und sich dementsprechend vorzubereiten und zu verhalten. Für manche Turniere muss man sich rechtzeitig anmelden und die Startgebühr bezahlen, um einen Startplatz zu bekommen.

Fazit: Das Turnier fängt schon lange vor dem eigentlichen Wettkampftag an.

Bei nationalen und internationalen Meisterschaften kann es notwendig sein, Mitglied des ausrichtendes Verbandes zu sein.
Manchmal ist auch eine Qualifizierung über Kreis-, Bezirks- und Landesebene gefordert.
Siehe auch Linkliste zu den Verbänden im Anhang.

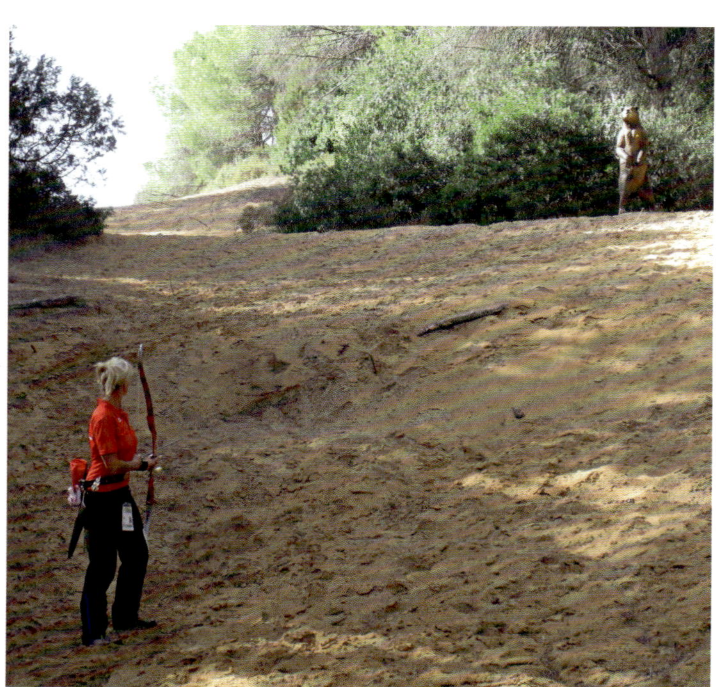

3D-Turniere mit ihren unbekannten Entfernungen, verschiedenartigen Zielen und unebenem Gelände sind eine besondere Herausforderung für den Schützen.

ANMELDUNG

Erfolgt meist über das Internet, wobei ein Formular mit Namen, Kontaktdaten, Verein, Bogen- sowie Altersklasse auszufüllen ist.

REGISTRIERUNG

Bei Ankunft am Wettkampfort führt der erste Weg zur Registrierung, auch wenn man sich zuvor schon übers Internet angemeldet hat, damit der Veranstalter weiß, dass man auch gekommen ist. Wenn man nicht zuvor schon das Startgeld überwiesen hatte, wird spätestens jetzt bezahlt. Als Gegenleistung bekommt man manchmal zu diesem Zeitpunkt schon die Scorekarten ausgehändigt.

GRUPPENEINTEILUNG

Falls der Veranstalter bereits alle Teilnehmer in Gruppen eingeteilt hat, hängen diese Listen aus. Hier ist nachzulesen, in welcher Gruppe, auf welchem Parcours oder an welchem Ziel man anfängt.

Bei kleineren Turnieren kann man sich manchmal auch selbst in die gewünschte Startgruppe einteilen, bis die maximale Gruppengröße erreicht ist. Sollte man eine Startnummer bekommen (nicht bei allen Turnieren üblich), wird diese am Köcher, am Hosenbein oder am Rücken befestigt, je nach Veranstalter und Regelwerk.

Bei IFAA 3D- und Feld-Schießen ist der erstgenannte in einer Gruppe normalerweise der „Target Captain". Er ist innerhalb der Gruppe für die Einhaltung der Regeln und das Werten der Pfeile verantwortlich (außer es gilt Gruppenentscheid), da kein Schiedsrichter auf dem Parcours ist.

Sind die notwendigen Formalitäten erledigt, kann man sein Material aufbauen, kontrollieren und sich anschließend aufwärmen sowie einschießen gehen, falls die Scheiben dafür freigegeben worden sind.

Bei offiziellen Turnieren und Meisterschaften kann es noch eine Gerätekontrolle geben, d.h. ob die Ausrüstung auch den Turnierregeln bzw. den Angaben des Schützen entspricht.

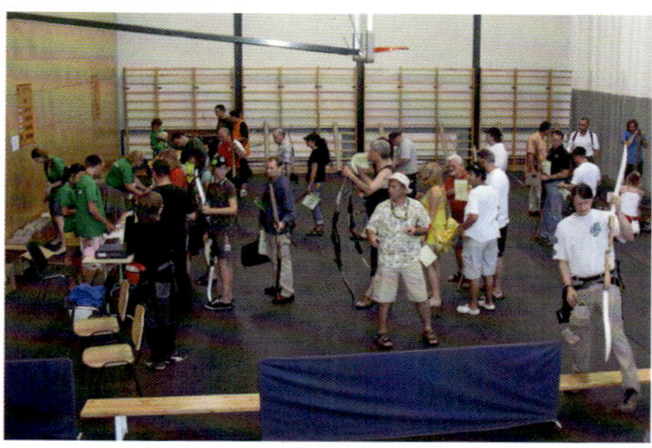

Anmeldung, Bogen- und Materialkontrolle.

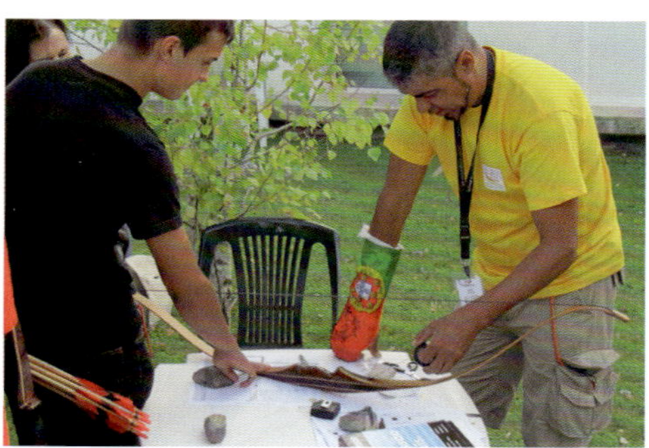

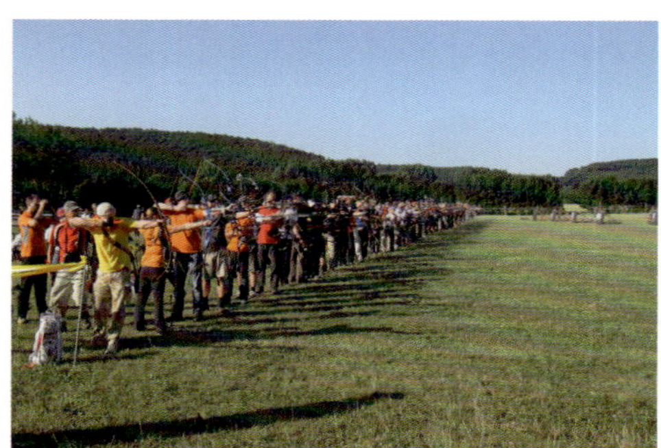

Einschießen für ein Feldturnier. Die Schützen können zwischen allen Wettkampfdistanzen auswählen.

BEGRÜSSUNG

Vor dem eigentlichen Start/ Schussbeginn gibt es meist eine allgemeine Begrüßung (Briefing). Falls es Besonderheiten gibt, die man beachten sollte, werden diese jetzt mitgeteilt.

Anschließend begeben sich die Schützen zu ihren Scheiben. Spätestens dort begrüßt man die anderen Schützen der Gruppe und stellt sich gegenseitig vor. Die mit Namen usw. versehenen Scorekarten werden dem/den Schreiber/n übergeben. Bei manchen Turnieren schreibt der Target Captain und der Zweitgenannte, ein andermal der Zweit- und Drittgenannte und dann wieder macht es einfach ein Freiwilliger.

Falls es keinen „Fliegenden Start" gibt, bei dem jeder Schütze bei Scheibe 1 anfängt (möglich auf einem Parcours), ist der Schussbeginn für alle zum gleichen Zeitpunkt.

Vor dem Beginn wünscht man den anderen Mitgliedern der Gruppe viel Glück mit einem „Alle ins Gold" (bei WA) In-, Outdoor- oder Feld-Turnieren), „Alle ins Kill" (bei 3D) oder einfach ein allgemeines „Gutes Schießen".

Bei In- und Outdoor-Turnieren wird eine gewisse **Anzahl von Passen** geschossen. Diese zusammengenommen nennt man eine Runde. (Beispiel: Eine Runde geht bei WA Indoor über 10 Passen à 3 Pfeile; das Turnier geht über 2 Runden = 60 Pfeile). Nach jeder Passe wird nach vorne zur Scheibe gegangen und werden die Ringe gezählt.

WICHTIG: Weder die Pfeile noch die Scheibenauflagen oder 3D-Ziele dürfen berührt werden, solange nicht alle(!) Pfeile in der Scheibe gewertet worden sind.

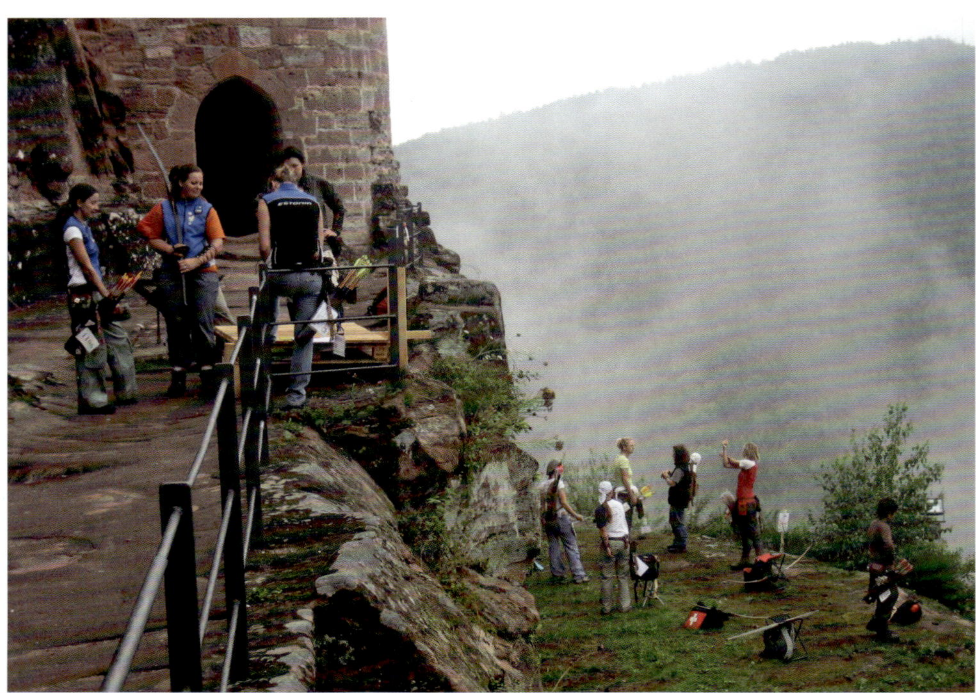

Das Vorbereiten am Pflock vor der ersten Passe besteht u.a. aus dem Begrüßen, Wertungskarten richten, der Ausrüstungsendkontrolle und einem erneuten Aufwärmen.

WERTUNG

Jeder Schütze gibt für jeden Pfeil einzeln seine Ringzahl an, beginnend mit dem höchsten. Diese werden zusammengezählt, die Passen-summe notiert und zu dem bisher erreichten Score addiert. Nach einer Runde wird zum Ergebnis auch noch die Anzahl der Trefferzahl insgesamt, die 10er und 9er (bei WA) , bzw. bei manchen Wertungen auch die Xer (Scheiben-zentrum) eingetragen. Der Schreiber und der Schütze unterschreiben den Scorezettel, wenn alles stimmt und bei doppelter Schreibweise auf beiden das Gleiche steht. Nach einer kurzen Pause beginnt dann die nächste Runde.

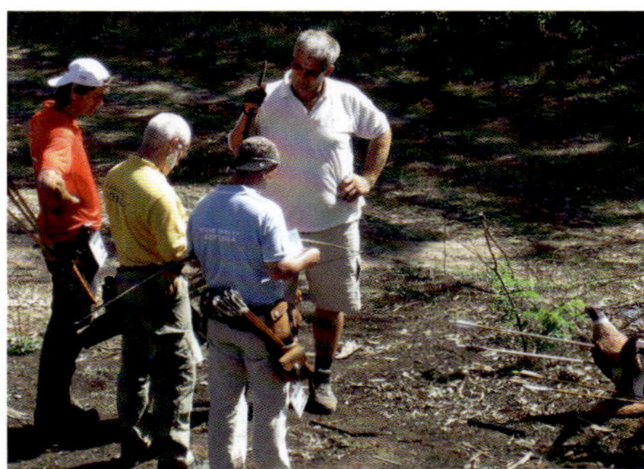

Beim Werten gibt jeder Schütze seinen Score selber an. Die Schreiber (und der Target Captain, soweit vorhanden) kontrollieren und rechnen getrennt zusammen. Die anderen Schützen beginnen, falls notwendig, mit dem Suchen der Pfeile.

Feld- und 3D-Turniere: Hier wird eine gewisse (eventuell maximale) Anzahl Pfeile pro Scheibe geschossen. Nachdem jedes Gruppenmitglied geschossen hat, geht die Gruppe gemeinsam zum Ziel, um die Pfeile zu werten. Bei nicht ganz eindeutigen Pfeilen entscheidet die Gruppe gemeinsam über die Wertigkeit (das Motto sollte hier immer lauten: „Im Zweifelsfall für den Schützen", d.h. man gibt ihm den höheren Wert). Wenn sich die Gruppe nicht einigt, hat der Target Captain das letzte Wort.

SCOREKARTEN

Nachdem die Parcours-Runde vollendet ist, wird gemeinsam, nach Möglichkeit noch an der letzten Scheibe, die Scorekarten fertig ausgewertet sowie vom Schreiber und Schützen unterschrieben. Anschließend werden sie sofort bei der Turnierleitung abgegeben.

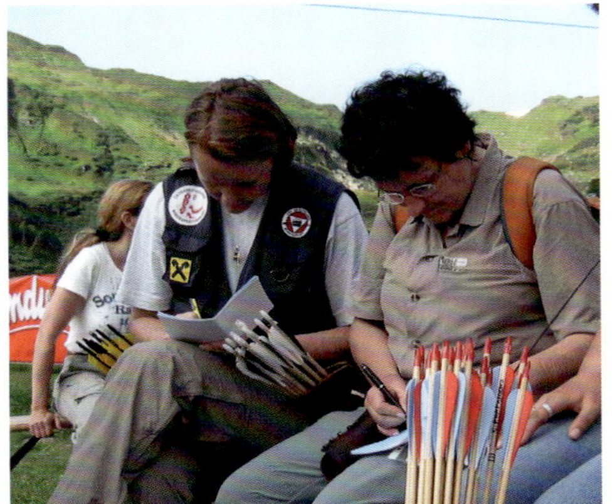

Üblicherweise wird nach der **Auswertung der Scorekarten**, was für den Veranstalter zu einer echten Herausforderung werden kann (unleserliche Daten, falsche Eintragungen der Schützen usw.), eine provisorische Ergebnisliste 15 Minuten lang ausgehängt. In dieser Zeitspanne kann der Schütze das Ergebnis überprüfen und falls nötig Einspruch dagegen erheben.

SIEGEREHRUNG

Anschließend geht es sofort zur Siegerehrung über. Nach dieser drängt es viele Schützen nach Hause. Trotzdem sollte nicht versäumt werden, sich beim Veranstalter und Organisator zu bedanken und zu verabschieden. Wer einmal ein Turnier selbst ausgerichtet hat, weiß, wie viel Arbeit, Mühe und Liebe darin steckt.

Mehr praktisches Wissen zum Thema Wettkampf, z.B. dessen Vorbereitung, Nachbereitung, Training, spezielle Taktik für alle Disziplinen, die wichtige Trainingsplanung, Trainingsaufzeichnungen, Leistungskontrolle und das Mentaltraining (> 500 Übungen) finden sich im:

DAS GROSSE BUCH VOM BOGENSPORT.

Dort finden sich auch Kapitel über den Wettkampfsport blinder und körperlich beeinträchtigter Schützen.

5

AUSRÜSTUNG

Die Anfängerausrüstung

Die Ausrüstung des Hobbyschützen

Überblick über die Bogentypen

Ausrüstung selbst herstellen

AUSRÜSTUNG

Ein optimales Zusammenspiel von Bogen, Pfeilen, Zubehör, Schützen und Schusstechnik ist Grundvoraussetzung für ein konstantes, zufriedenstellendes Trefferbild. D.h. die Ausrüstung ist ein wesentlicher Teil im Bogensport.

Ohne den für den Schützen angemessenen Bogen und die passenden Pfeile ist weder die Sicherheit noch die Gesundheit oder die Treffsicherheit gewährleistet.

Vor allem die Auswahl des Bogens und der Pfeile (die Pfeile sind es, die das Ziel treffen sollen) spielt hierbei eine große Rolle.
Die Feinabstimmung (Tuning) kommt jedoch erst zum Tragen, wenn der Schütze den Schussablauf konstant und möglichst genau wiederholen kann.

Welche Ausrüstung zum Schützen passt, ist ein Lernprozess, der vom Schützen vollzogen wird. Auch hier gilt, dass nicht jedes Material für jeden geeignet ist.

Dies fängt schon damit an, dass jeder Schütze unterschiedliche Ziele mit dem Bogensport verbindet, unterschiedliche Zieltechniken verwendet und bestimmte Vorlieben in Bezug auf die Bogenart (z.B. traditionell oder modern mit Visier) hat.
Auch die zur Verfügung stehenden finanziellen Mittel und die körperlichen Eigenschaften (Körperbau, Fitness, Gesundheit) sind ein wichtiger Faktor bei der Ausrüstungswahl.

Sobald der Anfänger sich etwas beim Material auskennt, sollte er, sofern Interesse besteht, beginnen, so viel wie möglich über seine Ausrüstung und Grundeinstellungen zu notieren. Dadurch erhält er zusätzlich einen engeren Bezug zu seinem neuen Hobby.

Verschiedene Pfeilsorten: Holzpfeil, Pfeil aus Aluminium, Karbonpfeil (von oben nach unten)

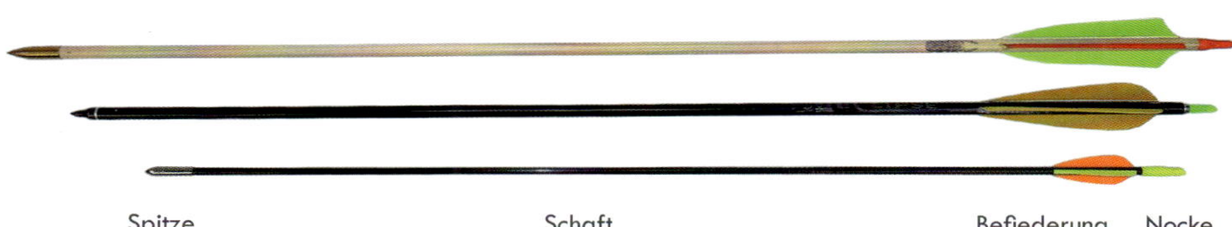

Spitze Schaft Befiederung Nocke

MODERNER LANGBOGEN

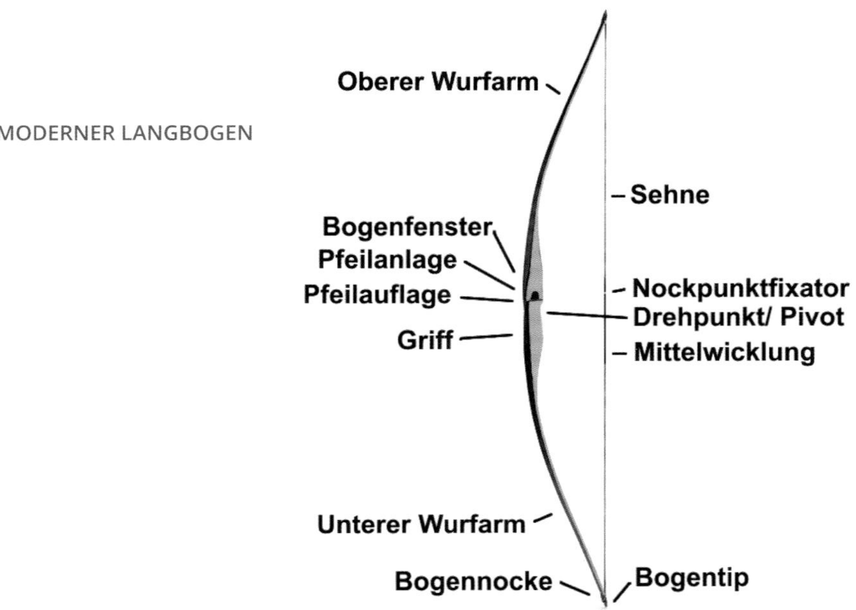

OLYMPIC RECURVE

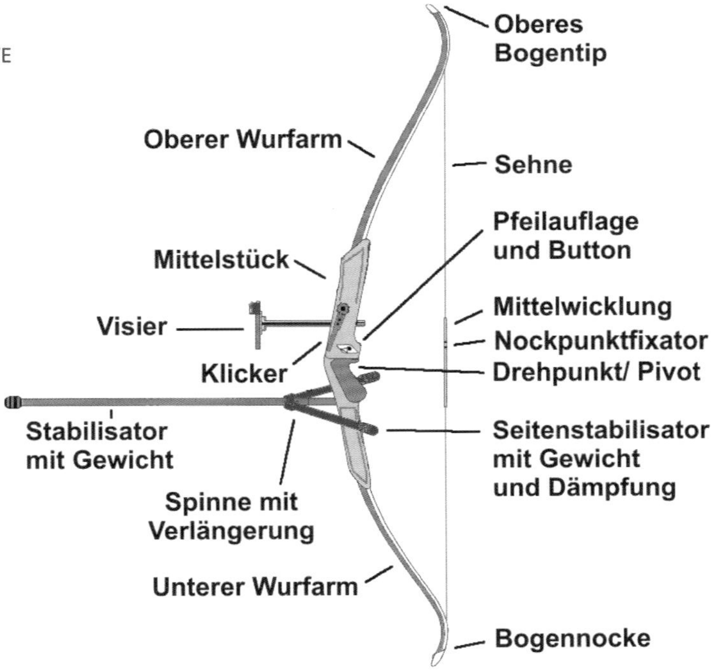

Oberes Bogentip

Oberer Wurfarm

Sehne

Pfeilauflage und Button

Mittelstück

Mittelwicklung

Visier

Nockpunktfixator

Klicker

Drehpunkt/ Pivot

Stabilisator mit Gewicht

Seitenstabilisator mit Gewicht und Dämpfung

Spinne mit Verlängerung

Unterer Wurfarm

Bogennocke

Die Anfängerausrüstung

Die Bogensport-Anfängerausrüstung ist eine gebrauchsfertige, für den Schützen sichere Ausrüstung. Egal mit welchem Bogen später einmal geschossen werden möchte (z.B. Langbogen, Olympic Recurve, Reiterbogen oder Compound), der beste Anfängerbogen ist ein einfacher Recurvebogen, dessen Wurfarme austauschbar sind, sodass nach und nach das Zuggewicht gesteigert werden kann.

Wegen ihrer höheren Strapazierfähigkeit bieten sich Karbonpfeile an. Ein Anfänger braucht eine Ausrüstung, die einfach im Umgang, ruhig und fehlerverzeihend ist. Hier bietet es sich an, mit einer dickeren Sehne, schwereren Pfeilen und großer Befiederung zu schießen.

Ein leichter Anfängerbogen kann auch dem fortgeschrittenen Schützen später beim Üben von Technikteilelementen gute Dienste leisten und ist daher eine sinnvolle Anschaffung.

Eine andere Möglichkeit ist das Mieten von Bögen, viele Bogenhändler bieten Mietbogen mit austauschbaren Wurfarmen an. So kann man austesten ob das neue Hobby zusagt, und das Zuggewicht langsam steigern.
Ein eigener Finger- und Armschutz und ein Köcher sind gute, erste Anschaffungen. Weitere Ausrüstungsteile können dann nach und nach dazu kommen.

Wichtig ist, dass man sich gerade am Anfang, aus Gründen der Sicherheit im Bogensportgeschäft beraten und dort die gesamte Ausrüstung anpassen lässt.

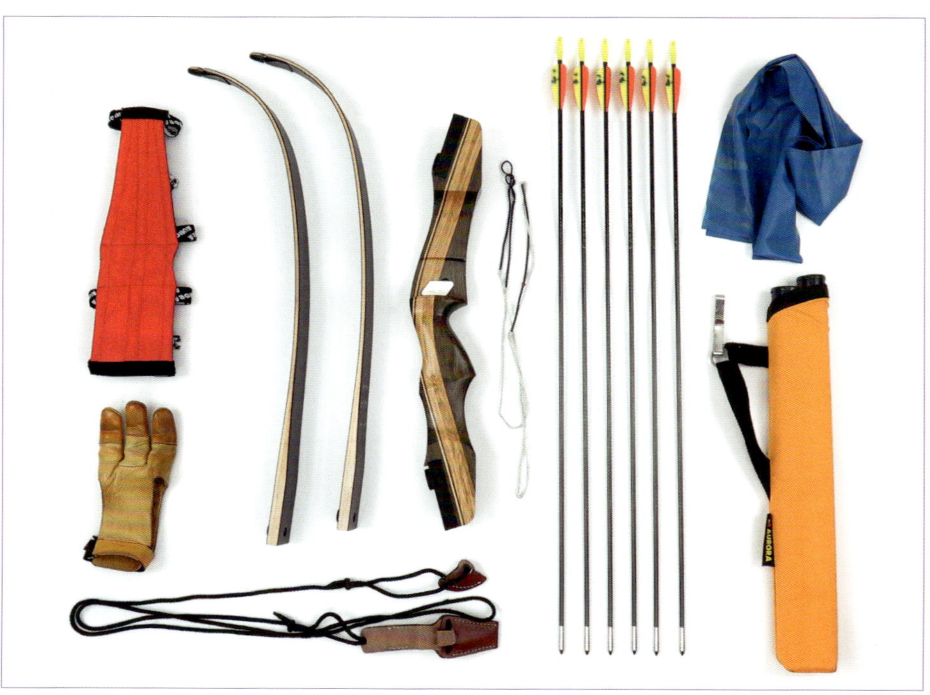

MERKMALE EINER ANFÄNGERAUSRÜSTUNG

- Ein zerlegbarer Takedown-Recurvebogen mit leichten Wurfarmen (max. 20 Pfund) am Finger (Zugbelastung bei eigenem Auszug) für Erwachsene (bei Kindern entspricht die Pfundzahl der Wurfarme ungefähr dem Alter).

- Die Gesamtlänge des Bogens (von der unterer zur oberen Bogennocke) sollte ungefähr die Auszugslänge (in Zoll) + 40 Zoll betragen.
  Je länger der Bogen (Griffstück und Wurfarme) bei gleichem Zuggewicht ist, ***desto weicher zu ziehen*** und fehlerverzeihender ist er.

- Der Bogen sollte kein Stacking haben, d.h. das Zuggewicht sollte zum Vollauszug hin gleichmäßig zunehmen und nicht überproportional zunehmen bzw. das Gelangen in den Vollauszug oder das Durchführen der Spannungserhöhung übermäßig schwer bis unmöglich sein.

- Leichtmöglichstes Mittelstück (um entsprechende Bogenlänge zu erreichen).

- Stabile Plastikpfeilauflage.

- Karbonpfeile, die der Auszugslänge **+ 2 Zoll** entsprechen.

- Eine mindestens 12-Strang-Dacronsehne, mit Mittelwicklung (passend zu den Pfeilnocken) und einem ***gewickelten*** Nockpunktfixator (bei Langbogen ca. 16 mm, bei Recurve ca. 12 mm oberhalb der Waagerechten zur Pfeilauflage).

- Fingerschutz (Tab oder Schießhandschuh), der eng sitzt und über die Fingerkuppen reicht. Ein Tab sollte nicht über die obere Handkante herausschauen.

- Armschutz: entweder zwei kurze (wobei der eine am Unterarm und der andere, etwas weichere über dem Ellenbogengelenk getragen wird) oder einen langen.

- Seitenköcher. Manche Seitenköcher sind ausschließlich rechts oder links zu tragen. Der Schütze trägt den Köcher an der Zug-Handseite.

- Spannschnur (passend zum Bogen).

- Fitnessband (leicht, ca. 2 m).

Die Ausrüstung des Hobbyschützen

Ein Hobbyschütze, der das Stadium des Anfängers hinter sich gelassen hat, der sich und seine Fähigkeiten, seine Wünsche und Möglichkeiten gut einschätzen kann, wird sich bei der Wahl seiner Ausrüstung von dem leiten lassen, was er aus eigener Erfahrung, von seinem Trainer, seinen Schützenkollegen gelernt hat und seinen Vorlieben entspricht.

Zunächst ist die Auswahl der ***Bogenart*** und der ***Zieltechnik*** wichtig.

Das Zuggewicht sollte wieder den körperlichen Fähigkeiten des Hobbyschützen entsprechen. Wer nur hin und wieder schießt, sollte das Zuggewicht der Anfängerausrüstung nur mit maximal 5 Pfund erhöhen.

ACHTUNG: Auch wenn ein kürzerer Bogen bei gleichem Zuggewicht schneller ist, gilt zu bedenken, dass, ***je kürzer*** er ist, ***desto unruhiger*** er im Abschuss wird und desto weniger er ungünstige Technikausführungen verzeiht.

Der kleinere Sehnenwinkel kann sich ebenfalls negativ auf die Entspannungsfähigkeit der Zug-Finger und dadurch auf den Pfeilflug auswirken und sogar Schmerzen verursachen. Daher werden sehr kurze Bögen, z.B. Reiterbögen mit Daumenring geschossen.

Die Pfeile werden entsprechend dem Bogentyp und -zuggewicht, der Auszugslänge und dem Verwendungszweck ausgesucht.

Wichtig ist, dass der Hobbyschütze sich rundum wohl mit seiner Ausrüstung fühlt.

Das Knowhow über das genaue Anpassen bzw. Grob- und Feintuning der Ausrüstung im:
DAS GROSSE BUCH VOM BOGENSPORT.

EMPFOHLENE ZUGGEWICHTE FÜR HOBBY-BOGENSCHÜTZEN		
Schießtrainingstage	**Zuggewicht (auf den Fingern in Pfund lb)**	
	Frauen	Männer
sehr unregelmäßig	15–25	20–30
1x / Woche	15–25	20–30
2x / Woche	20–30	25–35
3x / Woche	25–35	30–40
4x / Woche	30–40	35–45
5x / Woche	30–40	35–50
6x / Woche	30–40	35–50

Empfehlung richtet sich nach der Schieß- bzw. Trainingshäufigkeit und der körperlichen Kondition.

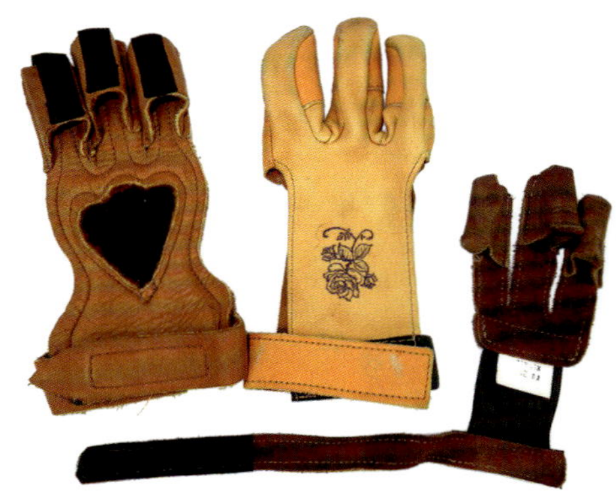

Schießhandschuhe

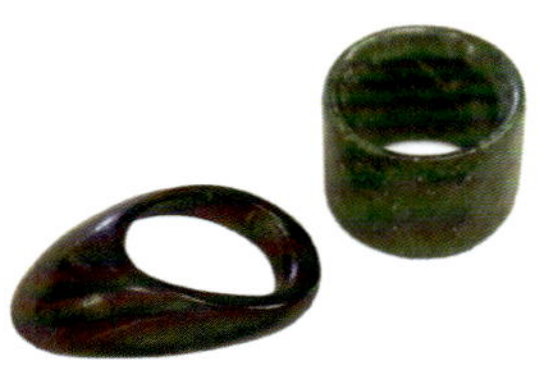

Daumenringe

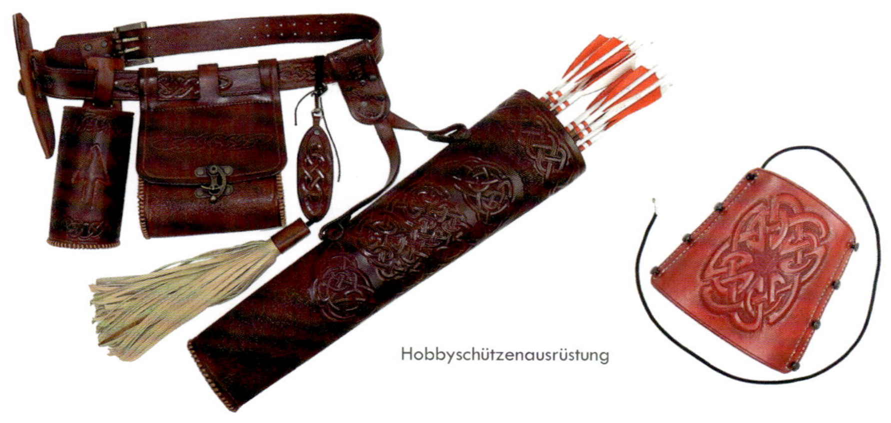

Hobbyschützenausrüstung

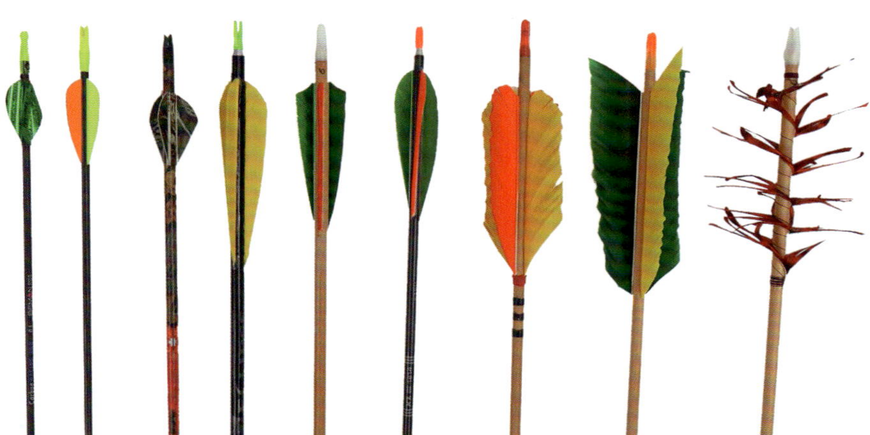

Unterschiedliche Befiederungen, die drei Pfeile rechts außen nennt man Flu-Flu Pfeile.

Überblick über die Bogentypen

BOGEN – DEFINITION

Der Bogen ist ein längliches, gebogenes und biegsames Objekt, an dessen oberem und unterem Ende eine Art Schnur (Sehne) befestigt ist.
Durch das Ziehen dieser Schnur wird Energie in die äußeren Teile des Bogens geladen (Bogen gehört zu den „Federwaffen").
Diese Energie wird beim Abschuss auf einen Pfeil, der mit der ungefähren Mitte der Schnur verbunden ist und in der ungefähren Mitte des Bogens aufliegt, übertragen, sodass er auf einer Parabel davonfliegt.

Den Bogen, ob als Jagd- und Kriegswaffe oder Sportgerät gibt es schon sehr lange. Dementsprechend haben sich auch viele verschiedenartige Bauweisen entwickelt. Ihnen allen gleich ist, dass sie aus einem Mittelteil (inklusive des Griffs), den Wurfarmen, einer Befestigungsmöglichkeit der Sehne und der Sehne selbst bestehen.
Vor allem im letzten Jahrhundert sind aufgrund technischer Neuerungen die Bögen immer effizienter in Wurfleistung und Treffergenauigkeit geworden.
Prinzipiell unterscheidet man bei den Bogenarten traditionelle und moderne Bögen, wobei auch traditionelle Bögen aus sehr modernen Materialien bestehen können.

MODERNE BÖGEN

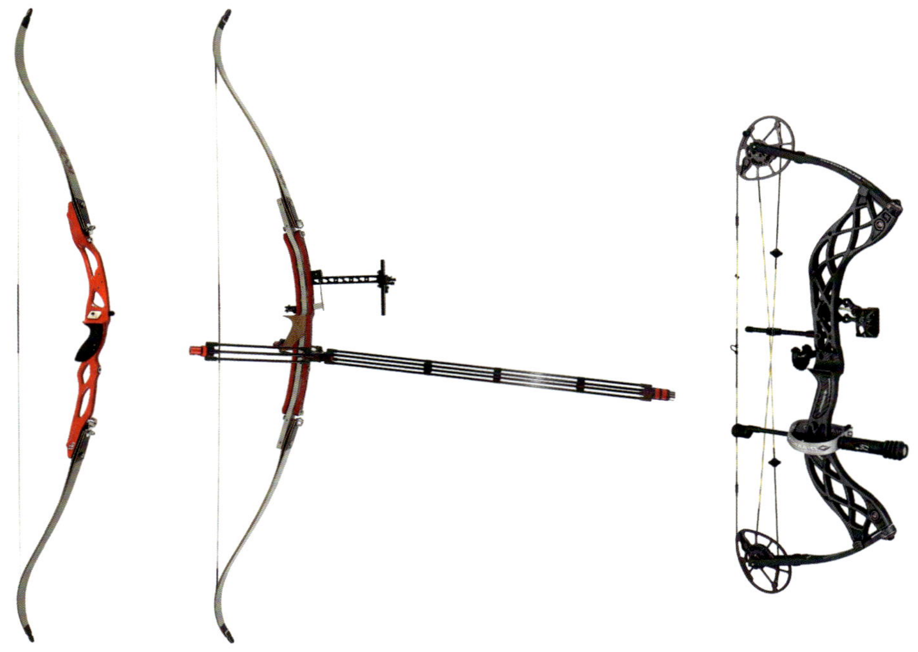

BLANKBOGEN

OLYMPIC RECURVE

COMPOUNDBOGEN

TRADITIONELLE BÖGEN

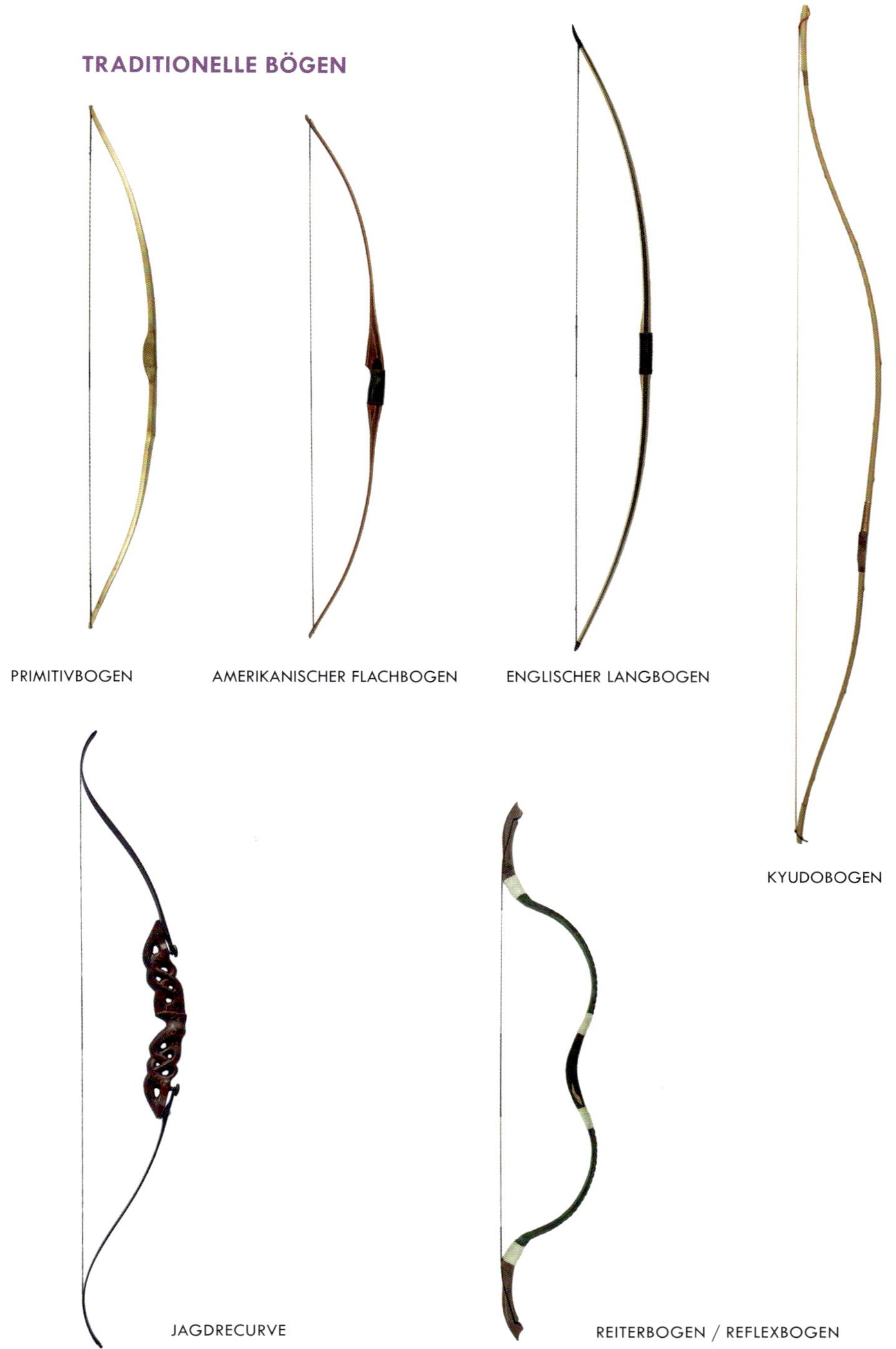

Ausrüstung selbst herstellen

Die Ausrüstung selbst herzustellen, kann großen Spaß machen, viel Freue über einen längeren Zeitraum bringen, das Selbstvertrauen stärken und dazu noch eine Menge Geld sparen. Zusätzlich erwirbt man ein innigeres Verhältnis zu seinem Material und kann je nach Vertrauen in die eigenen Fähig- und Fertigkeiten auch mehr Vertrauen in die Ausrüstung gewinnen.
Auch als Anfänger kann man schon daran denken, einiges selbst herzustellen.

FINGERSCHUTZ

MATERIAL:

- Stück Leder ca. 10x10 cm (abhängig von der Fingerbreite und -länge, bzw. ob 2 oder 3 Finger geschützt werden sollen)
- Eventuell ein Stück Lederband, ca. 20 cm lang und 1 cm breit (Länge abhängig von der Fingerbreite)
- Eventuell ein zusätzliches dickeres, festeres Lederstück als Verstärkung
- Schere, Messer

Das Leder wird der gewünschten Form entsprechend ausgeschnitten (obere Kante des Tabs sollte nicht(!) aus der Handkante herausschauen und die Zug-Finger beim Bilden des tiefen Hakens nur gerade abgedeckt sein). Dann wird die gewünschte Anzahl an Löchern für die Finger hinein geschnitten.

Möchte man kein Loch schneiden, sondern eine Schlinge für den Mittelfinger gemacht werden, (mittleres Tab unten) werden in das Leder nur Schlitze geschnitten, in die dann das Band durchgezogen wird.
Möchte man das Tab verstärken, sodass es steifer in der Hand liegt, kann das zusätzliche Lederstück zurechtgeschnitten werden und auf die Tabinnenseite (Hand abgewandten Seite) an der Basis der Finger geklebt werden.

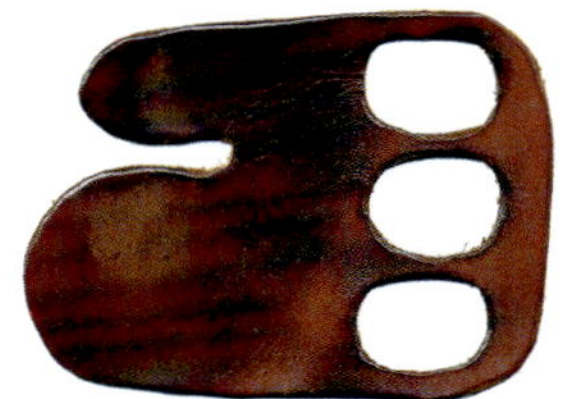

Foto: Volker Alles

Beispiele für verschiedene Tabs

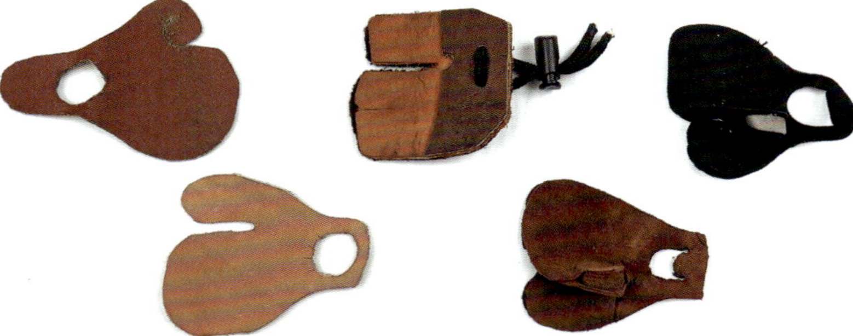

NOCKPUNKTFIXATOR

MATERIAL:

- Gewachstes Sehnengarn (Dacron) oder gewachste Zahnseide, ca. 50 cm
- Messer oder Schere
- Sehnenchecker
- Feuerzeug
- Kleines Stück Klebeband (z.B. Kreppklebeband) oder Lackstift

Mit dem Sehnenchecker wird bei aufgespanntem Bogen gemessen, wo der Nockpunktfixator auf der Mittelwicklung liegen soll (Unterkante). Dann wird mit dem Klebeband oder dem Lackstift die Stelle markiert (die obere Kante des Klebebandes liegt dort an, wo der Nockpunktfixator gewickelt werden soll).

Nun wird mit dem Sehnengarn ein Knoten gemacht, indem zweimal das eine Ende über das andere umgeschlagen wird. Bevor fest zugezogen wird, wird erneut die Lage kontrolliert.

Anschließend arbeitet man auf der anderen Seite der Sehne und gibt einen gleichen Knoten darauf und zieht fest. Erneut wird der Bogen gewendet und noch ein dritter Knoten gemacht (in Richtung oberes Bogenende!).

Nun werden die Reste abgeschnitten, sodass ca. 1–1,5 cm stehen bleiben. Mit dem Feuerzeug werden diese Enden ihrer Richtung entsprechend angesengt (flüssig gemacht) und mit dem Boden des Feuerzeugs über den Knoten geführt, sodass sie sich festschmelzen.

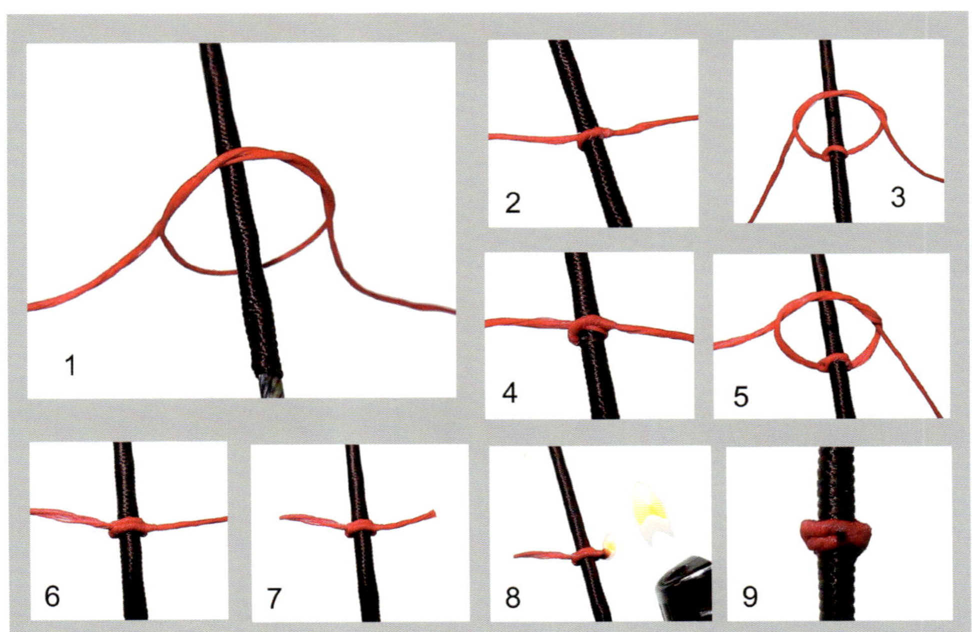

ARMSCHUTZ

MATERIAL (FÜR 2 VARIATIONEN)

- Festes Lederstück, ca. 20 x 20 cm,
- Lochzange
- Eventuell Haken
- Gummiband oder Lederriemen (ca. 80 cm) oder
- Stück Haarshampooflasche (o.Ä.), ca. 15 x 5-6 cm,
- Lochzange
- 2 Gummibänder (ca. 25-30 cm, abhängig vom Unterarmumfang)
- 2 Kordelstopper

VARIATION 1: Das Lederstück wird zur Raute mit abgerundeten Kanten (Oberkante ca. 18 cm, Unterkante ca. 14 cm, Seitenkanten ca. 18 cm, abhängig von der Unterarmlänge und dem Unterarmumfang) ausgeschnitten. An den Seitenrändern werden je 4 Löcher in gleichem Abstand gestanzt oder die Haken befestigt. Durch ein Loch an der Unterkante wird das Gummiband oder der Lederriemen gefädelt. Am Ende des Bandes oder des Riemens wird ein Knoten gemacht, sodass dieses/ dieser nicht mehr herausrutschen kann.

VARIATION 2: Das Plastikstück wird zur Raute mit abgerundeten Kanten (Oberkante ca. 5-6 cm, Unterkante ca. 3-4 cm, Seitenkanten ca. 14-15 cm, abhängig von der Unterarmlänge) ausgeschnitten. In das Stück Plastik werden pro Seite 2 Löcher gestanzt. Jeweils durch die oberen und die unteren Löcher wird je ein Gummiband gezogen und mit einem Kordelstopper auf die korrekte Länge eingestellt und fixiert.

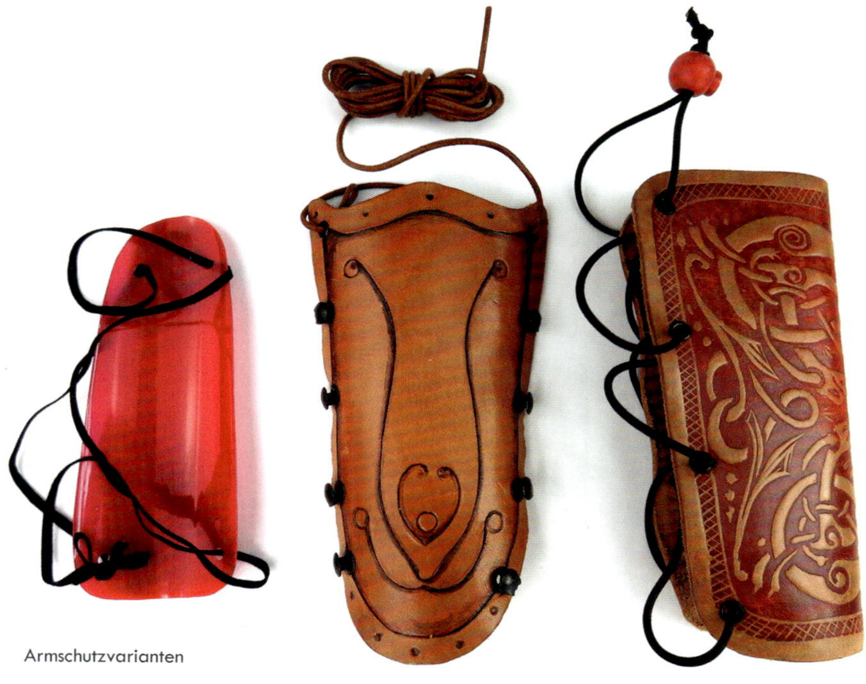

Armschutzvarianten

SEITENKÖCHER

MATERIAL:
- Stück festeres Leder in Form einer unten abgerundeten Raute (Oberkante ca. 40 cm, Unterkante ca. 24 cm, Seitenkanten ca. 50–55 cm, abhängig von der gewünschten Köcherbreite und -länge)
- fester Lederstreifen o.Ä.
- Lederbänder
- Stabile Wäscheklammern o.Ä.
- Lochzange
- Eventuell ein dekorativer Stock (Länge ca. Seitenkantenlänge des Köchers)

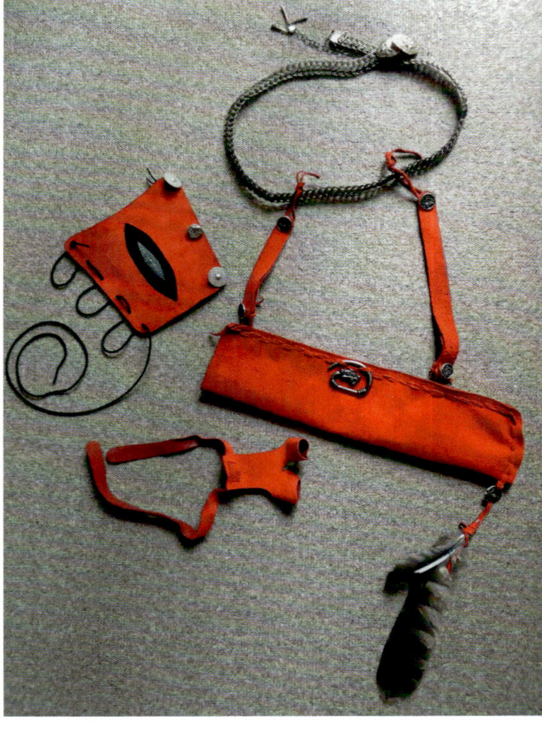

Das Leder für den Köcher wird zusammengelegt, sodass Kante auf Kante liegt, und mit den Wäscheklammern fixiert. Dann werden mit Hilfe der Lochzange entlang des unteren und seitlichen Randes in einem Abstand von ca. 1 cm Löcher gestanzt. Anschließend wird durch die Löcher das Lederband gezogen und dadurch werden die Köcherhälften zusammengenäht.

Die Lederstreifen erhalten ebenfalls Löcher und werden mit dem Köcher durch Lederbänder verbunden. An ihrem oberen Ende erhalten sie 2 Schlaufen, in die ein Gürtel durchgezogen werden kann. Der Tragewinkel des Köchers kann mit Hilfe der verwendeten Lederbänder eingestellt werden.
Ist der Köcher nicht steif genug, kann ein dekorativer Stock an einer Seitenkante befestigt werden, bzw. der Köcher am Stock mit Hilfe von weiteren Lederbändern aufgehängt werden.

Weitere Anleitungen zur Herstellung von Bogensportausrüstungsgegenständen, wie Übungsbogen, Sehnen (Flämischer Spleiss, Endlos, Mittelwicklung, Öhrchenwicklung), Pfeile, Bodenköcher, Scheibenständer, Dämpfer, Bogenständer, Bogenhülle, Spannschnur, Sehnenchecker, Sehnenabschussgeräuschdämpfer, Sehnenhalter, Bogentipschutz, Bluntspitze, Pfeilsuchhaken, Zubehörtasche und Scheibennägel in:

DAS GROSSE BUCH VOM BOGENSPORT.

Viele Anleitungen zum *Selbstbau von Bögen* findet man in der Literaturliste im Anhang.

6

ANHANG

Geschichte des Bogensports

Fachausdrücke / Glossar

Die Autorin

Webseiten und Links

Fachliteratur

GESCHICHTE DES BOGENSPORTS

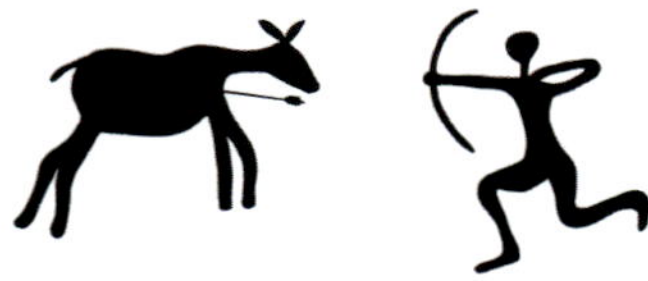

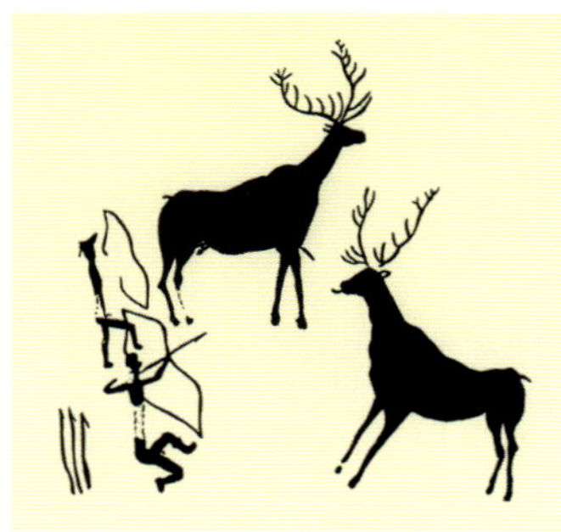

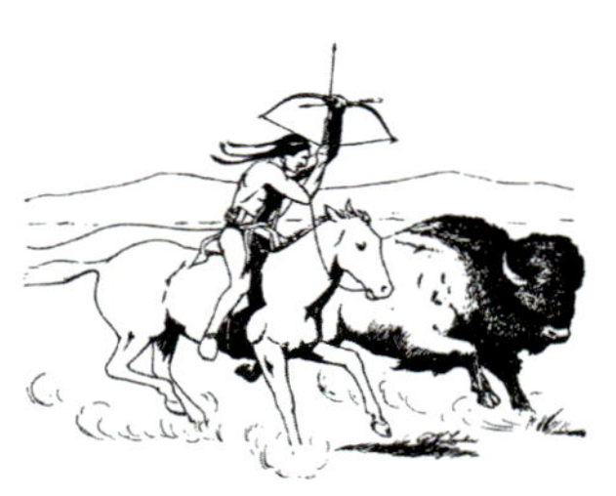

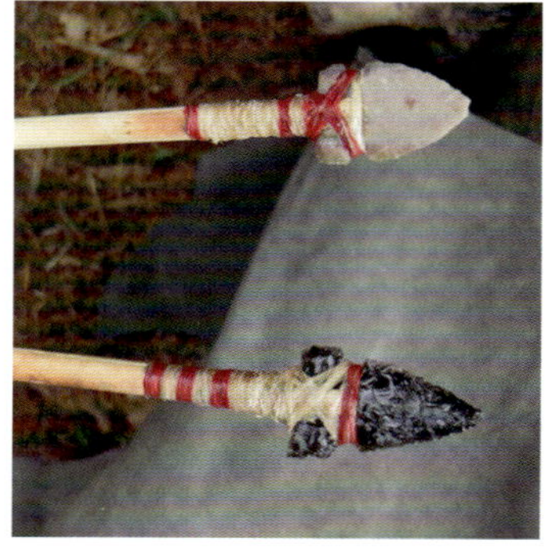

Die Anfänge des Bogenschießens liegen viele Jahrtausende zurück. Es wurde in allen besiedelten Erdteilen außer in Australien entwickelt.
In der Geschichte hat der Bogen einen Wandel von der Jagd- zur Kriegswaffe bis hin zum Sportgerät vollzogen, wobei er noch heute in allen 3 Kategorien (v.a. aber bei der Jagd und im Sport) zum Einsatz kommt.
Auch wenn noch immer nicht einwandfrei geklärt wurde, ab wann es die ersten Bögen gab (Schätzungen zufolge bereits vor ca. 50.000–60.000 Jahren in Afrika, Ende des Mittelpaläolitikums), so ist man sich doch einig, dass die Erfindung des Bogens eine der wesentlichen Errungenschaften der Menschheit darstellt, besonders in Bezug auf die kulturelle Evolution (ähnlich dem Beherrschen des Feuers, der Erfindung des Rades und der Entwicklung der Schrift).

Der Bogen war die erste wirkliche Fernwaffe. Er war effektiver als ein Speer, da der Jäger meist mehrere Pfeile hatte und präziser und weiter schießen als werfen konnte. Dadurch hat sich die Jagdmethode und Gruppenstruktur der Menschen in der Altsteinzeit geändert.

Die anfänglichen Bögen, hergestellt aus heimischen Hölzern, die bei einigen naturnahen Völkern auch noch heute als Jagdwaffe Verwendung finden, waren Stabbögen unterschiedlicher Länge und Wurfarmquerschnittsformen.
Die Sehnen bestanden bzw. bestehen u.a. aus eingedrehten Tierhaut- oder Fellstreifen, Tierdärmen, Tierhaaren (z.B. Pferdeschweif), Hanf (aus dem Bast der Hanfpflanze Canabis sativa), Brennnesselfasern, Flachs (Gemeiner Lein, Linum usitatissimum) oder Seide. Die Pfeilspitzen wurden vor der Eisenzeit zunächst aus Holz, Knochen, Stein und Horn gemacht.

Zu dem Zeitpunkt (ca. 8000 – 4000 v.Chr.), da der Bogen eine Kriegswaffe wurde, begann auch die Zeit der Wettkämpfe, in denen die Schützen ihre Fähigkeiten unter Beweis stellen wollten und mit ihr auch das zielgerichtete Training.
Vor allem die Kompositbögen der Reitervölker und später auch der englische Langbogen waren entscheidend für den Ausgang von Schlachten und Kriegen.

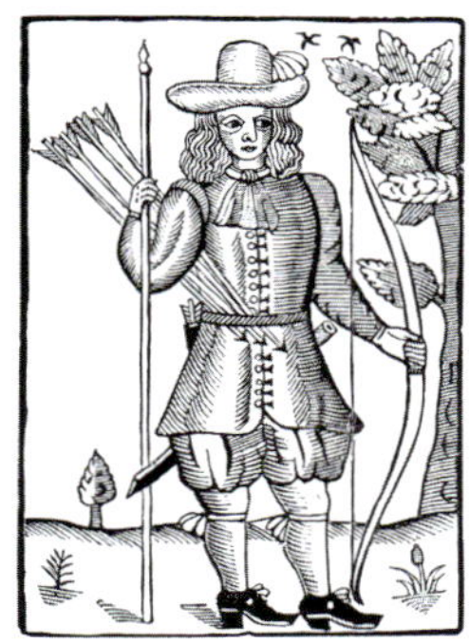

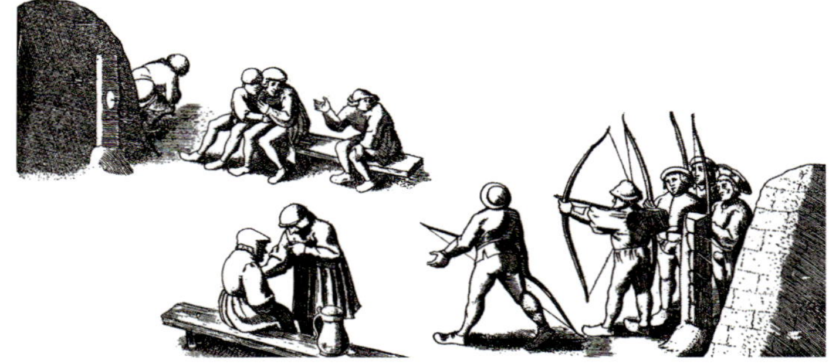

Ende des Mittelalters bzw. in der Renaissance wurde der Bogen als Kriegswaffe mehr und mehr von den Lunten- und Steinschlossgewehren bzw. Musketen abgelöst. Dadurch gewann der Bogen als Sportgerät immer mehr an Bedeutung. Es wurden Gilden und Vereine gegründet, in denen die Kunst des Bogenschießens weiterhin vermittelt und gepflegt wurde.

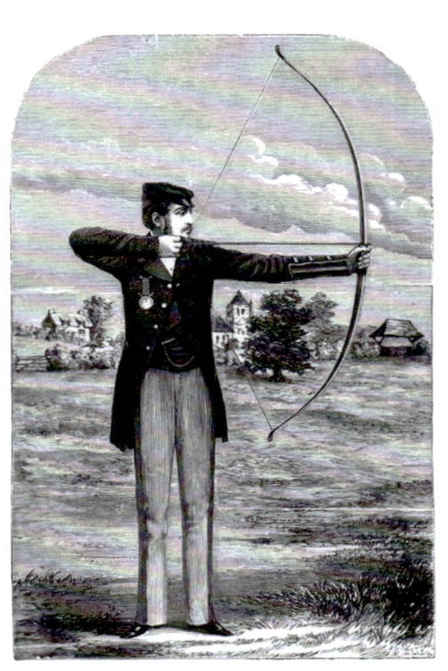

Aufgrund der Verwendung neuer Materialien, Zusatzgeräte, Bauweisen und Bewertungsmethoden wurde der Langbogen im letzten Jahrhundert zu einem immer effizienteren Hightech-Gerät (Olympic Recurve und Compound) umgewandelt.

Nachdem der damalige Weltverband FITA (heute WA) Bogensportnationen unter sie vereinigt und einheitliche Regeln eingeführt hatte, konnte die Disziplin Bogensport an den Olympischen Spielen teilnehmen.

Seit 1972 ist sie fester Bestandteil der Spiele und konnte sich durch die hervorragenden Bemühungen des Weltverbandes als eine der Kernsportarten etablieren.

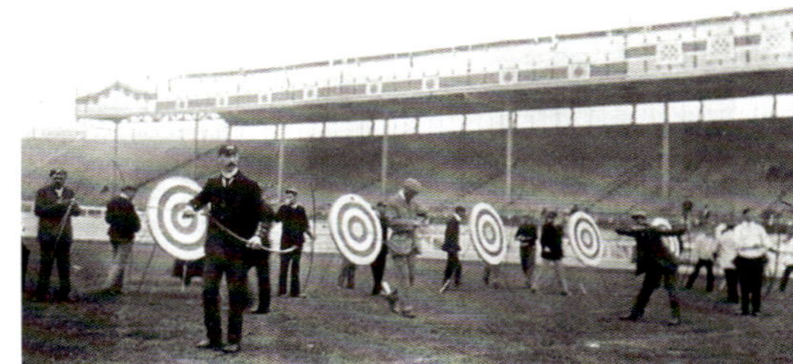

Olympiade 1908

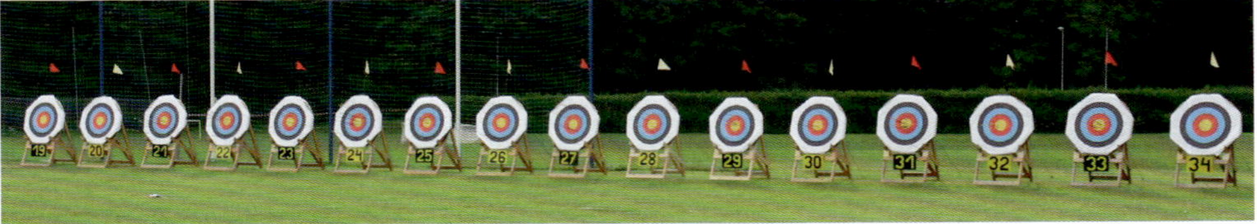

FACHAUSDRÜCKE/GLOSSAR

Diese Sammlung beschreibt die wichtigsten Fachausdrücke aus dem Bogensport und bietet einen guten Überblick für Neueinsteiger.

" Kurzkennzeichen für Inch (Zoll).

Kurzkennzeichen für englische Pfund.

@ Kurzkennzeichen für „bei Auszug“; z.B. **35# @ 28"** = 35 Pfund Zugkraft bei einem Auszug von 28 Zoll.

3D Bogensportdisziplin auf einem Geländeparcours. Ziele sind 3-dimensionale, naturgetreue Tierattrappen.

12-Strang-Sehne: Sehne aus 12 Einzelsträngen.

25er-Wurfarme: 25 Pfund Zugstärke bei genormtem Auszug (meist 28 Zoll). Abhängig von der Griffstücklänge.

43 Pfund am Finger: 43 Pfund Zuggewicht bei individuellem Auszug.

A

Abpraller (Aufsetzer): Wenn ein Pfeil bei einem Ziel (3D-Tier, Dämpfer) oben oder unten aufsetzt und nach hinten weiterfliegt.

Abschusspflock: Ein gefärbter Pfahl (meist aus Holz), der die Abschussposition beim 3D- oder Feldschießen markiert.

Absetzen: Den Bogen, ohne den Pfeil zu lösen, von der oberen Vorbereitungsphase oder Vollauszug wieder in die Anfangsposition (untere Vorbereitungsphase) zurückführen.

Ankern: Das Einnehmen mehrerer, konstanter Ankerzonen am Ende der Zug-Druck-Rotationsphase.

Ankerzonen: Referenzzonen, die von den Zug-Fingern, der Zug-Hand oder der Sehne im Vollauszug berührt werden.

Armschutz: Ein Stück festen Materials, das an der Innenseite des Bogen-Unterarms befestigt wird, um vor einer schmerzhaften Berührung mit der Sehne zu schützen.

Aufgespannter Bogen: Bogen, an dem die Sehne an beiden Enden befestigt ist und der somit schießbereit ist.

Aufpumpen (Warmziehen): Das mehrmalige Ausziehen des Selfbogens von 1/3 Auszug bis Vollauszug.

Aufspannhöhe (Standhöhe): Entspricht dem Abstand zwischen der Griffmulde (Pivot Point) und der Sehne bei aufgespanntem Bogen.

Auszug: 1. Ziehen der Sehne bis zum Vollauszug; 2. entspricht der Auszugslänge.

Auszugslänge: Individuelles Maß, gemessen im Vollauszug vom Pfeilnockenbett bis zur Bogenvorderkante (manchmal auch bis Mittelstück-Mitte oder Buttonmitte).

B

Befiedern: Anbringen der Federn auf dem Pfeilschaft.

Befiederung: Anzahl, Länge, Form und Material der verwendeten Federn sowie deren Art und Weise der Anordnung am Schaft.

Blankbogen (Abkürzung **BB**): 1. definierte Bogenklasse, ohne Visier, mit Stringwalking; 2. Früher als Sammelbegriff für Bögen ohne Visier verwendet.

Blindschüsse: Schießen mit geschlossenen Augen (meist erst nach der Zielphase).

Blunt (-Spitze): Stumpfe Pfeilspitze, meist aus Gummi, für die Jagd auf Vögel und Kleinsäuger.

Bogen: Ein unter Spannung gehaltener, gebogener Stab, an dem vom einen bis zum anderen äußersten Ende eine Schnur gespannt ist. Zum Schießen von Pfeilen.

Bogen-Arm: Arm, der den Bogen hält.
Bogenfenster: Einschnitt im Mittelteil des Bogens oberhalb des Griffes auf der Bogen-Handseite, welcher erlaubt, dass der Pfeil fast oder ganz in der Mitte liegen kann.
Bogen-Hand: Hand, die den Bogen hält.
Bogenhülle: Schutzfutteral (aus Leder oder Stoff) für den Transport von Bögen.
Bogenkoffer: Transportutensil für Takedownbögen.
Bogennocke: Kerbe im äußeren Teil des Bogenwurfarmes, unterhalb des Tips, in der die Sehne eingehängt wird.
Bogenschießen, traditionell: Die Benützung eines „traditionellen" Bogens, d.h. Langbogen oder Recurve ohne Zielhilfe (Visier).
Bogen-Seite: Körperhälfte, in der der Bogen gehalten wird. Bei Rechtshändern oft die linke Körperhälfte.
Bogenständer: Gerät, auf das der Bogen gegeben wird, solange der Schütze ihn während des Trainings oder Wettkampfes nicht benötigt.
Bowhunter Recurve: Bogenklasse der IFAA.

C

Center-shot bow: Zentral geschnittener Bogen, bei dem der untere Teil des Fensters über die Mitte ausgeschnitten ist, sodass der Pfeil mittig aufliegen kann.
Clout: Ziel beim Cloutschießen; Lappen an einer Stange.
Clout-Schießen: Eine schon im Mittelalter übliche Wettkampfform, bei der über sehr weite Distanzen versucht wird, das „Clout" zu treffen bzw. in den Kreis darum herum zu gelangen.
Composite Bogen: Ein aus verschiedenen Materialien verleimter Bogen.
Compound-Bogen: Bogen mit kleinen, nockenähnlichen, exzentrischen „Kurvenscheiben" bzw. Rollen oder Cams an den Wurfarmenden.
Cresting: Bemalung am hinteren Ende des Pfeiles. Zur Verzierung oder Markierung.

D

D-Profil: Querschnittsform eines englischen Langbogens im Bereich der Wurfarme.
Dacron (B50): Sehr gebräuchliches, leicht dehnfähiges Sehnenmaterial.
Dämpfer: 1. quadratische, rechteckige oder runde Scheiben mit einer Dicke von wenigstens 10 cm. Sie können aus speziellem Kunststoff, Stroh oder Ähnlichem sein. Ihre Aufgabe ist es, den Pfeilflug zu stoppen;
Dominantes Auge (Führungsauge): Auge, mit dem der Schütze hauptsächlich seine Umgebung wahrnimmt bzw. dessen Bild er im Gehirn verarbeitet.
Doppelshelf-Bogen („Twinbow"): Bogen mit je einer Pfeilauflage auf der rechten und linken Seite.
Drehpunkt (Pivot Point): Tiefster Punkt im Griffstück.
Dreifachauflage: Papierauflage mit 3 übereinander liegenden Scheibenbildern, für Visierschützen in der Halle.
Druckpunkt: Punkt, mit dem die Bogen-Hand in den Griff drückt.

E

Einhaken: Setzen der Zug-Finger an die Sehne.
Einlegen: Das Legen des Pfeils auf die Pfeilauflage, inklusive dem Einfädeln in den Klicker und dem Einnocken an der Sehne.
Einnocken: Abschluss des Einlegens. Die Nocke des Pfeils wird an die gewünschte Stelle an der Sehne eingerastet bzw. eingehängt.
Endlossehne: Zur Herstellung wird ein einzelner Strang so oft um den Sehnengalgen geführt, bis die gewünschte Anzahl Sehnenstränge erreicht ist.
Erstes-Fingergelenk-Haken: Sehne liegt im ersten Fingergelenk der Zug-Finger.

F

Fast flight: Sehnenmaterial mit besonders geringer Dehnfähigkeit.
Federwicklung: Wicklung, um die Feder am Pfeilschaft zu befestigen.
Feintuning: Feinabstimmung der Ausrüstung auf den Schützen und seine Technik.

Feldschießen: Scheibenschießen im Gelände.
Fingerschlinge: die den Bogen nach dem Lösen der Sehne auffängt.
Fistmele: Altes Aufspannhöhenmaß, d.h. Abstandsmaß zwischen Mittelstück und Sehne, gemessen mit der Faust und ausgestrecktem Daumen.
Fitnessband: Übungen mit dem Fitnessband gehören stets zum Aufwärmen bzw. zum Einschießen und zum Erlernen und Trainieren der Schusstechnik.
Flachbogen: Bogen, dessen Wurfarme einen brettähnlichen Querschnitt jedoch keinen Recurve haben.
Flämischer Spleiß: Art einer geflochtenen Sehnenherstellung.
Flu-Flu-Pfeil: Sehr langsamer Pfeil mit hohem Luftwiderstand und hoher Bremswirkung, da er große Federn besitzt .
Flugbahn: Ballistische Kurve des Pfeils vom Abschuss bis zum Eintreffen.
Flugfeder: Gegenteil zu Leitfeder. 2 pro Pfeil.
Fokus: Konzentration auf einen Punkt oder eine Aufgabe. Es gibt einen inneren oder äußeren bzw. engen oder weiten Fokus.
Führungsfeder: Siehe Leitfeder. 1 pro Pfeil.

G

Gapshooting: Art von Systemschießen, bei der über die Pfeilspitze gezielt wird.
Gold (Gelb): Zentrum der Scheibenauflage (bei Indoor, Outdoor und Feld), erste Wertungsfarbe der WA-Scheibenauflage, Wertung „neun" und „zehn" bei In- und Outdoor, „fünf" und „sechs" bei Feld.
Griffstück: Entspricht dem Mittelstück des Bogens, wo der Kontakt zur Bogen-Hand ist.
Gruppierung: Trefferbild der Pfeile auf der Scheibe.

H

Haken: Art und Weise des Einhängens der Sehne in den Zug-Fingern.
Hand-Augen-Koordination: Die Hand reagiert auf das, was das Auge wahrnimmt.
Handgelenk, mittleres: Bogen-Unterarm und -Mittelhandknochen bilden etwa 45°.
Handschock: Vibrationen, die vom Bogen in die Hand geleitet werden.
Hängender Pfeil: Pfeil, der nicht richtig in den Dämpfer oder das 3D-Tier eindringt und nach unten hängt.
Historical Bow: Bogenklasse der IFAA, mit nachweislicher Bauweise vor 1900.

I

Inch (Zoll): Längeneinheit (1 in = 2,54 cm), Abkürzungszeichen ".
Indoor: Wettkampfdisziplin von WA und IFAA, der in einer Halle auf meist 18 m ausgetragen wird.
Innenkill (Spot): Höchste Wertungszone bei WA-3D.
Insert: Teil der Nocke/ Spitze, die in den Schaft geht (mit oder ohne Gewinde).
Intuitives Schießen: Schießen aus dem Gefühl und der Bewegungserfahrung heraus. Bogenklassen unabhängig.
Intuitives Zielen: Zielen (Fokus auf den Zielpunkt) ohne Zielhilfen, sondern nur aus dem Gefühl heraus.
Ist-Zustand: Die momentane körperliche und mentale Verfassung unter normalen Bedingungen des Schützen sowie der aktuelle Leistungsstand der Schusstechnik, des Trefferbildes, des taktischen Wissens und so weiter.

K

Kill: Innerste Wertungszone beim 3D-Schießen
Kippen (kanten) des Bogens: Bogenhaltung aus der Senkrechten heraus (gewöhnlich das obere Bogenende bauchwärts). Üblich bei Lang-, Self- und Reiterbögen.
Klemmnocke: Pfeilnocke, in die die Sehne spür- und hörbar einrastet.
Klicker: Längliches, dünnes Metallblech (o.Ä.) am Bogenfenster, unter welches der Pfeil gelegt wird. Bei Vollauszug ist gerade noch das vordere Ende der Spitze darunter. Durch die Spannungserhöhung (2–4 mm bei sehr guten Schützen) geht der Pfeil das letzte Stück zurück,

das Blech klappt an den Bogen, es macht „klick" Entspricht einem Auszuglängen-Anzeiger.

Köcher: Jede Art von Behälter zur Aufbewahrung bzw. zum Transport von Pfeilen.

Körper: Äußerster Trefferbereich bei einem 3D-Ziel.

Körperausrichtung: Die Ausrichtung von Füßen, Hüfte, Schulter, Oberkörper sowie Kopf im Raum bzw. im Verhältnis jeweils zueinander, zur Schussebene, zur Flugkurve und v.a. zum Ziel.

Kreuzdominanz: Phänomen, bei dem die Händigkeit und das Führungsauge nicht auf gleicher Körperseite liegen. z.B. Rechtshänder, dessen linkes Auge dominant ist.

L

Ladephase (Energie): Entspricht der Zug-Druck-Rotationsphase, in der Energie in den Wurfarmen gespeichert wird.

Langbogen: Abkürzung LB, Bogen ohne Recurve; Sehne verlässt Wurfarme an den Bogennocken.

lb: Gewichtseinheit, Englische Pfund, #, siehe Pound.

Lean out: Leichte Vorlage des Oberkörpers beim Stand.

Leichtbogen: (Schul-)Bogen für Erwachsene mit einem Zuggewicht von höchstens 15–20# bei 28 Zoll Auszug.

Leitfeder: Feder (meist anders als die anderen beiden gefärbt), die im rechten Winkel zur Nockkerbe steht.

Linkshandschütze: Hält den Bogen in der rechten Hand; Zug-Hand links.

Lösen: Das passive Verlassen der Sehne (von den entspannten Zug-Fingern); nach der Spannungserhöhung.

M

Mediterraner Griff (Zug): Drei Finger ziehen an der Sehne; Zeigefinger oberhalb, Mittel- u. Ringfinger unterhalb des Pfeils.

Mittelstück (Bogen-): Der Teil des Bogens, an dem die Wurfarme oben und unten ansetzen.

Mittelwicklung: Schutzwicklung an der Sehne im Bereich des Nockpunktes.

N

Nachhalten (Follow through): Phase nach dem Lösen der Sehne.

Navajo Griff (Zug): Entspricht dem Untergriff; drei Finger an der Sehne; Zeigefinger berührt den Pfeil von unten.

Nocke (Pfeilnocke): Einkerbung am hinteren Ende des Pfeils, mit der der Pfeil auf der Sehne gesetzt wird.

Nockenwicklung: Sehr feste Wicklung unterhalb der Selfnocke, um zu verhindern, dass der Schaft beim Abschuss gespaltet wird.

Nockpunkt: Stelle an der Sehne, bei der der Pfeil eingelegt/ eingenockt wird. Meistens unterhalb des Nockpunktfixators und in der geometrischen Mitte der Nocke.

Nockpunktfixator (Nockpunktmarker): Kleiner Metallring (Achtung(!) aus Sicherheitsgründen nicht zu empfehlen) oder gewickelter Knoten auf der Sehne, um die konstante Platzierung der Pfeilnocke zu gewährleisten.

Nockpunktüberhöhung: Abstand des Nockpunktes (oder Unterkante des Nockpunktfixators) von der Waagerechten (zur Pfeilauflage) auf der Sehne.

Nullbogen: Technik-Übungsbogen, der praktisch kein Zuggewicht besitzt.

Nullpunkt: Schützen-, technik- und ausrüstungsabhängige Entfernung, bei der die Spitze beim Zielen im Vollauszug genau auf Höhe des Zieles ist.

Nullschuss: Zielmitte ist auf Schulterhöhe und nahe Entfernung (5–10 m). Für Techniktraining und „Blindschüsse" (schießen mit geschlossenen Augen).

Nullsehne: Übungssehne mit ca. 30 cm langen Gummikomponenten an den Enden, die zusätzlich zur eigentlichen Sehne auf den Bogen gegeben wird. Zum Üben wird nur die Nullsehne gezogen, das Gewicht des Bogens und das Gefühl der Bogen-Hand am Griff bleiben erhalten, nur der Sehnenwinkel ist nicht ganz so spitz.

O

Öhrchenwicklung: Sehnenschutzwicklung an den Schlaufen der Sehnenenden von Endlossehnen.

Olympic Recurve: Bogenklasse der WA, die als einzige bei den Olympischen Spielen erlaubt ist.

Outdoor: Bogenschießdisziplin der WA auf einem ebenen Platz auf Scheiben mit bunten Papierauflagen. Entfernung 10–90 m je nach Bogenklasse. Auflagengröße 80 u. 122 cm.

P

Parabolfeder: Feder in Form des Querschnittes eines lang gezogenen, halben Tropfens.

Paradoxon des Bogenschießens: Das eigentliche Paradoxon ist, dass der Pfeil bei aufgespanntem Bogen (nicht Centreshot) weiter links vom Ziel zeigt und trotzdem ins Ziel (oder sogar weiter rechts) fliegt. Dies passiert aufgrund der Durchbiegungen des Pfeils, welche er Aufgrund des Massenträgheitsgesetzes sofort nach dem Abschuss beschreibt, sich damit um den Bogen windet (ohne ihn zu berühren) und ins Ziel wie ein Fisch schwimmt.

Parcours: Unebenes Gelände (meist mit hohem Waldanteil) in dem Ziele (Dämpfer mit Feld- oder Tierbild-Auflagen, 3D-Tiere) aufgestellt sind. Pflöcke markieren die Abschussposition, Bänder o.Ä. den Weg, der zu begehen ist.

Passe: Bestimmte Anzahl an geschossenen Pfeilen bis wieder zur Scheibe zum Pfeileziehen gegangen und eventuell gewertet wird.

Perfekte Passe: Alle Pfeile im Gold bzw. im 10er.

Persönlicher Schussbereich: Die Schussentfernung, die ein intuitiv zielender Schütze momentan beherrscht. Sie ist nach dem Wintertraining (in der Halle) oft reduziert und muss zur Outdoor-/ 3D- und Feld-Saison wieder durch Übung langsam gesteigert werden.

Pfeilanlage: 1. Seitlicher Teil des Bogenfensters, mit dem der Pfeil Kontakt hat; 2.Vorrichtung an der Seite des Bogens, um einen möglichst kleinen Anlagenpunkt des Pfeils bzw. eine störungsfreie Passage für ihn bereitzustellen.

Pfeilauflage: 1. Entspricht dem Shelf (Fensterunterkante bei Langbogen und Jagdrecurve).
2. Aus Holz, Knochen, Horn oder Leder gearbeiteter Zusatz bei Selfbows und englischen Langbögen.
3. Anklebbare Plastikscheibe oder Metallplatte mit abstehendem Ärmchen, auf dem der Pfeil liegt.

Pfeilfang: Z.B. dünne Kunststoffmatten, natürliche Hügel usw. die den Pfeil am Weiterfliegen hindern.

Pfeilfangnetz: Engmaschiges, sehr reißfestes Netz aus Kunststoff, welches, locker(!) gehängt, die Pfeile bis zu einem gewissen Wirkungsgrad auffängt.

Pfeilmarkierer (Tracer): Flauschiger Federkranz zwischen den Federn und der Nocke am Ende des Pfeilschafts, zum besseren Erkennen des Pfeilfluges.

Pfeilschaft: Länglicher Stab aus z.B. Holz, Bambus, Karbon oder Alu, an dem die Spitze, die Federn und die Nocke befestigt werden.

Pfeilsuchhaken: Hilfsgerät zum Durchrechen des Erdbodens, um verschollene Pfeile aufzuspüren.

Pfeilzieher: Hilfsgerät aus Gummi, zum leichteren Herausziehen der Pfeile aus der Scheibe oder aus 3D-Zielen.

Pflock: Abschussmarkierung beim 3D- u. Feldschießen.

Pistolengriff: Typischer Griff eines Recurve-Bogens in Form eines Pistolengriffs. Manchmal auch Revolvergriff genannt.

Pivot-Punkt: Drehpunkt des Bogens, ausgewogen sollte er an der tiefsten Stelle der Griffmulde liegen.

Pound: Englische Gewichtseinheit 1 lb = 0,453 kg.

Primitiv-Bogen: Bogen aus einem Stück Holz, oder Naturmaterialien, meist ohne Pfeilauflage.

R

Rechthandschütze: Hält Bogen in der linken Hand; Zug-Hand rechts.

Recurvebogen: Bogen, dessen Wurfarmenden in Richtung Ziel gebogen sind. In ihnen kann wesentlich mehr Energie gespeichert werden als zum Beispiel in einem Langbogen.
„Reiten": Auf- u. Abbewegung des Pfeils während des Fluges, was auf eine ungünstige Nockpunktüberhöhung bzw. unsauberes Lösen schließen lässt.
Reiterbogen: Relativ kurzer Reflex-Deflex-Bogen, der zum Schießen vom Pferd aus geeignet ist.
Release: 1. Lösen der Sehne von den Zug-Fingern, 2. Release-Hilfsgerät beim Compound.
Rhythmus (Schieß-): Timing des Schussablaufes, eingebettet in z.B. die Atmung.
Robin Hood Schuss: Schuss, bei dem ein nachfolgender Pfeil in die Nocke eines schon in der Scheibe steckenden Pfeils trifft.
Rohling: Sehr grob bearbeitetes Bogenholz.
Rohschaft: Pfeilschaft ohne Befiederung.
Rückenspannung: Spannung, die beim Ziehen der Sehne im Rücken aufgebaut wird.
Rückprall: Der Pfeil springt von der Scheibe (Dämpfer, 3D Ziel) zurück.
Rundumkontrolle: Phase im Schussablauf nach dem Heben. Es werden alle bis dahin eingenommenen Parameter noch einmal unbewusst, gefühlsmäßig oder auch bewusst (z.B. optisch) kontrolliert (je nach Leistungsstand) bevor die Energie-Lade-Phase (Zug-Druck-Rotation) beginnt.

S

Schaft: Teil des Pfeils, an den Federn, Nocke und Spitze angebracht sind.
Scheibenauflage: Papierauflagen (Kreise oder Tiere) für Outdoor-, Indoor- und Feld-Schießen.
Scheibennägel: Zur Befestigung der Scheibenauflagen am Dämpfer.
Scheibenpanik: Entspricht Targetpanik, Goldfieber oder Goldangst. Die Unfähigkeit u.a. in den Vollauszug zu kommen, ins Gold zu halten oder die Sehne zu lösen.
Schießhandschuh: Fingerschutz in Form eines Handschuhes für drei Finger.
Schießlinie: Linie in der Halle oder auf dem Platz, über der die Schützen während einer Passe stehen.
Schraubspitzen: 1. Alupfeilspitze, die in ein Insert geschraubt wird; 2. Holzpfeilspitze mit Gewinde.
Schulter-Hüft-Trapez: Gleichschenkliges Trapez, welches von der Schulter und der Hüfte mit Wirbelsäule als Mitte gebildet wird. Wichtig für den Stand in unebenem Gelände.
Schussablauf: Abfolge der einzelnen Sequenzen in der Schusstechnik, vom Stand-Einrichten bis Nachhalten.
Schussebene (Schussrichtung): Entspricht der Linie/ Ebene Abschussposition – Ziel.
Schussfenster (freies): Bei 3D; von Ästen, Bäumen, Gräsern oder Felsen freies Gelände, in dem der Pfeil ungehindert zum Ziel fliegen kann.
Score: Wertung des Pfeils.
Scorekarte: Punktekarte oder Wertungskarte, auf der die erreichten Punkte pro Passe/Runde/ Wettkampf notiert werden.
Scoren: Bewerten eines Pfeils und notieren der entsprechenden Ring- oder Punktezahl.
Sehne: Aus einer oder mehreren Strängen bestehende Schnur, die an den Enden der Wurfarme befestigt ist und den Bogen spannt. Wie weit er gespannt wird, hängt von der Länge der Sehne ab. Heute übliches Material: Dacron, Fast Flight; früher Tiersehnen, Rohhaut, oder Pflanzenfasern wie Hanf, Brennnessel und Leinen.
Sehnenbett: Einkerbung längs der zum Schützen zeigenden Wurfarmseite (Recurvebogen) in der die Sehne liegt, bis sie den Wurfarm verlässt.
Sehnenchecker: T- oder L-förmiges Gerät zum Messen der Aufspannhöhe und der Nockpunktüberhöhung; auch Bogenmaßstab genannt.
Sehnendämpfer: Kleines Stück Leder, Fell oder Faserbüschel in die Sehne ca. 30 cm vom Wurfarmtip entfernt eingeflochten. Dient dazu, die Vibrationen im Bogen beim Abschuss zu verringern und das einhergehende Abschussgeräusch zu dämpfen.

Sehnenhalter: Haken, befestigt am oberen Wurfarmtip über eine Leder- oder Kunststofftasche. Er verhindert, dass die Sehne im abgespannten Zustand des Bogens Richtung Mittelstück rutscht, sich verdreht oder vom Bogen fällt.

Sehnenöhrchen: (Sehnen-)Schlaufen am Ende der Sehne, die in die Bogennocken eingehängt werden.

Sehnenreflex: Bewegung der Sehne nach dem Lösen.

Sehnenschatten: Unscharfes Bild der Sehne im Vollauszug bzw. beim Zielen

Sehnenwachs: Spezielles Wachs zum Imprägnieren der Sehne und „Verkleben" der Sehnenstränge.

Sehnenwicklung: Mittelwicklung und Sehnenöhrchenwicklung zum Schutz der Sehne vor Beschädigung durch Abrieb.

Sehnenwinkel: Winkel, den die Sehne am Nockpunkt im Vollauszug bildet.

Seitenanker: Die Zug-Hand liegt beim Ankern seitlich an der Wange.

Selfbow (Selfbogen): Bogen ganz aus einem Stück Holz gefertigt.

Selfnocke: Direkt in das hintere Ende des Holzpfeilschaftes geschnittene Kerbe.

Set-up: Grobabstimmung der Ausrüstung an den Schützen.

Shelf: Waagerechte untere Kante des Bogenfensters, bei Bögen, die keine extra Pfeilauflage besitzen, z.B. Langbogen und Jagdrecurve.

Shield: Feder in Form eines schmalen, halben Wappens.

Skandinavische Wertung: 3-Pfeilwertung bei 3D: 1. Pfeil 20 Kill, 18 Leben, 16 Körper, 2. Pfeil 14 Kill, 12 Leben, 10 Körper, 3. Pfeil 8 Kill, 6 Leben, 4 Körper.

Spannschnur: Bogenaufspannhilfe.

Spannungserhöhung: Erweitern des Schulterbereichs (Bogen-Arm drückt in Richtung Ziel, Zug-Armellenbogen in die entgegengesetzte Richtung) pro Seite ca. 1–2 mm. Zwischen der Ziel- und der Nachhaltephase.

Spannungszusammenbruch: Ungünstige Bewegung. Nach Vollauszug nähern sich die Bogen-Hand und die Zug-Hand wieder. Das Lösen verliert an Kraft, die Pfeilrichtung verlässt dabei meist die Schussebene.

Spinewert (Spine): Durchbiegungs- oder Steifegrad des Pfeils.

Spot (Innenkill): Innerster Trefferbereich bei einem 3D-Ziel (WA).

Stacking: Überproportionale Zunahme des Zuggewichts des Bogens am Ende des Auszuges.

Stand, parallel: Verbindungslinie der Zehen bzw. Fersen beider Füße verlaufen in der Schussebene d.h. parallel zur Schießrichtung (Senkrecht zur Schießlinie).

T

Tab: Fingerschutz aus Leder, Fell oder Kunststoff, welches an den Mittelfinger der Zug-Hand gegeben wird.

Takedown-Bogen: In 2 (am Griff) oder 3 (oben und unten am Mittelteil) Teile zerlegbarer Bogen.

Targetpanik: Entspricht Scheibenpanik.

TB: Abkürzung der Bogenfachzeitschrift „Traditionell Bogenschiessen".

Technik (Schusstechnik): Alle Komponenten des Schussablaufes vom Standeinnehmen, Einnocken bis hin zum Nachhalten.

Tip: Wurfarmspitze außerhalb der Bogennocke.

Trockenschuss: Loslassen der Sehne im Vollauszug, ohne zuvor den Pfeil eingelegt zu haben. Passiert auch, wenn der Pfeil nicht richtig eingenockt wurde. Gefährlich für den Bogen und Schützen, da die in den Wurfarmen gespeicherte Energie beim Abschuss auf den Bogen übertragen wird.

T-Stellung: Die Schultern und die seitlich ausgestreckten Arme bilden mit dem Oberkörper ein T.

Tuning: Abstimmen der Ausrüstung untereinander und auf den Schützen und seiner Technik.

Twinbow (Doppel-Shelf-Bogen): Bogen der sowohl rechts als auch links eine Pfeilauflage hat; optimal als Schulbogen.

U

Übungsbogen: Leichter Bogen mit geringem Zuggewicht (zwischen 10 und 20#).

Unterkinnanker: Die Zug-Hand befindet sich beim Ankern unter dem Kinn.

V

Vanes: Plastikfedern, Plastikfahnen.

Verkanten (Bogen): Bögen, die nicht bis ins Zentrum (center-shot) geschnitten sind, müssen das obere Ende des Bogens etwas nach rechts (Rechtshandschütze, Bogen in linker Hand) kippen.

Verreißen der Zug-Hand („Grüßen"): Ungünstige Bewegung beim Lösen. Die Zug-Hand verlässt seitlich das Gesicht (Seitenanker) bzw. Hals (Unterkinnanker), verlässt dadurch die Schuss-Ebene, was wiederum den Pfeilflug sehr negativ beeinflussen kann.

Vibrationsabsorbierer: Kleiner (Gummi)-Teil, welcher im Moment des Lösens Vibrationen des Bogens aufnimmt bzw. den Schock reduziert.

Visier: Zielhilfe vor dem Bogen, durch welches das Ziel direkt anvisiert werden kann.

Vollauszug: Nach Erreichen der Ankerzonen. Der Zug-Unterarm kommt in die Verlängerung des Pfeils (Schussebene). Position, von der die Spannungserhöhung ausgeht.

Vorbereitungsphase: Einlegen/Einnocken des Pfeils, Stand einnehmen, Kopf zum Ziel wenden, Heben der Arme, Kontrolle.

Vorspannung: Zug auf der Sehne in der Vorbereitungsphase.

Vorhalten: Bei starkem Wind oder bei Schüssen ins Wasser (3D) muss manchmal nicht das Ziel selber, sondern ein Punkt davor fokussiert werden (entspricht dem Aiming off).

W

WA-Auflage: Runde Wertungszonen. Die volle Auflage hat Gold als innerste, höchste Wertungszone mit Ringanzahl 10 und 9, dann Rot mit 8 und 7, Blau mit 6 und 5, Schwarz mit 4 und 3 und schließlich Weiß mit 2 und 1.

Warmziehen (Aufpumpen): Das mehrmalige Ausziehen des Selfbogens von 1/3 Auszug bis Vollauszug.

Wurfarm: Oberer und unterer Teil des Bogens, welcher beim Zug der Sehne gebogen wird und die Energie speichert, die später an den Pfeil abgegeben wird.

Wurfarmende (Tip): Endspitze des Wurfarmes, außerhalb der Bogennocke.

Wurfarmtasche: Kleine Einbuchtungen oben und unten am Mittelstück, in die die Wurfarme von Takedown-Bögen zum besseren Fixieren gesteckt bzw. angeschraubt werden.

Z

Zeder: Holzart für Pfeilschäfte.

Ziel: Zielscheibe (Dämpfer), 3D-Tier.

Zielauge: Auge, mit dem gezielt wird. Liegt über dem Pfeil. Günstigerweise sollte es dem dominanten Auge entsprechen.

Zielpunkt: Bewusst ausgesuchter Punkt, auf den fokussiert oder gezielt wird.

Zoll (Inch): Längenmaß (1 in = 2,54 cm). Abkürzungszeichen ".

Zug-Arm: Arm, mit dessen Hilfe die Sehne nach hinten geführt wird.

Zug-Druck-Rotationsphase: Beginn der Energie-Ladephase des Schussablaufes direkt nach Beendigung der Vorbereitungsphase. In ihr wird die Sehne zurückgezogen, der Bogen in Richtung Ziel gedrückt und in der Schulterlinie rotiert.

Zug-Finger: Finger, die den tiefen Haken bilden und die Sehne in der Zug-Druck-Rotationsphase des Schussablaufes nach hinten führen.

Zuggewicht: Zugstärke des Bogens bei einer definierten Auszugslänge (z.B. 35# @ 28") bzw. im Vollauszug („Zuggewicht am Finger").

Zug-Kraft-Linie, seitliche: Entspricht der Linie Druckpunkt-Nocke-Zug-Ellenbogen.

Zug-Seite: Körperhälfte, mit der die Sehne gezogen wird. Bei Rechtshändern oft die rechte Körperhälfte.

Die Autorin Urte Paulus

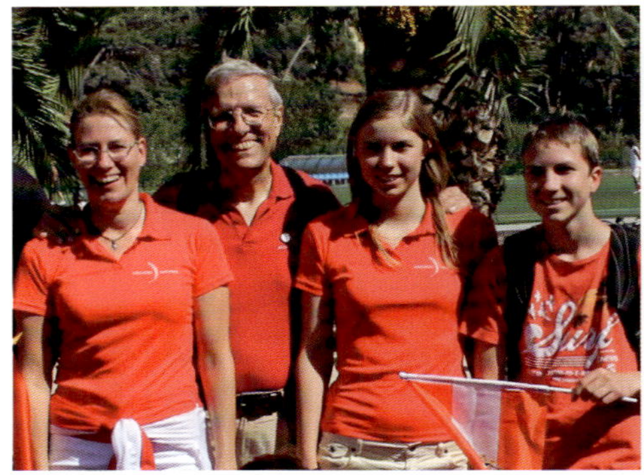

- Geboren Mai 1966.
- 1985–1992 Studium der Biologie in Freiburg und Wien, Abschluss: Diplom/ Master of Science (Dipl.Biol./ M.Sc.).
- Verheiratet seit 1993 mit o.Univ.Prof. Dr. Hannes Paulus; 2 Kinder.
- Hobbys: Bogenschießen, Tanzen, Schreiben (Fachliteratur, Gedichte) und vieles mehr.
- Wohnadresse: Wien/ Österreich
- Sommer 2000 Start mit Bogenschießen (aktiv – 2015).
- 2006 Eintritt in den österreichischen Nationalkader. Erwerb von 12 internat. Medaillen, darunter Weltmeisterin, 2 x Vizeweltmeisterin und mehrfache Europameisterin.
- Seit 2009 Trainerin, Trainerausbilderin und 3D-Nationaltrainerin (bis 2011).
- Seit 2011 Master Coach Trainer für World Archery Federation (WA)
- Autorin von:
  DAS GROSSE BUCH VOM BOGENSPORT

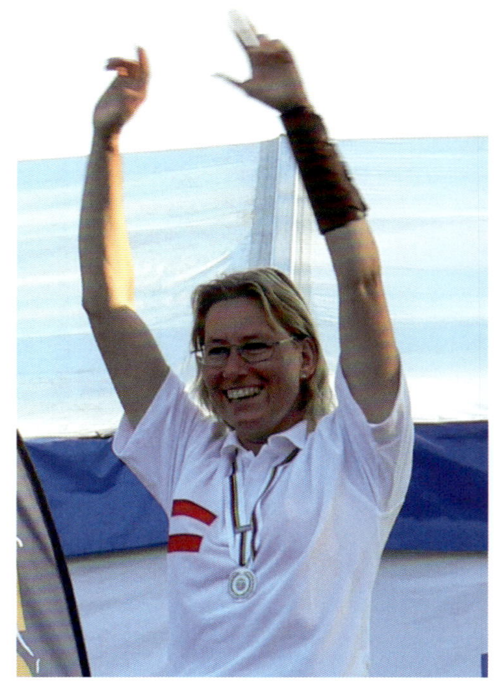

Youtube.com @urtepaulus, @urtepaulus8816
www.facebook.com/urte.paulus

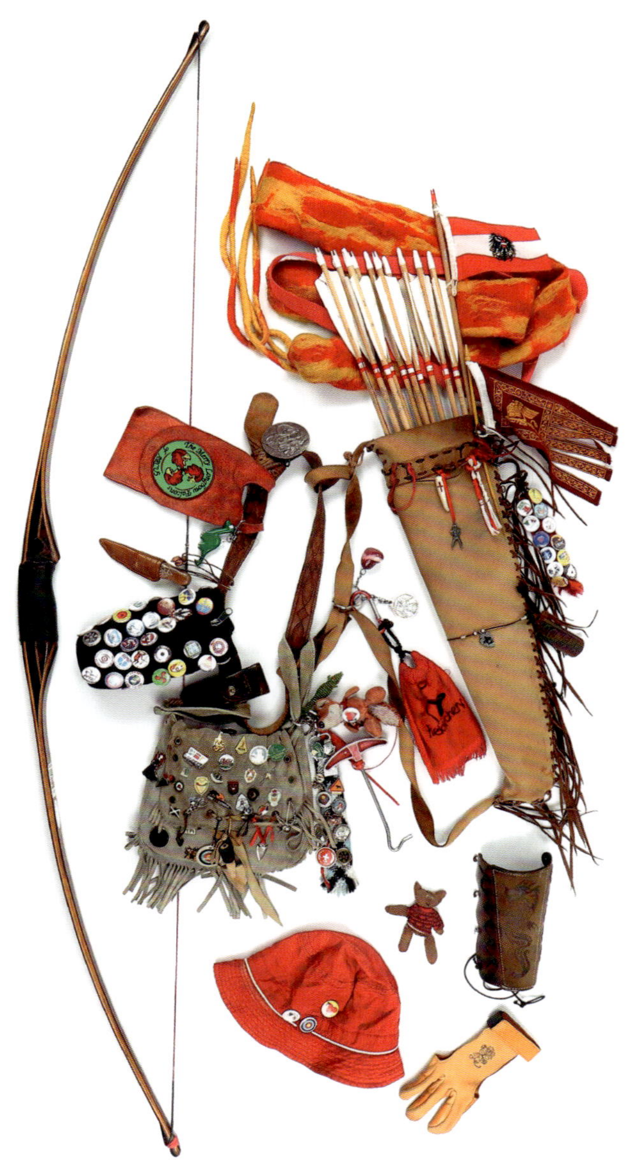

Webseiten und Links

www.bogenschiessen.de	
www.bogenschiessen.de/magazin	Magazin Traditionell Bogenschiessen (Print)
www.bogenschiessen.de/tb-digital	TB Magazin als App
www.bogenschiessen.de/community:	
Wo gibt's Was?	Suche nach PLZ-Bereichen: Bogenbauer, Shops, Kursanbieter, Bogenurlaub, Parcours
Ratgeber	Fragen und Antworten zum Bogenschießen
www.bogenschiessen.de/bogensportbuch	Downloads
www.bogenschiessen.de/vereine	Europaweite Vereinssuche nach PLZ-Bereich
www.bogenschiessen.de/turniere	Turniertermine
www.bogenschiessen.de/shop	Alle Bücher zum Thema Bogensport und Bogenbau

3D BOGENSCHIESSEN, BOGENPARCOURS
www.3d-bogenparcours.com
www.3dturnier.com
www.parcourstest.eu
bogensportinfo.com

Aktuelle Liste von Parcours in Deutschland und Europa in jeder Ausgabe von TRADITONELL BOGENSCHIESSEN.

BOGENSPORT VERBÄNDE in DEUTSCHLAND und EUROPA

www.dsb.de/bogensport	Deutscher Schützenbund - Bogensport
www.dbsv1959.de	Deutscher Bogensport Verband 1959
www.dfbv.de	Deutscher Feldbogen Sportverband
www.tbvd.de	Traditioneller Bogensport Verband Deutschland
www.oebsv.com	Österreichischer Bogensportverband:
www.swissarchery.org	Swiss Archery Association
www.archery-faas.ch	Field Archery Association Switzerland
www.bogensport.li	Lichtensteinischer Bogenschützenverband

INTERNATIONALE VERBÄNDE

www.ifaa-archery.org	International Field Archery Association
traditional-archers-international.org	T.A.I.

KYUDO (Japanisches Bogenschießen)

www.kyudo.de	Deutscher Kyudo Bund
www.kyudoverband.at	Österreichischer Kyudo Verband
www.kyudo-renmei.nl	Kyudo Renmei Netherlands
www.kyudo.ch	Association Suisse de Kyudo

BOGENREITEN

www.horsebackarchery.info	International Horseback Alliance Association
www.facebook.com/SteppenreiterEV	Die Steppenreiter e.V.
www.berittenesbogenschiessen.ch	Berittenes Bogenschießen Schweiz
www.oeps.at	Österreichischer Pferdesportverband

FÜR ALLE, DIE NOCH MEHR WISSEN WOLLEN:

DAS UMFASSENDE GRUNDLAGENWERK

DAS GROSSE BUCH VOM BOGENSPORT

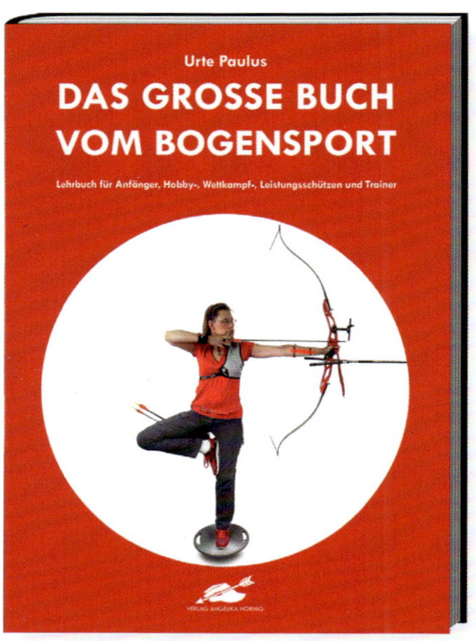

Von Urte Paulus

Das Buch für Hobbyschützen, Leistungsschützen und Trainer

Eine gesunde, kraftsparende Schusstechnik für alle – unabhängig von der Disziplin und Bogenklasse – lernen und festigen!

Auf 568 Seiten und mit über 1000 Übungen und praxiserprobten Tipps und für Training und Wettkampf – bietet dieses Buch das ultimative Nachschlagewerk zu allen Fragen des Bogensports.
568 Seiten, Hardcover fadengebunden.

ISBN 978-3-938921-87-6

Bestellnr.: 062 **99 €**

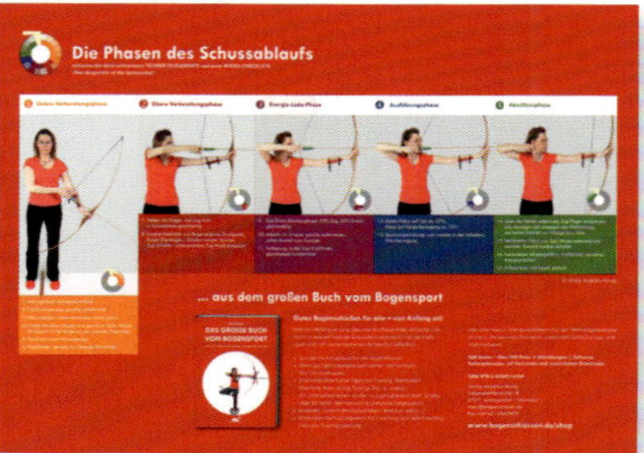

Mit zusätzlichen Downloads und Gratisposter "Schussablauf" (bei Bestellung direkt beim Verlag)

Poster auch separat bestellbar!
Bestellnr.: poster

Das Magazin

TRADITIONELL BOGENSCHIESSEN – PRINT & DIGITAL

Unser Magazin erscheint seit 1996 mit Berichten aus der Szene, Artikeln zur Geschichte des Bogens, Archäologie, Anleitungen zum Selbstbau, Tipps zu Schießtechnik und Ausrüstung. Großer Serviceteil mit Kursterminen, Messe- und Turnierterminen, kommt 4 mal im Jahr, auch als digitale Ausgabe erhältlich! www.bogenschiessen.de

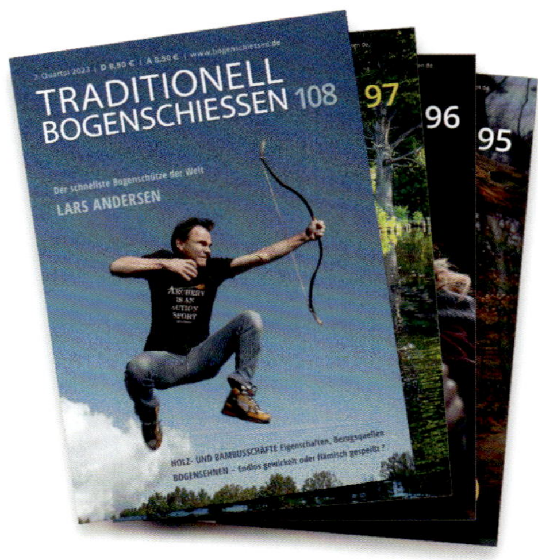

EINZELHEFT	8,50 €
4-er ABO	
Inland	38 €
Europa & Welt	48 €
Kombi Digital + Print	+ 6 €

BESTELLEN:
www.bogenschiessen.de/shop

TRADITIONELL BOGENSCHIESSEN MOBIL – DIE TB-APP

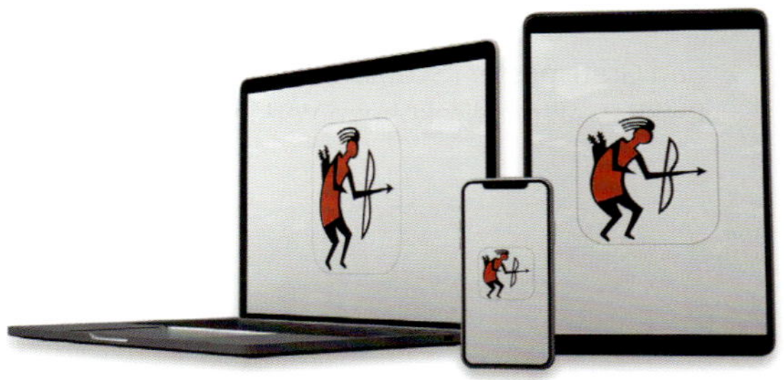

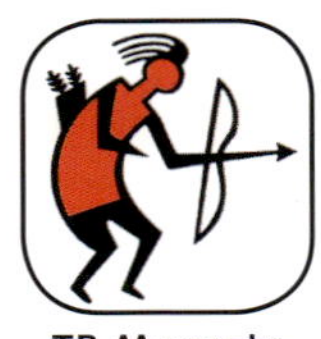

TB Magazin

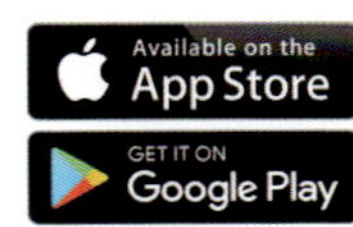

www.bogenschiessen.app

Verlagsprogramm

DO-IT-YOURSELF BÜCHER

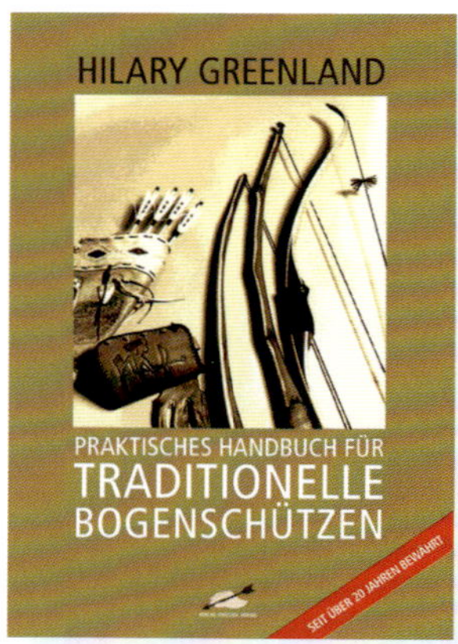

PRAKTISCHES HANDBUCH FÜR TRADITIONELLE BOGENSCHÜTZEN

Unser Bestseller. Das tausendfach bewährte Basisbuch zu Bau und Pflege der eigenen Ausrüstung.

Bestellnr.: 027 18,- €

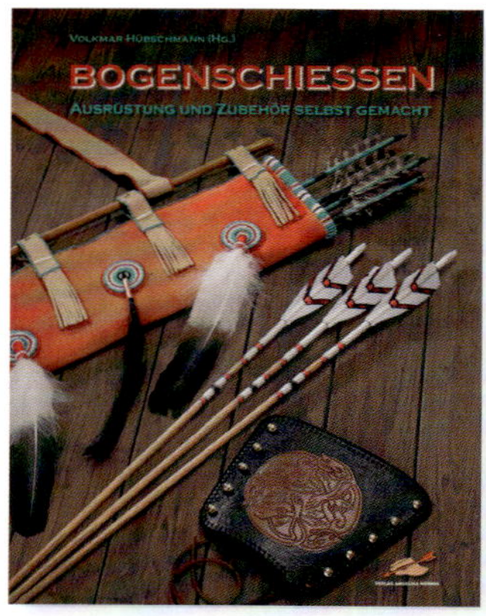

BOGENSCHIESSEN - AUSRÜSTUNG UND ZUBEHÖR SELBST GEMACHT

Bauanleitungen für alles, was man außer dem Bogen sonst noch braucht: Köcher, Pfeile, Armschutz...

Bestellnr.: 024 39,80 €

DIE BIBEL DES TRADITIONELLEN BOGENBAUS BAND 1 – 4

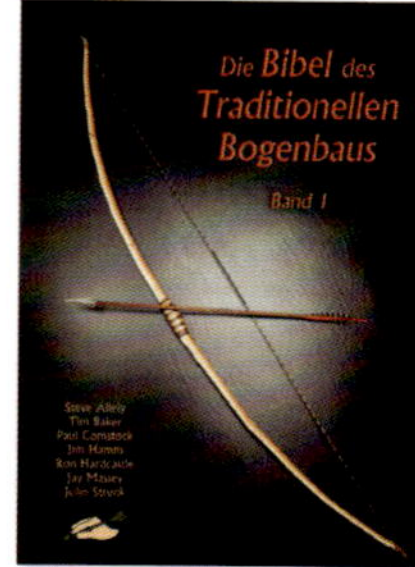

Band 1 SOFTCOVER

ISBN: 978-3-938921-61-6

Bestellnr.: 051 **29 €**

Band 2 SOFTCOVER

ISBN: 978-3-938921-71-5

Bestellnr.: 053 **29 €**

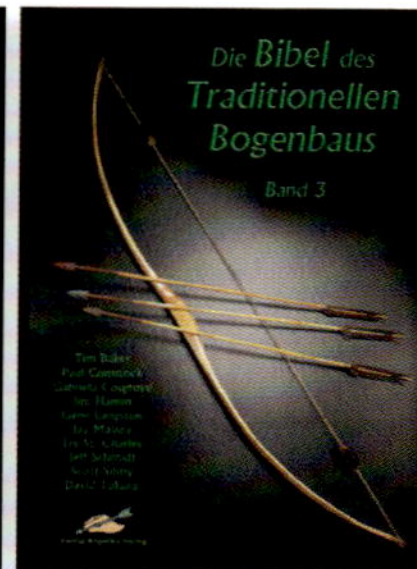

Band 3 SOFTCOVER

ISBN: 978-3-938921-63-0

Bestellnr.: 056 **29 €**

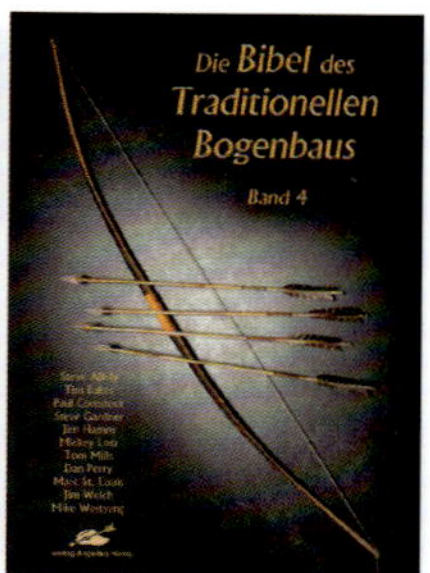

Band 4 Hardcover

ISBN: 978-3-938921-07-4

Bestellnr.: 028 **34 €**

BOGENBAUEN LEICHT GEMACHT

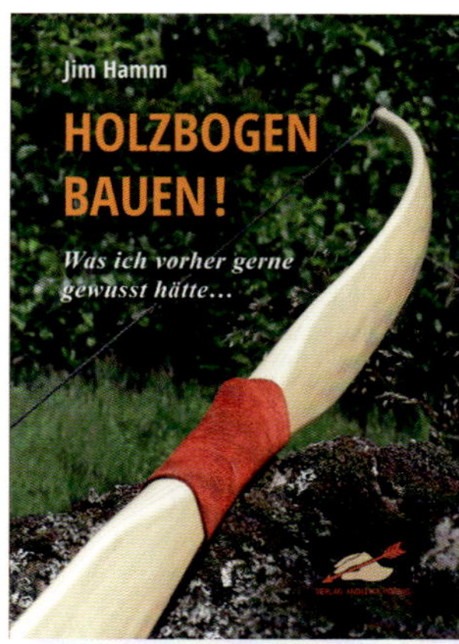

HOLZBOGEN BAUEN!

Was ich vorher gerne gewusst hätte...

Aus über 40 Jahren Erfahrung im Bogenbau hat Jim Hamm drei einfache Grundregeln herausdestilliert, die jedes Bogenbauprojekt zuverlässig gelingen lassen.
Von der Auswahl des Holzes bis hin zum Schießen: In einfachen Worten und mit konkreten Maßangaben für Bögen aus den verschiedensten Holzarten vermittelt dieses Buch genau das, was man unbedingt wissen muss – oder was man so gerne gewusst hätte, als man mit dem Bogenbauen anfing.
68 farbige Seiten DIN A5 | 978-3-9838921-59-3
Bestellnr.: 050 18,80 € **Auch als E-Book**

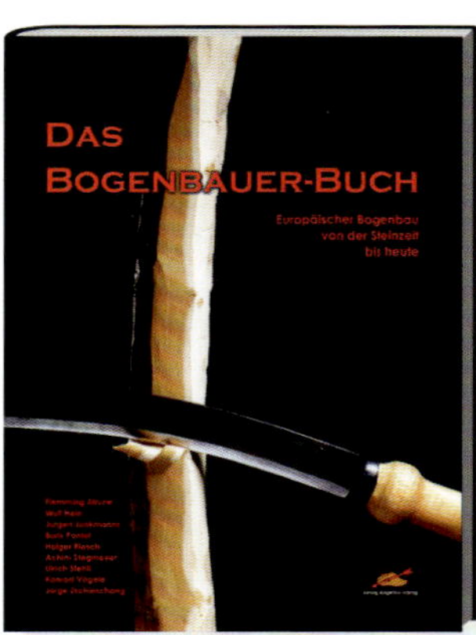

DAS BOGENBAUERBUCH

Europäischer Bogenbau von der Steinzeit bis heute. Anleitungsbuch für verschied. Bogentypen, vom steinzeitlichen bis zum modernen Langbogen.
Bestellnr.: 054 34,80 €

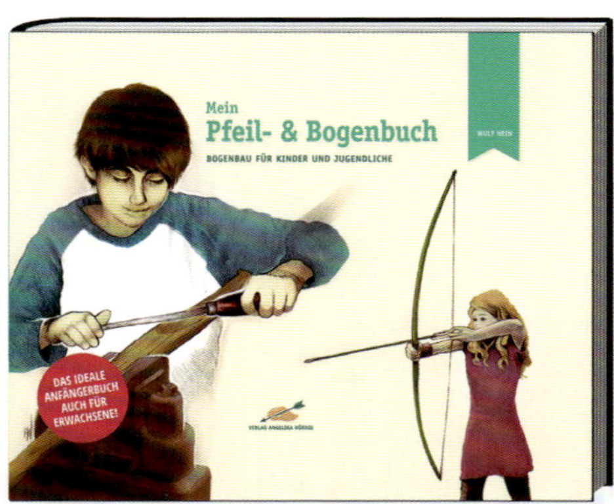

MEIN PFEIL- UND BOGENBUCH

Bau eines einfachen Flitzebogens und eines echten Steinzeit-Bogens, sehr liebevoll und ausführlich bebildert und beschrieben.
Ideal nicht nur für Kinder.
Bestellnr.: 038 39,80 €

www.bogenschiessen.de/shop

Verlagsprogramm

BÜCHER DIE WEITERHELFEN

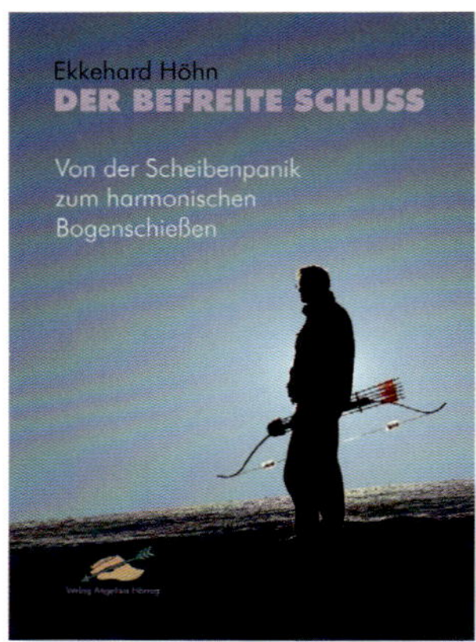

DER BEFREITE SCHUSS

Ekkehard Höhn hat eine Methode zur Überwindung von Scheibenpanik entwickelt, und die Freude am befreiten Schießen wiedergefunden.

Bestellnr.: 030 19,80 €

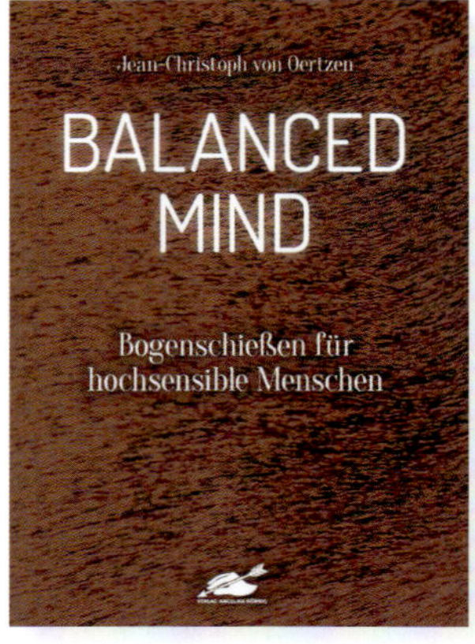

BALANCED MIND

Bogenschießen für hochsensible Menschen. Die Balanced Mind-Methode als Weg zur Selbsterfahrung. Übungsprogramm für entspanntes Schießen.

Bestellnr.: 046 22,80 €

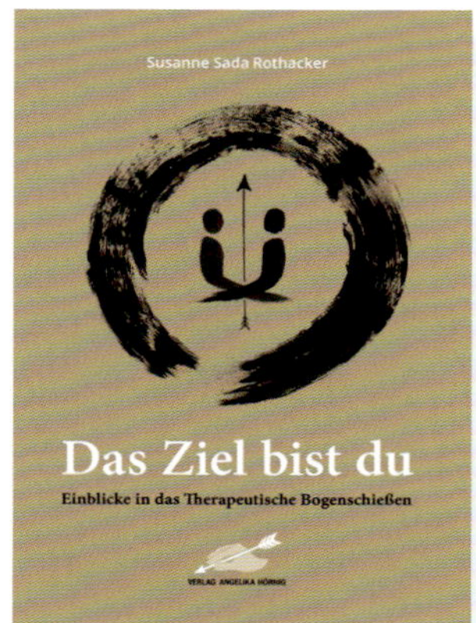

DAS ZIEL BIST DU

Einblicke in das Therapeutische Bogenschießen

Anregung, Ermunterung und Einladung für alle, die sich tiefer auf das Erlebnis Bogenschießen einlassen wollen.

Bestellnr.: 058 22,80 €

LESEABENTEUER ROMANE FÜR BOGENSCHÜTZ*INNEN

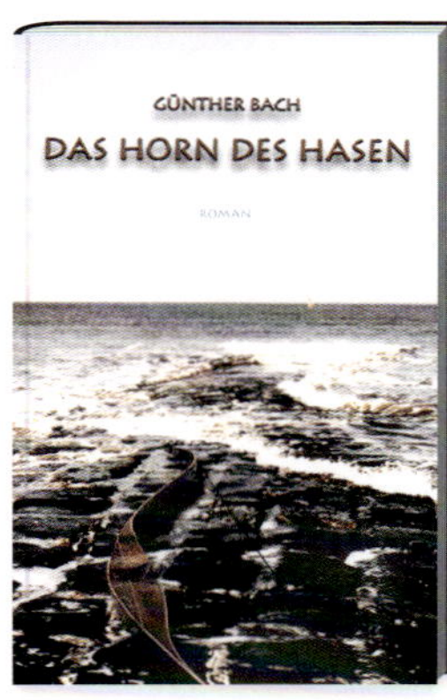

DAS HORN DES HASEN
176 Seiten, Taschenbuch
ISBN 978-3-9805877-4-7
Band 1 **12,50 €**

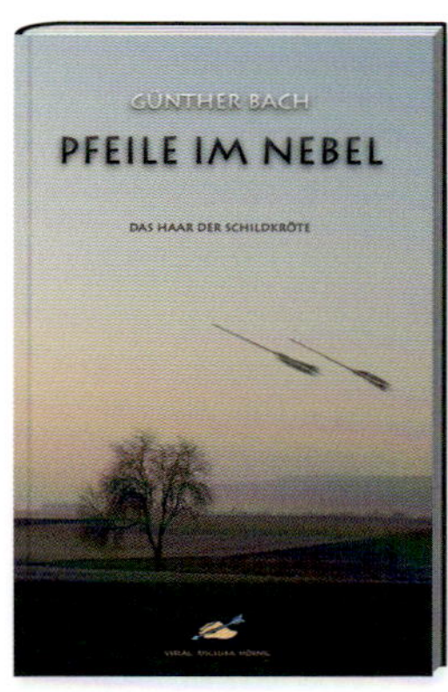

PFEILE IM NEBEL
264 Seiten, Taschenbuch
ISBN: 978-3-9808743-4-2
Band 2 **15,50 €**

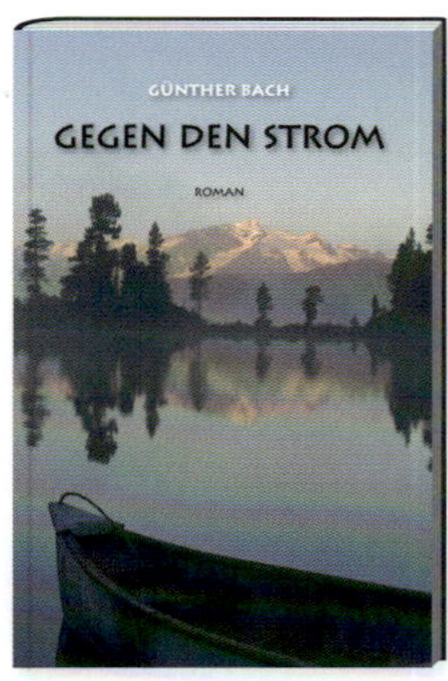

GEGEN DEN STROM
212 Seiten, Taschenbuch
ISBN: 978-3-938921-08-1
Band 3 **14,50 €**

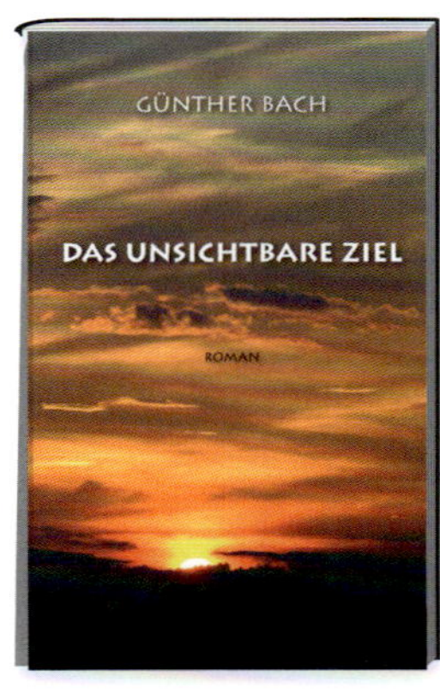

DAS UNSICHTBARE ZIEL
219 Seiten, Taschenbuch
ISBN: 978-3-938921-24-1
Band 4 **14,50 €**

Verlag Angelika Hörnig
Lina-Staab-Weg 4
67071 Ludwigshafen
+49 621 65821970
shop@bogenschiessen.de
www.bogenschiessen.shop

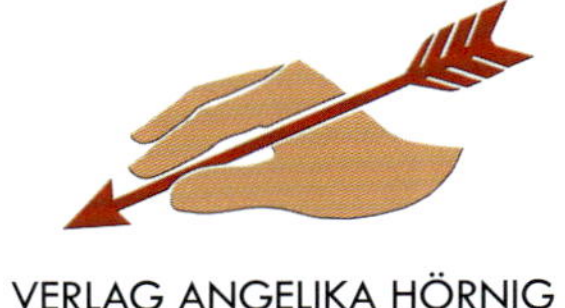

VERLAG ANGELIKA HÖRNIG